dtv

Stella ist zehn Jahre alt, als sie mit ihrer Familie ins Krakauer Ghetto ziehen muß. Zwei Jahre später werden sie ins KZ Plaszow bei Krakau gebracht. Dort erlebt und überlebt Stella ein furchtbares Grauen. Doch es gibt einen Hoffnungsschimmer: Die Familie wird zusammen mit etwa tausend anderen jüdischen Häftlingen von Oskar Schindler für seine Fabrik in Böhmen angefordert. Die Männer erreichen dieses Ziel, die Frauen jedoch werden nach Auschwitz deportiert. Mit beherzter Hartnäckigkeit sorgt Schindler dafür, daß sie doch noch nach Böhmen kommen. Stella, ihre Familie und viele andere sind gerettet. Nach dem Krieg beginnt sie, ihre Erlebnisse aufzuschreiben. 1991 im Selbstverlag veröffentlicht, werden ihre Aufzeichnungen erst drei Jahre später, in der Folge von Steven Spielbergs Film, bekannt. Das Buch ist einer der ergreifendsten Augenzeugenberichte und ein Dokument von ähnlicher Bedeutung wie die Aufzeichnungen von Anne Frank.

*Stella Müller-Madej* wurde 1930 in Krakau geboren und lebt heute in Bukowina bei Krakau.

Stella Müller-Madej

# Das Mädchen von der Schindler-Liste

## Aufzeichnungen einer KZ-Überlebenden

Aus dem Polnischen von Bettina Thorn

Deutscher Taschenbuch Verlag

Durchsicht der deutschen Ausgabe: Mieczyslaw Pemper

September 1998
2. Auflage Oktober 1999
Deutscher Taschenbuch Verlag GmbH & Co. KG, München

Titel der Originalausgabe:
›Oczami dziecka‹
(›Mit den Augen eines Kindes‹)

Umschlagkonzept: Balk & Brumshagen
Umschlagfoto: Familienbild aus dem Archiv der Autorin
Gesamtherstellung: C. H. Beck'sche Buchdruckerei,
Nördlingen
Gedruckt auf säurefreiem, chlorfrei gebleichtem Papier
Printed in Germany · ISBN 3-423-30664-5

*Inhalt*

Zur Erinnerung
an meine Nächsten

# *Prolog*

Es ist das Jahr 1939. Ich bin neun Jahre alt, und die Erwachsenen sagen, daß ich ein hübsches Kind bin, pfiffig und frech. Ich habe lange schwarze Zöpfe, große schwarze Augen und regelmäßige Gesichtszüge, was bei den Juden eher selten sein soll. Meine ganze Familie besteht aus hübschen, schmucken Menschen. Mama ist deutscher Abstammung, in ihrer Familie sind alle hellblond. Mama ist bildschön, groß, schlank und schick. Sie hat blondes Haar, wundervolle grüne Augen, die immer lachen. Oft höre ich, wie Bekannte sagen, daß sie wie Greta Garbo aussieht. Papa ist großartig, hat schöne kohlrabenschwarze Haare, vor allem aber ist er ein lieber Mensch, gut und geduldig. Mein Bruder Adam, vier Jahre älter als ich, ist folgsam, nie kriegt er Haue, und obwohl er schwindelt wie gedruckt, glauben ihm alle.

Adam ist in unserem Haus nun mal das liebe Kind und ich, Stella, bin eine ungezogene, widerspenstige Hexe.

Sonst gibt es bei uns noch Mania, das Dienstmädchen, das sich immer und überall zu helfen weiß. Das ganze Haus ruht auf ihren Schultern. Ich vergöttere Mania und sie mich; für sie bin ich keine Hexe, für sie bin ich ihr ›Püppchen‹ oder ›ihr geliebtes Engelchen‹. Und da ist Pucki, mein Hund, weiß mit schwarzen Flecken, der etwas von einem irischen Terrier hat, aber nicht viel. Ich liebe Tiere sehr, besonders Hunde. Immer habe ich von einem großen Hund geträumt, aber die Eltern haben behauptet, daß ich eine ganze Meute wilder Hunde aufwiege. Bis sie mir während einer Erkältung, die sie bis zum Eintreffen des Arztes für eine Lungenentzündung hielten (ich war nie zuvor krank gewesen), ein Hündchen versprachen, wenn ich bloß gesund würde. Na, und sie mußten Wort halten.

Wir wohnen seit drei Jahren in einem schönen, neuen Stadtteil von Krakau, der noch wenig bebaut ist, in der Szymanowski-Straße. Die Wohnung ist geräumig und dank meines Onkels Grünberg, einem bekannten Krakauer Architekten, modern eingerichtet. Dem Haus gegenüber erstreckt sich ein herrlicher, teilweise verwilderter Park, der zum Spielen einfach ideal ist. Ich gehe in die zweite Klasse, lerne nicht besonders gern, aber Schwierigkeiten bereitet mir der Unterricht nicht. Die Eltern sind zu dem Schluß gekommen, daß mein Bruder und ich mit Rücksicht auf Verwandte und Bekannte Hebräisch lernen sollten. Bis zu dem Zeitpunkt habe ich eigentlich nicht begriffen, daß wir Juden sind, ich war mir überhaupt nicht darüber im klaren, daß es zwischen Juden und anderen Leuten irgendwelche Unterschiede gibt. Man nahm also einen Lehrer, um uns in Religion und Sprache unterrichten zu lassen. Doch die Unterweisung dauerte nicht lange; ich ärgerte ihn so sehr, daß er die Anstellung kündigte. Genausowenig konnte ich den Klavierlehrer meines Bruders ausstehen, doch blieben bei ihm meine Streiche ohne Erfolg; ich denke, er war in Mama verliebt. Während der Mahlzeiten hielt Mania Wache vor der Eßzimmertür, und wenn ich zu laut war, trat sie umgehend unter irgendeinem Vorwand ein und holte mich aus dem Zimmer, um mich vor einer Tracht Prügel zu bewahren, die ansonsten zweifellos fällig gewesen wäre. Ich war, wie man sagte, boshaft veranlagt, und Mania sollte einen guten Einfluß auf mich ausüben. Zwischen uns gab es keine Mißverständnisse. Für Mania hätte ich alles getan. Von ihr nahm ich jede Strafe und Ermahnung an ohne zu meutern. Den Eltern gegenüber war ich derart feindselig eingestellt, daß ich ihnen einige Male, als ich glaubte, unverdientermaßen bestraft worden zu sein, alles Böse wünschte und sie in meiner Phantasie auf die grausamste Weise aus dem Weg räumte, so etwa, daß ich mir vorstellte, sie kämen unter die Straßenbahn. Ich sehnte mich danach, mit Pucki und Mania allein zu sein.

Freundinnen hatte ich nicht. Mit anderen Mädchen konnte ich nicht spielen; es gab dauernd bloß Geschrei, keiner wußte warum und wieso. Mit Jungen spielte ich gerne, doch die hatten nicht immer Lust auf meine Gesellschaft. Das einzige Mädchen, mit dem ich mich gut verstand, war meine fünf Jahre ältere Cousine Ziuta Grünberg. Wir wohnten jedoch ziemlich weit voneinander entfernt und sahen uns nur selten, deshalb war ich einsam und wurde noch unausstehlicher. Dauernd hörte ich zu Hause: was für ein schwieriges Kind! Wie soll man so ein Kind durchs Leben führen?

Aus Rabka, wo wir die Ferien verbrachten, kehrten wir ein paar Tage früher zurück. Es gab ein wahnsinniges Durcheinander, ich verstand nicht, was vor sich ging. Alle liefen nervös herum. Man schaffte die unterschiedlichsten Vorräte herbei, vor allem unwahrscheinliche Mengen von Säcken mit Zucker und Gries. Ständig und überall hörte ich das Wort: Krieg! Eigentlich bereitete mir das alles Vergnügen und ich konnte tun, was ich wollte, niemand beachtete mich. Am Ende zerschlug ich (selbstverständlich unbeabsichtigt) eine wertvolle Vase. Mama wurde zornig, zum Schluß der Strafpredigt baute sie sich in der Tür auf und sagte: »Laß nur erst einmal dieses ganze Chaos vorüber sein, dann rechnen wir ab.«
Von diesem Augenblick an wünschte ich mir nichts sehnlicher als diesen Krieg, damit Mama nicht dazu kam, mit mir abzurechnen. Den Krieg stellte ich mir so vor, daß man die Haustore verbarrikadiert, daß vor den Häusern Männer mit Säbeln stehen und die Eingänge beschützen, die Frauen Essen kochen und die Verwundeten verbinden. Mich selbst sah ich bereits in der Rolle einer heldenhaften Gehilfin und konnte es gar nicht erwarten, daß dieser Krieg endlich anfing.
Eines Tages trat Papa hinaus auf den Balkon und rief plötzlich: »Komm mal her, Tusia! Sieh doch mal, wie großartig die Flugzeuge ihre Sturzflüge ausführen! Das sind sicher Manöver.«
Mama blickte zur Tür hinaus und schrie:
»Siehst du nicht, daß dies schon der Krieg ist!« und zog Papa heftig ins Zimmer zurück.
Der lachte Mama natürlich aus:

»Nur keine Panik, Tusia, das sind bloß Manöver«, wiederholte er unbeirrt.
Schließlich hielt ich es nicht mehr aus:
»Sagt mir doch endlich: Wie sieht denn der Krieg eigentlich aus?«
Ich bekam keine Antwort.

Und jetzt ist Krieg. Merkwürdige Dinge passieren ringsum. Wir flüchten. Ich bin furchtbar verzweifelt wegen Mania und Pucki, den ich nicht mitnehmen durfte. Mania wollte nicht flüchten; sie sagte, sie nimmt den Hund und bleibt unterdessen bei ihrem Bruder, irgendwo bei Rakowice. Sie wird hin und wieder in unserer Wohnung nach dem rechten sehen.
Wir sind schon sehr lange unterwegs, liegen oft in Gräben, die Flugzeuge beschießen unablässig die Straßen. Ich muß mich nicht waschen, keiner kämmt mich, keiner regt sich darüber auf, daß ich schon wieder eine Haarschleife verloren habe. Manchmal kommt mir alles wie ein Spiel vor. Aber ich will nicht, daß einen von uns eine Kugel trifft und versuche deshalb, mich dicht bei den Eltern zu halten. Unsere Gruppe ist groß: Großmutter, Tanten, Onkel und viele Fremde, die sich uns fortwährend anschließen. Die Namen der Ortschaften, durch die wir kommen, finde ich ulkig: Margola, Szczurowa, Terespol. Ich glaube, es war in Margola. Nachts, als wir in einer Scheune schliefen, wurden wir von einer fürchterlichen Detonation geweckt. Es hörte sich an, als sei sie dicht bei der Scheune erfolgt. Plötzlich stürzte der Besitzer des Bauernhofs herein und trampelte einfach über unsere Köpfe hinweg. Auch ich bekam es zu spüren, er trat mir auf den Arm, daß es schmerzte. Ich fing an zu weinen, und der Bauer brüllte wie verrückt: »Ruhe, du Balg, Ruhe! Wenn die uns hören, kriegen wir eins auf die Nase.«
Am Morgen kam er wieder. Er schien wie verwandelt. Hoch erhobenen Hauptes, sichtlich zufrieden, sagte er:
»Nun, die Deutschen sind da, die Deutschen sind gut, sie geben den Leuten bereits Salz!«

Wir wollten kein Salz.
Die Erwachsenen entschlossen sich zur Rückkehr nach Krakau. Es war ein trauriger Weg, gesäumt von Leichen, Pferdekadavern und den vom aussichtslosen Kampf zu Tode erschöpften Soldaten, die zurückgeblieben waren. Immer wieder drang tief aus dem Wald verzweifeltes Rufen, das sich mit dem Wiehern verwundeter Pferde vermischte. Mit letzter Kraft, hungrig und zerschlissen, erreichten wir die Stadt.

Wir wohnten in unserer schönen Wohnung in der Szymanowski-Straße noch bis November 1939. Eines Morgens, es war wohl ein Sonntag, schrillte die Türklingel. Mania öffnete. Drei SS-Leute mit Revolvern in der Hand kamen herein. Einer von ihnen, der vermutlich einen höheren Rang bekleidete, ging wortlos durch die Wohnung. Plötzlich blieb er vor Mama stehen, die in ihrem schönen, langen, gelbschwarz gestreiften Morgenrock besonders reizend aussah.
»Ach, wie hübsch es hier ist und so europäisch. Es muß ein Irrtum sein, das ist keine jüdische Wohnung.«
»Nein, Sie haben sich nicht geirrt«, antwortete Mama in ihrem fehlerfreien Deutsch. »Dies hier ist eine jüdische Wohnung.«
»Aber die gnädige Frau ist Deutsche, wenn mich mein Gehör nicht täuscht?«
»Ich bin Jüdin.«
»Gnädige Frau belieben zu scherzen!«
Ich wunderte mich, daß Mama diesen eleganten Deutschen nicht aufforderte, Platz zu nehmen, sondern fragte:
»Was wünschen die Herren?«
Jetzt nahm der Deutsche Haltung an.
»In einer halben Stunde muß die Wohnung geräumt sein, verstanden? Nichts darf mitgenommen werden! Ziehen Sie sich bitte an, und alles, was sich hier befindet, bleibt in unserer Verwahrung. Nichts wird beschädigt werden, wir machen eine Aufstellung aller Gegenstände, Sie bekommen eine Bescheinigung mit amtlichem Stempel.«
Mit zitternden Händen kleidete Mania mich an. Bald war ich

in Schweiß gebadet, weil sie mir mehrere Pullover übereinander angezogen hatte. Mama gelang es, etwas Schmuck aus der Schatulle zu nehmen. Papa holte eine Droschke. Wir fuhren zu Großmutter in die Bosacka-Straße. Dort erhob sich ein großes Wehklagen. Mama erklärte wütend, niemand wüßte schließlich besser als sie und Großmutter, daß Deutsche ihr Wort halten: »Wenn sie eine Bescheinigung ausgestellt haben, wonach sie die Wohnung und alles, was darin ist, in Verwahrung nehmen, dann ist das mit Sicherheit so. Und eine Ersatzwohnung werden wir in Kürze auch erhalten, wie sie sagen.« Ein Jahr später erhielten wir die Ersatzwohnung – in der Czarniecki-Straße im Krakauer Ghetto.

# *Ghetto*

Viele Menschen waren unterwegs in Richtung Ghetto. Große Gruppen, kleine Gruppen. Manche trugen nur Bündel, und es gab welche, die ihr Hab und Gut mit Fuhrwerken transportierten. Papa schob einen kleinen Wagen vor sich her, den er sich vom Hausmeister geborgt hatte.
Es war ein schöner, sonniger Tag. Die Menschenmenge um uns herum war einheitlich grau, düster und traurig. Irgendwie war es mir unangenehm, daß auch wir in dieser Menge so aussahen. Um die Situation ein wenig aufzulockern, wandte ich mich an Papa, der mit teilnahmslosem Gesichtsausdruck den Wagen vor sich her schob:
»Papa, wir wollen so tun, als ob das unser Motorrad ist. Hier, von der Brücke bis zum Zgody-Platz geben wir Gas und rasen los, ja?«
»Hinauf mit dir aufs Gepäck, und los geht's!«
Ich war wohl zu schnell, jedenfalls flog ich mit dem gesamten Gepäck zu Boden. Papa blickte schuldbewußt drein, und rasch sammelten wir alles auf, während Mama mich vorwurfsvoll ansah und sagte:
»Dieses Mädchen wird nie gescheit, und dabei ist sie schon zehn.«
Ich wurde ganz traurig. Schließlich hatte ich Papa doch bloß aufheitern wollen; mir gelang auch nie etwas. Wäre es Adam gewesen, hätte sie bestimmt gesagt: »Wie erfinderisch er ist, wie empfindsam.«
Papa sah Mama an.
»Aber Mama, sie ist doch noch ein Kind«, sagte er. Und zu mir gewandt:
»Festhalten!«

Wir rannten in großen Sprüngen und heulten wie die Indianer. Mama und mein Bruder sammelten die Gepäckstücke auf, die dabei vom Wagen fielen. Die einen blickten entrüstet hinter uns her, andere schmunzelten vergnügt. Ich hörte jemanden sagen: »Klar, wir lassen uns doch nicht unterkriegen, schließlich gehen wir ja nicht in den Tod, zum Kuckuck noch mal.«
Die Ghettowohnung in der Czarniecki-Straße bot einen grauenvollen Anblick. Mama erlitt einen Schock. Lieber tot sein, als auch nur eine Woche unter solchen Bedingungen vegetieren, oder etwas in der Art schrie sie. Papa tröstete sie, so gut er konnte:
»Tusia, in ein paar Tagen wirst du die Wohnung nicht wiedererkennen, sie wird wunderhübsch.«
Ich besaß eine Menge Phantasie, doch selbst ich konnte mir nicht vorstellen, daß sich aus dieser Wohnung irgend etwas machen ließe. Sie bestand aus einem sehr dunklen Zimmer mit Küche und einem Klo auf dem Hof. Alles schrecklich schmutzig und voll von schwarzem Ungeziefer. Mama war in einer so furchtbaren Verfassung, daß Papa sie eindringlich darum bat, noch ein paar Tage zur Großmutter zu gehen. Und wir, das heißt in erster Linie Papa, machten uns an die Arbeit. Ich half nur ein bißchen, dennoch war Papa zufrieden mit mir.

Großmutter, Tante und die Onkel waren in Freiheit. Es verwirrte mich etwas, daß sie nicht jüdisch waren, ich fand mich da nicht zurecht. Damals dachte ich bloß: Wie gut, daß sie nicht ins Ghetto müssen, hier sind viel zu viele Menschen. Und wenn ich ehrlich sein soll, gefallen die mir gar nicht. Ich wußte nicht, daß viele Juden anders aussehen, sich anders kleiden, anders sprechen als wir. Nein, das gefiel mir ganz und gar nicht, und ich empfand diesen Leuten gegenüber keine Sympathie.
Dank Papas Anstrengungen hatte sich die Wohnung nach einigen Tagen sehr verändert. Die Wände waren weiß getüncht, die Fußböden gestrichen, das Ungeziefer war verschwunden; nun ja, vielleicht nicht ganz, aber es kroch tagsüber nicht mehr herum. Papa hatte, ich weiß nicht wo, ein Feldbett, Matratzen,

einen aus dem Leim gehenden Schrank und einige Hocker aufgetrieben.

Jetzt wohnen wir alle zusammen, die ganze Familie. Alle gehen täglich zur Arbeit. Papa arbeitet in den Steinbrüchen der Firma ›Liban‹. Zu Hause hat er oft Nasenbluten, vermutlich vor Erschöpfung; er sieht elend aus. Mein Bruder arbeitet in einer Nagelfabrik im Stadtteil Grzegórzki, bei Bauminger. Die beste Arbeit hat Mama; sie arbeitet in der Agnieszka-Straße in einer Knopffabrik. Treuhänderin dieser Firma ist Frau Holzinger, die Mama gleich nach Kriegsausbruch kennengelernt hat, als sie mit ihrem Mann bei Onkel und Tante Grünberg wohnte. Von Anfang an hieß es von den Holzingers, daß sie anständige Deutsche seien. Österreicher. Mama leitet das Büro, Frau Holzinger mischt sich in nichts ein; sie ist ganz vernarrt in Mama, sie sehen sich sogar ein bißchen ähnlich, Frau Holzinger ist ebenfalls sehr hübsch. Dank Mamas Arbeit geht es uns gar nicht so schlecht. Frau Holzinger bringt herrliche belegte Brote ins Büro mit, und weil Mama das Ghetto mit einem persönlichen Passierschein verläßt, ist es leichter, diese Herrlichkeiten hereinzuschmuggeln; offenbar hält man sie am Tor für ›etwas Besseres‹.
Kein einziger Deutscher, der im Büro war, hat Mama für eine Jüdin gehalten. Mehr als einmal hat sie uns abends lachend erzählt, wie sie sich mit ihnen gestritten hat, und daß so mancher ihr hinterher Blumen schickte. Papa ist darüber nicht so glücklich, er meint, daß das ein böses Ende nehmen kann.
Einmal kam Mama sehr nervös von der Arbeit zurück. Frau Holzinger veranstaltete einen Empfang bei sich zu Hause und hatte Mama gebeten, unbedingt anwesend zu sein. Abends wollte sie Mama direkt bis vors Ghettotor fahren. Der Empfang war zwar prächtig, doch Mama kam äußerst niedergeschlagen zurück.
Wie sich herausstellte, war ihr aus Versehen die Armbinde mit dem Judenstern aus der Tasche gefallen. Betretenheit bei den Gästen, die Holzingers versuchten, den Vorfall als Scherz hin-

zustellen, doch mit Mamas großartiger Stellung wird es nun wohl vorbei sein, da viele SS-Männer bei dem Empfang anwesend waren.

Ich fühle mich furchtbar verlassen. Wenn die Älteren zur Arbeit gehen, bin ich allein. Ich treibe mich in den Ghettostraßen herum, wie in einer verzauberten Welt. Alles ist fremd hier, aufgeregt, laut. Die Leute reden in einer Sprache, die ich überhaupt nicht verstehe. Besonders die Kinder irritieren mich, ich nenne sie ›Pejeskinder‹. Papa versucht mir zu erklären, daß wir nicht anders sind als sie, und daß wir uns deshalb hier befinden. Ich streite mich nicht mit ihm, aber ich kann mich nicht damit abfinden. Täglich, bevor die Eltern zur Arbeit gehen, muß ich mir eine Menge Gebote und Verbote anhören: Ich darf nirgendwo hingehen, darf mich nicht dem Krzemionki-Gelände nähern, wo die Ghettogrenze ist, darf keine Bekanntschaften schließen und, Gott behüte, keine Raufereien mit anderen Kindern anfangen. Meistens sitze ich am Fenster und beobachte, was auf der Straße passiert. Was für ein großer Vorteil, daß wir Parterre wohnen und das Fenster auf eine belebte Straße, die Rękawka, hinausgeht. Ich versuche, mich nützlich zu machen, so gut ich kann, putze ein bißchen; manchmal gelingt es mir, eine Suppe zu kochen. Auf diese Weise vergehen die Tage.

Draußen war es schön und sonnig, ich hielt es nicht aus, es zog mich in Richtung Krzemionki. Ich wollte sehen, wie sie die Mauer bauten, die das Ghetto von der normalen Welt trennen sollte. Ich ging noch ein Stückchen weiter. Dort stand eine hübsche, kleine Kapelle, um die einige Kinder herumliefen. Ich sah, wie sie Verstecken spielten. Ich stand da und guckte und hatte große Lust mitzuspielen. Ein Kind kam auf mich zu und fragte:
»Woher kommst du?«
Ich zeigte in meine Richtung.
»Aus dem Ghetto?«
»Ja, aus dem Ghetto.«

Da begannen sie, an meinen Zöpfen zu zerren, um mich herumzutanzen und zu kreischen:
»Jüdin! Jüdin!«
Es waren mehr als ein Dutzend. Schließlich fiel ich von ihrem Geknuffe und Gezerre hin. Mir passierte weiter nichts, aber ich begann, laut zu schluchzen. Jemand beugte sich über mich. Es war ein Arbeiter, der beim Bau der Mauer beschäftigt war. Er schrie meine Verfolger an:
»Hört auf! Verschwindet! Das ist ein Kind wie ihr!«
Ich erhob mich. Da meldete sich ein anderer Arbeiter:
»Laß sie doch, sollen doch die Kinderchen sich mit dem Judenbalg amüsieren. Na, Sarah, da hast du ein Äpfelchen« – er redete irgendwie unnatürlich und drückte mir mit voller Wucht einen Apfel direkt ins Gesicht.
Meine Nase blutete, und ich fing an, ganz entsetzlich zu heulen, wohl vor Zorn. Auch meinen Beschützer packte die Wut. Mit einem Satz war er bei dem anderen, ohrfeigte ihn und schrie:
»Du Hundesohn, dir werd ich's zeigen. Die werden doch von den Deutschen schon genug in den Hintern getreten – und jetzt auch noch von uns...?«
Er sprach nicht zu Ende, sondern kam zu mir, wischte mir das Gesicht ab und sagte:
»Paß besser auf, Kleine, sonst passiert dir tatsächlich noch mal was.«
Ich stand wie angewurzelt da, fühlte mich minderwertig. Vermutlich nur, um etwas zu sagen, fragte er:
»Wie heißt du denn, Kleine?«
»Stella.«
»Aaah, Stella! Ein seltsamer Name, aber hübsch.«
Augenblicklich überfielen mich wieder die alten Vorbehalte gegenüber meinem Namen und die Wut auf meine Eltern wegen ihrer Wahl. Warum durfte mein Bruder ein ganz gewöhnlicher Adam sein, während ich mich mit einem so komischen Namen herumquälen mußte? Immer schon hätte ich zu gern anders geheißen: Zosia, Frania, egal, bloß nicht Stella. In

der Schule gab es keine zweite Stella, nirgends gab es eine.
»Weißt du was«, sagte mein Retter, »wenn schönes Wetter ist, kommst du her, die Arbeit dauert noch eine Weile. Ich bringe dir was Gutes mit und du sitzt ein bißchen an der frischen Luft. Ich hab auch Kinder in deinem Alter, vielleicht geben sie mir Spielzeug für dich mit.«
»Aber, Herr... ich...«
»Sag Antoni zu mir...«
»Aber ich... aber ich bin schon groß, Antoni. Ich spiele nicht mehr mit Spielsachen.«
»Ach, groß! Das sieht nur so aus. Wie alt bist du denn?«
»Elf Jahre alt.«
»Was? Meine Tochter ist dreizehn und spielt immer noch mit Puppen.«
»Na ja«, ich hob stolz den Kopf, »aber ich führe schon den Haushalt.«
Er sah mich an, stemmte die Hände in die Seiten und fing an zu lachen. Ich wurde ganz traurig und dachte: Bestimmt hast du was Dummes gesagt.

Als ich nach Hause kam, sah ich gleich in den Spiegel. Das Gesicht zerkratzt, die Nase dick wie eine Kartoffel. Ich wusch mich, es half nichts. Das Schlimmste kam abends. Die erste Bemerkung machte mein Bruder.
»Oh! Wie man sieht, hat mein Schwesterchen heute Bekanntschaften geschlossen!«
Mama schaute mich an und sagte entsetzt zu Papa:
»Schau dir an, was deine Tochter wieder angestellt hat! Wie sieht sie bloß aus? Bestimmt dauert es nicht mehr lange, bis die Leute angelaufen kommen, um sich zu beschweren, daß sie ihre Kinder verprügelt hat.«
»Aber siehst du denn nicht, Tusia, daß dieses Mal sie was abgekriegt hat?«
Papa nahm mich am Arm und zog mich zu sich.
»Na, sag schon, wo du warst«, redete er mir gut zu. »Du solltest doch zu Hause bleiben. Warum denn gleich so kriegerisch,

wenn du schon ausgehst? Man muß lernen, unter Menschen zu leben.«
Er sprach mehr zu sich selbst als zu mir, und ich überlegte hin und her, wie ich Antoni, meine neue Bekanntschaft, verheimlichen könnte.
»Warum bemühst du dich so, Papa«, fragte mein Bruder. »Man braucht doch bloß ihr Gesicht zu sehen, um Lust auf eine Schlägerei zu kriegen.«
Wütend ging ich auf Adam los, er lachte mich aus.
»Gebt Ruhe, ihr beiden«, versuchte Mama uns zu besänftigen. »Schämt ihr euch denn nicht! Ihr wollt erwachsen sein und benehmt euch schlimmer als kleine Kinder.«
Adam behielt das letzte Wort, ich brach in Tränen aus und verschwand in der dunkelsten Ecke.
»Mein Junge, du solltest sie nicht ärgern«, hörte ich Papa sagen. In Gedanken wiederholte ich: Mein Junge, mein Junge – Mistkerl. »Sie ist wirklich ganz verloren, allein auf sich gestellt; immerhin bist du der Ältere und solltest ihr irgendwie helfen.«
Ich fühlte mich unglücklich, häßlich und verlassen. Klar, daß niemand ein solches Scheusal gern haben kann, dachte ich.
»Beruhige dich, meine Kleine«, sagte Mama. »Ich werde mich um einige Bücher bemühen, dann hast du was zum Abschreiben und Lesen; der Krieg ist bald zu Ende, man muß lernen. Und jetzt wasch dich, du siehst nicht besonders schön aus.«
»Wie soll ich schon aussehen«, erwiderte ich übellaunig, »wo ich doch die Häßlichste auf der ganzen Welt bin.«
»Du bist nicht häßlich, meine Tochter, bloß ein bißchen aufsässig.«

Aus dem Lesen und Schreiben wurde nichts, keiner hatte die Zeit und den Kopf dafür. Also begann ich meine Lektüre auf eigene Faust mit den sogenannten ›verbotenen Büchern‹. Auf diese Weise schritt meine Ausbildung rasch voran, doch ging sie nicht in die Richtung, die sich meine Eltern gewünscht hatten.
In dieser Zeit begann ich, mich erwachsen zu fühlen. Anfangs

geriet ich in Panik, kam mit all dem Neuen nicht zurecht; Bauchschmerzen plagten mich, aber dennoch war ich zufrieden: Die anderen wissen nichts über mich, ich bin schon eine Frau!

Nach einigen Tagen ging ich erneut zum Krzemionki-Gelände. Ich traf Antoni.
»Na, wie steht's, Kleine, alles verheilt?«
»Aber ja, halb so schlimm.«
»Du bist ja ein Tausendsassa«, lobte er mich. »Ich hab dir ein Spiel mitgebracht.« Er zog ein Päckchen hervor. »Hab ich noch vorm Krieg bekommen, meine Kleine war damals krank, und das hat mir die Frau von einem Architekten gegeben, bei dem ich damals gearbeitet habe. Das waren auch ›Jüdchen‹.«
»Warum sagen Sie nicht ganz normal ›Juden‹, Antoni?«
»Nun ja, wär doch wohl irgendwie beleidigend, nicht?«
»Nein, das stimmt nicht. Juden sind ganz einfach Juden, was ist schlimm daran?«
»Oh, du bist eine kleine Philosophin«, bemerkte er anerkennend.
Mich freute das sehr, denn ich hatte schon gefürchtet, daß ich ihn mit meiner Bemerkung gekränkt haben könnte.
»Ich frage mich, was mit dem Architekten geschehen ist«, überlegte Antoni. »Ein anständiger Mensch! Er gab mir Arbeit, hat gut bezahlt, immer wieder habe ich von seiner Frau was zum Anziehen für meine Familie gekriegt. Ich würde schon gern wissen, ob er auch hier ist. Vielleicht sind sie ja nach England gegangen, dorthin hatte er seinen Sohn zum Studieren geschickt. Und eine hübsche kleine Tochter hatten sie, glaube ich. Die hatte auch so einen komischen Namen.«
Wir fingen an, Namen zu suchen, doch keiner von uns beiden kam auf den richtigen. Antoni strich mir über den Kopf und riet mir, zu verschwinden.
»Das ist hier Arbeit im Akkord«, sagte er.
Ich wußte nicht, was dieses Wort bedeutete, tat jedoch so, als hätte ich ihn verstanden. Und er fügte noch hinzu:

»Die treiben uns an, den Käfig für euch so schnell wie möglich zuzumachen. Was besseres ist den Deutschen nicht eingefallen, als eine Mauer zu bauen und Leute wegzusperren, als ob sie die Pest hätten«, knurrte er.
»Na, dann gehe ich.«
»Und komm mal wieder.«

So verging ein Tag nach dem anderen. Daß ich Antoni besuchte, war mein Geheimnis. Mama lachte, weil ich auf einmal keine Lust mehr zum Haushaltführen und Kochen hatte. Ich war traurig darüber, daß die Mauer bald fertig sein würde, wo sich doch Antoni mit mir wie mit einer Erwachsenen unterhielt.
Als ich einmal zum Krzemionki-Gelände ging, sagte Antoni zu mir, daß er heute in die Lwowska-Straße wolle, dort wohne dieser Architekt.
»Ich muß hin«, sagte er, »vielleicht kann ich ihm diesmal helfen; einer muß dem anderen schließlich helfen, egal wie er heißt, egal was er ist, stimmt's, Kleine?«
Ich sagte, ich könnte ihn zur Lwowska-Straße begleiten, weil ich dort Verwandte hätte, die Grünberg hießen.
»Was du nicht sagst, Kleine? Genauso heißt mein Architekt. Dann sind das wohl dieselben Leute!«
Es fügte sich aber, daß ich nicht mit Antoni in die Lwowska-Straße ging. Abends kam Tante Tusia zu uns. Papas Schwester hieß wie Mama Berta, und beide wurden ›Tusia‹ genannt. Sie berichtete, daß ein früherer Angestellter sie besucht habe; durch ihn habe sie von unserer Bekanntschaft gehört. Ich machte mich auf ein Riesendonnerwetter gefaßt, doch nichts dergleichen geschah. Ich mußte erzählen, wie ich Antoni kennengelernt hatte und wie ich von ihm verteidigt worden war. Meine Eltern erneuerten ihr Verbot, mich von zu Hause zu entfernen, und das war alles.

Als ich wieder zum Krzemionki ging, sah Antoni mich schon von weitem. Mit einem Bündel im Arm, kam er mit geheimnisvoller Miene auf mich zu.

»Setz dich«, sagte er, »und mach die Augen zu, ich hab eine Überraschung für dich.«
Ich schloß die Augen und hielt den Atem an, ich fühlte etwas Wundervolles in meinen Händen. Ein herrlicher, warmer, winziger Welpe! Ich brachte keinen Ton heraus, ich wollte zugleich heulen, lachen, springen. Ich saß da und drückte das schöne, schwarze, lebendige Wollknäuel an mich.
»Na, siehst du, Kleine, das ist eine Freude«, sagte Antoni.
»Aber woher haben Sie gewußt, daß ich Hunde über alles liebe, Antoni?«
»Na ja, einmal, da hast du mir doch von deinem Hund erzählt, und meiner hat gerade Junge gekriegt, da hab ich dir einen mitgebracht, das ist alles.«
»Ach, wie süß! Und schwarz wie Kohle, ich werde ihn Mohrchen nennen.«
»Dann geh schon und gib ihm Milch; er fiept, weil er seit heute früh nichts gekriegt hat.«
Überglücklich lief ich nach Hause. Je näher der Abend heranrückte, desto unruhiger wurde ich. Ich wußte genau, was mir blühte, wenn meine Eltern den neuen Mitbewohner zu Gesicht bekommen würden.
Als erster kam Papa.
»Was ist denn das schon wieder...?« Er hatte noch nicht zu Ende gesprochen, als Mama hereinkam.
Ich stand da. Mohrchen spielte verrückt, rannte zu jedem hin, zerrte an den Hosenbeinen, machte Purzelbäume. Als erste faßte sich Mama; sie brachte eine ganze Lawine ins Rollen.
»Woher hast du denn den? Auf der Stelle bringst du diesen Hund zurück, dorthin, wo du ihn her hast. Wir haben hier nicht die Bedingungen, um einen Hund aufzuziehen, so dumm kannst du ja nun wirklich nicht sein!« Sie war sichtlich aufgebracht. Ich wußte, es stand sehr schlecht. Papa sagte keinen Ton.
»Nun beeil dich«, drängte Mama, »nimm ihn und bring ihn zurück!«
Ich nahm den Hund auf den Arm, holte tief Luft und beschloß,

in aller Ruhe, ohne mit der Wimper zu zucken, zu schwindeln, was ich sonst nie tat.
»Aber Mama, ich weiß doch nicht, wo ich ihn hinbringen soll. Ich hab den armen Kerl auf der Straße gefunden.«
»Gut, dann bring ihn auf die Straße zurück.«
Ich wandte mich ab und sagte mit Entschiedenheit:
»Dann gehe ich zusammen mit meinem Hund auf die Straße.«
Wie gewöhnlich ergriff Papa meine Partei.
»Gleich ist Polizeistunde, vielleicht sollte sie ihn heute besser hierbehalten, und morgen überlegen wir, wo wir ihn unterbringen«, sagte er zu Mama.
Die Spannung hatte nachgelassen. Jeder nahm den kleinen Hund auf den Arm, stellte fest, daß er wirklich süß sei, und plötzlich herrschte daheim eine heitere Atmosphäre. Mucksmäuschenstill, glücklich, daß der Sturm vorüber war, saß ich da. Ich wußte, daß ich Mohrchen nicht weggeben würde und daß auch meine Eltern nicht mehr darüber reden würden.

Das Ghetto ist jetzt fertig, das bedeutet, daß wir nun durch eine Mauer von der übrigen Stadt getrennt sind. Es gibt Wachstuben und drei Tore, zwei in der Limanowski-Straße und eines am Zgody-Platz. Aus einem Dutzend Straßen ist eine richtige Stadt entstanden. Wirklich merkwürdig, wieviel Energie Menschen an den Tag legen, die man aus der Gesellschaft ausgestoßen hat. Plötzlich gibt es eine Menge kleiner Läden; es gibt einen Friseur, eine Bäckerei und sogar ein Café. Die jungen Leute veranstalten Tanzabende; ich höre, wie mein Bruder, wenn er heimkommt, den Eltern gut gelaunt erzählt, bei wem sie sich heute amüsiert haben und wie lustig es gewesen ist.
Das ist ungerecht, ich mache zu Hause die ganze Arbeit und darf an keinerlei Vergnügungen teilnehmen; in meiner Gegenwart wird über alles gesprochen, aber wenn ich auch mal etwas sagen will, heißt es, ich sei noch zu jung, um eine eigene Meinung zu haben. Was aber nicht stimmt: Ich weiß, wer wen mit wem betrügt und daß die Kinder nicht aus dem Bauchnabel kommen. Ich bin der Ansicht, daß ich alles weiß, und wieder

erwachen in mir die Aufsässigkeit und das Mißtrauen gegenüber allem und jedem.

Heute ist Papa im Zustand totaler Erschöpfung vom Steinbruch nach Hause gekommen. Er sagt, er wolle zum Arzt gehen und sich ein paar Tage krankschreiben lassen, weil er einfach nicht mehr könne. Abends höre ich eine lebhafte Diskussion. Papa erzählt, er habe Simche Spira getroffen, als er vom Arzt kam. »Das ist der, der in der Firma meines Vaters Bote war. Ich staunte: Simche Spira in der OD-Uniform, behangen wie ein Clown! Er sah aus wie ein General, allerdings wie einer aus dem Zirkus. Ich wußte nicht, daß er der Kommandant des Ghettos ist. Wieso hat man ausgerechnet diesen Analphabeten zum Kommandanten gemacht?«
Papa erzählt, Spira habe ihn gesehen und gefragt: »Du bist Müller?« – »Ja«, erwiderte Papa. »Zygmunt Müller? Der Sohn von Bernard Müller? Was machst du denn für ein dummes Gesicht? Du kennst mich doch, weißt du Idiot denn nicht, daß ich jetzt Kommandant bin?« – »Ich sehe es«, sagte Papa. »Krieg ist Krieg, aber der Mensch macht Karriere; so ist das im Leben, man muß sich nach oben boxen.« Papa stand da wie ein Trottel und nickte bloß. »Und was treibst du so, Müller? Siehst mies aus, sehr mies.«
Papa sagte, er arbeite im Steinbruch und sei eben vom Arzt krankgeschrieben worden. »Komm doch irgendwann einmal auf einen Sprung bei mir vorbei, ich hab vielleicht bessere Arbeit für dich.«
Und nun wurde zu Hause darüber diskutiert, ob er hingehen solle oder nicht. Papa beschloß, es auf dem Arbeitsamt zu versuchen. Dort gab es leider nichts für ihn, und er ging zu Simche Spira, der ihm möglicherweise helfen konnte.
OD, das war der interne jüdische Ordnungsdienst. Nach langem Warten wurde Papa vor den Kommandanten zitiert. Später meinte er, selbst Hitler würde nicht mit größerem Aufwand empfangen als der Kommandant Simche Spira. Und das Schlimmste sei, daß er keine Sprache richtig spreche, weder

Polnisch noch Deutsch, weder Hebräisch noch Jiddisch. Man erzählte sich, er lerne eifrig Deutsch. Nach vielen Vorschlägen, für die Papa keinerlei Interesse zeigte, zog er ihn als einfachen OD-Mann in den Ordnungsdienst ein. Papa wollte absolut keine höhere Funktion im OD innehaben.
Nie war Spira mit Papas Arbeit zufrieden, jedesmal, wenn er ihn traf, drohte er ihm mit dem Steinbruch.
»Müller, du bist gar kein OD-Mann«, pflegte er zu sagen. »Du bist eine gewöhnliche Niete.«
Die Leute hatten Papa sehr gern, er versuchte zu helfen, wie und wo es nur irgend ging. Im OD gab es mittlerweile zwei Gruppen: die schlechten und die guten OD-Männer.
Die Leute erzählen, daß ein Auto voll mit Soldaten durchs Ghetto fährt, die auf die Menschen in den Straßen schießen, als seien sie Vögel auf den Dächern. Es ist mir strengstens verboten hinauszugehen, besonders auf die Hauptstraße. Meine einzige Freude ist Mohrchen. Die Eltern sind offenbar froh über ihre Kapitulation. Dank des Hundes bin ich ein bißchen beschäftigt. Morgens gehe ich mit ihm zum Krzemionki-Gelände, damit er Auslauf hat. Ich habe dort einige Mädchen kennengelernt, die ab und zu bei mir vorbeischauen. Wir versuchen sogar, so etwas wie Unterricht zu organisieren. Manche sind älter als ich, lesen und schreiben besser, deshalb geben sie mir Stunden. Meine Eltern freuen sich darüber.

Ich hatte bei meinen Spaziergängen einen sehr hübschen Jungen in Begleitung eines Schäferhundes namens Juhas gesehen. Der Junge merkte bald, daß ich ihn verstohlen musterte, weshalb er mit Kunststücken seines Hundes prahlte und dabei verächtlich auf meinen kleinen Mischling herabsah. Ich wußte nicht, wen ich mehr bewundern sollte. Der Hund war prächtig, aber auch der Junge war – irgendwie anders als die anderen. Mit seinem Hund sprach er ziemlich laut, aber nicht polnisch, sondern deutsch. Er war bestimmt drei, vielleicht vier Jahre älter als ich, fünfzehn war er ganz sicher. Alles an ihm sah neu aus: die Knickerbocker, die Socken, das Hemd. Mir war be-

wußt, wie ärmlich ich im Vergleich zu diesem Jungen aussah. Meine Zöpfe waren längst keine Zöpfe mehr, sondern mit Bändchen zusammengebundene Rattenschwänze. Weil niemand da war, der mich kämmte, hatte ich die Zöpfe immer wieder ein Stückchen abgeschnitten. Meine Arme waren zu lang, die Schuhe schiefgetreten, das kurze, alte Kleid nicht allzu sauber. Ich rief meinen Hund und rannte, verzweifelt über mein Aussehen, nach Hause. Irgend etwas in mir schrie geradezu: Mein Gott, wie häßlich ich bin!
Die nächsten Tage benahm ich mich unmöglich, grundlos begann ich mit Adam zu streiten, zerriß seine Krawatte, wofür ich eine Abreibung bekam. Ich schluchzte und fragte mich, warum er, ein Junge, im Gegensatz zu mir so hübsch und gut angezogen war. Ich gehe zur Mauer am Krzemionki und lasse mich erschießen, wer braucht schon so eine widerliche Person wie mich! Meine Eltern hielten mich daraufhin für krank und befahlen mir Bettruhe. Ich legte mich hin, mir war alles egal. Ich fühlte mich so unglücklich, daß ich trotz des schönen September-Wetters den halben Tag verschlief.
Wie ich schon sagte, ging das Fenster auf die Rękawka-Straße, und das Parterre-Zimmer war sehr niedrig. Als sich jemand aufs Fensterbrett setzte, bemerkte ich es nicht einmal. Ich hörte Rufen:
»Ist jemand da?«
»Ja, ich. Was ist los?«
In diesem Augenblick erstarrte ich: Es war der elegante Junge vom Krzemionki-Gelände.
»Ich brauchen Wasser für Fahrrad. Reifen geplatzt.«
Oh je, wie fürchterlich er spricht!
»Kommen Sie ruhig durch das Fenster herein, in der Küche ist Wasser und eine Schüssel.«
Ich schämte mich aufzustehen. Das Hemd, das ich trug, war kaum dazu geeignet, Gäste zu empfangen, und einen Morgenrock besaß ich leider nicht. Zum Glück interessierte es ihn nicht, wer ihn hereingebeten hatte, er erklärte lediglich irgendetwas in gebrochenem Polnisch. Nachdem er mit der Schüssel

auf demselben Weg nach draußen gelangt war, atmete ich auf, doch nur für einen Augenblick – er würde wiederkommen, um mir die Schüssel zurückzugeben. Mit einem Satz war ich aus dem Bett, zog mich an, setzte mich auf den Bettrand und wußte nicht, was weiter geschehen sollte. Aus der Wohnung laufen oder sitzen bleiben?
Unversehens stand er mit der Schüssel in der Hand im Zimmer. Mohrchen umkläffte ihn fröhlich; der dumme Kerl begrüßte jeden so freudig.
»Mohrchen, hierher, pfui!« rief ich.
»Laß ihn, Fräulein, ich jeden Hund lieben.«
Wie er spricht! Wieder verblüffte mich seine merkwürdige Sprechweise. Er betrachtete meinen Hund.
»Ich ihn gesehen irgendwo.« – Nun denn, das Schlimmste, was geschehen konnte, war geschehen, er hatte mich erkannt.
»Fräulein ist wohl spaziert mit diesem Hündchen, hier in der Nähe?«
»Ja, das war ich, und Sie... du«, ich wußte nicht, wie ich diesen Jungen anreden sollte, »hast einen schönen Schäferhund.«
»Oh ja!« Gleich wurde er lebhaft. »Juhas ist schön und dressiert. Er mit uns fahren aus Deutschland, schon zwei Jahre. Ich Polnisch verstehen, er irgendwie nicht verstehen.«
»Gefällt es Ihnen in Krakau?«
»Oh ja, hübsch, aber wenn der Krieg zu Ende ist, dann ich will lieber sein in Leipzig.«
»Und was ist das?« fragte ich und kam mir klug vor.
»Wie, was?« Er starrte mich an. »Das ist meine Stadt.«
»Ach, ja«, ich machte eine gescheite Miene, »ich hatte nicht richtig verstanden.«
Während ich an meinem Zopfband zupfte, redete der Junge weiter:
»Ich schon lernen sprechen, aber meine Mutter und Schwester nicht, Vater auch bißchen sprechen polnisch, aber für uns Deutsche Leben hier nicht gut.«
»Warum kehrt ihr dann nicht wieder dorthin zurück?« Ich war eingeschnappt.

»Na, wir nicht können! Fräulein weiß, daß Juden vertrieben, aber ist bald vorbei.«
Warum ich ihn mit Nichtbeachtung strafte, weiß ich nicht; ich nahm ein Buch und fing an zu blättern.
»Was Fräulein lesen« fragte er.
»Ein Buch, wie man sieht.«
»Ja, aber welches?« Ich hatte keine Ahnung, was das für ein Buch war. »Äh, Fräulein gar nicht lesen, bloß blättern Seiten«, fügte er lachend hinzu.
»Was wollen Sie hier eigentlich noch? Mich belästigen?«
»Ich nicht wollen.«
»Ich nicht wollen, ich nicht wollen«, äffte ich ihn nach. »Man sollte besser polnisch lernen, bevor man klug daherredet.«
Es war mir offenbar gelungen, ihn zu verletzen. Er ging zum Fenster, worauf ich sagte, daß man ja auch zur Tür hinausgehen könnte. Auf dem Weg zur Tür bückte er sich und gab Mohrchen einen Klaps.
»Wie kann man einen fremden Hund schlagen!« schrie ich aufgebracht.
»Ich ihn nicht schlagen«, erklärte er, »nur, soll er das machen?«
Er zeigte mir Mamas Pumps mit den abgebissenen Absätzen. Mir blieb die Luft weg. Vor ein paar Tagen hatte Mama diese Schuhe von Frau Holzinger bekommen, vollkommen neu. Mir kamen die Tränen.
»Nicht weinen, bitte.« Auch er war jetzt unglücklich. »Mama nicht böse, aber vielleicht ich kommen und sagen, daß mein Juhas gemacht?«
»Bitte, geben Sie her, ich verstecke ihn vorläufig, und dann denk ich mir was aus.«
»Dann geh ich jetzt und morgen wieder kommen.«

Der Schuh war völlig unwichtig, ich mußte einfach immerzu an den Jungen denken. Mag sein, daß er nicht sehr groß war, aber er hatte wunderschöne lockige Haare, braune Augen, weiße ebenmäßige Zähne, eine lustige Stupsnase, und er war ›schrecklich‹ sauber und sehr hübsch angezogen. Kaum war er weg, grübelte ich erneut über mein Aussehen nach, über die viel zu langen Arme, über die Knie, die unter dem zu kurzen, sehr alten und ungebügelten Kleid hervorschauten, was mir peinlich war. Ich überlegte hin und her, wie ich Mama dazu bringen könnte, mir etwas zum Anziehen zu besorgen, und wußte von vornherein, daß nichts daraus werden, daß sie mir sagen würde: »Wer hat schon die Zeit und den Kopf für solche Dinge.« Ich beschloß, eine Krankheit vorzutäuschen. Ich zog Mamas Nachthemd an, in dem ich nicht mehr so erbärmlich aussehen würde. Abends, als alle von der Arbeit zurück waren, sagte ich jammernd:

»Ich werde morgen wohl nicht hinausgehen, Mama, mir tut alles weh.«

Mama reichte mir das Thermometer.

»Temperatur hat sie nicht«, sagte sie zu Papa.

»Vielleicht ist es besser, wenn sie trotzdem liegen bleibt; sie ist in letzter Zeit viel mit dem Hund herumgerannt, da kann sie sich erkältet haben.«

Früh am Morgen, nachdem alle fort waren, begann ich sofort zu putzen. Dann wusch ich mich, bürstete meine Haare und flocht sie so sorgfältig wie möglich. Schließlich suchte ich im Schrank unter Mamas Sachen nach einem geeigneten Kleidungsstück. Egal, ob ich mir auf die ›Schleppe‹ trat, Hauptsache, oben herum sah es nach etwas aus.

Dann legte ich mich ins Bett, zog die Decke bis unters Kinn und wartete. Ich war sicher, daß der Junge kommen würde, sobald ich mich hingelegt hatte. Beim kleinsten Geräusch hinter dem Fenster schloß ich die Augen und stellte mich schlafend. Doch die Stunden vergingen, und er kam nicht. Meine Verbitterung nahm zu. Sollte er doch noch kommen, würde er es bereuen. Bestimmt hatte er den unglückseligen Schuh vergessen, immerhin war er schon ein erwachsener Junge und kein Freund für mich. Und überhaupt wäre es besser, er käme nicht. Er war ja ein Deutscher.

Geräuschlos hatte er sich auf dem Fensterbrett niedergelassen.

»Dzień dobry, noch nicht gesund, Fräulein?«

»Nein, und Sie hätten nicht zu kommen brauchen, ich habe nicht auf Sie gewartet.« Ich war wütend.
»Wie Fräulein heißen?«
»Stella.«
»Und ich Bubi, eigentlich mein Name Siegmar Schleifer, aber zu Hause mich alle nennen Bubi.«
Meine Wut verrauchte.
»Wie alt bist du«, fragte er.
»Im Winter werde ich zwölf.«
»Waaas?«
»Was heißt hier: waaas?«
»Weil ich gedacht hab, daß du schon vierzehn Jahre hast. Da bist du ja noch ein Grünschnabel.«
»Gar nicht. Ich bin zwar jung, aber schon sehr erwachsen«, sagte ich erschrocken, weil mein Alter die Freundschaft gefährden konnte, die sich so gut angelassen hatte.
»Wie alt bist du denn?«
»Fünfter Januar werde ich sein fünfzehn.«
»Oh! Und ich habe gedacht, du bist schon siebzehn«, schwindelte ich.
Er brach in fröhliches Gelächter aus.
»Das schadet wohl nichts, daß wir beide was anderes gedacht haben, nicht wahr, Stella?«
»Nein«, erwiderte ich und dachte: wobei nur schaden?
»Das ist gut, wir werden, na, wie sagt man?«
»Freunde, wolltest du das sagen?«
»Oh ja. Hast du gern Spiel auf Harmonika, Stella?«
»Sehr gern.«
»Dann bring ich gleich, ich wohne zwei Häuser von hier, in Nummer vierzehn.«
»Wirklich? Und da sind wir uns nie begegnet?«
»Ich hab dich oft gesehen, nur warst du immer so mürrisch, da hab ich gedacht, besser mit dir nicht anfangen, aber jetzt bist du prima. Ich bringe gleich Harmonika.«
Ich war völlig benommen: weil es Bubi gab, weil es die Harmonika gab und weil ich prima war; kaum hatte ich mich

gefaßt, war er schon wieder zurück. Er stellte einen riesigen Gegenstand auf den Tisch und setzte sich bequem zurecht. Er pries seine Harmonika, freute sich und fragte, was er spielen solle. Ich weiß nicht, wie lange er spielte, aber er spielte so schön, daß mir von da an die Harmonika das liebste aller Instrumente wurde. Er hatte es eilig, rechtzeitig zum Mittagessen zu kommen.
»Wir werden gute Freunde«, sagte er beim Hinausgehen.
»Sicher«, bekräftigte ich eifrig.
Alle im Hause bemerkten, daß ich braver und weniger streitsüchtig war. Zu meinem neuen Freund bekannte ich mich nicht, denn wen ging das schließlich etwas an?

Immer mehr Menschen strömen ins Ghetto. Sie kommen aus den kleineren Ghettos, die in den umliegenden Städtchen liquidiert wurden. Diese Menschen erzählen Dinge, die kaum zu glauben sind! Sie sagen, daß die Deutschen foltern und töten, daß sie auf Kinder und alte Leute schießen. Wir können es einfach nicht fassen, aber sie nicken bloß. Diese Menschen werden ebenfalls in die Wohnungen einquartiert. Häufig leben mehrere Familien in einer einzigen Wohnung. Uns steht das nicht bevor, unsere Wohnung ist zu klein, und außerdem wohnt noch ein Stiefbruder von Papa bei uns.
Am angenehmsten sind die Sonntage, selbstverständlich nur dann, wenn schönes Wetter ist. Der einzige grüne Ort ist das Krzemlonki-Gelände, allerdings ist es vollig zertrampelt, aber immerhin grün. Dort wimmelt es von Menschen. Frauen sitzen da, nähen, stopfen und tratschen. Die Männer debattieren über Politik, die Jungen flirten. Oft sehe ich auf Spaziergängen Paare, die sich aneinander schmiegen und sich sogar küssen! Was ich da sehe, bringt mich völlig aus der Fassung. Die frommen Erwachsenen gehen rasch an ihnen vorbei und murmeln etwas von ›Ausschweifung‹. Ich weiß nicht, was das bedeutet, ›Ausschweifung‹, ich werde jemanden fragen müssen.
Ein plötzlicher Tumult riß mich aus meinen Grübeleien. Die

Leute rannten ans Ende des Krzemionki, wo sich ein großer Abhang befindet. Unten, außerhalb des Ghettos, standen die Deutschen vom Baudienst, die ›Schwarzen‹ genannt. Ich hielt eine Frau an und fragte, was passiert sei.
»Eine schreckliche Sache, Kind. Einer von den ›Schwarzen‹ ist auf unsere Seite gekommen und hat einem Jungen, der nah am Abhang lag, einen Stoß versetzt, und der Junge ist hinuntergefallen. Er soll tot sein.«
Ich hörte nicht mehr, was sie sonst noch sagte; ich rannte in Richtung Krzemionki los, die furchtbarsten Gedanken gingen mir durch den Kopf: Adam konnte dort gewesen sein, oder auch Bubi; Adam brüstete sich so gern mit seinem Mut. Ich rannte, wußte nicht, daß ich weinte, rannte fast die Leute um. Jemand packte mich am Arm.
»Stella, was ist los mit dir?« – »Oh Bubi, Gott sei Dank!« Ich setzte mich auf der Stelle hin und fing an zu weinen.
»Was hast du denn?«
»Sie haben jemanden getötet… jemanden runtergestoßen…«, stotterte ich.
»Ja, weiß ich, aber reg dich doch nicht so auf!«
»Und wenn es Adam ist?«
»Es war ein kleiner Junge, er war nicht älter als elf, ich kenne deinen Bruder!«
Erst jetzt begriff ich, was er gesagt hatte. Ich umarmte ihn.
»Ich weiß selbst nicht, um wen ich mir mehr Sorgen gemacht habe, um Adam oder um dich.«
»Um mich?« Er stand da und staunte. »Wenn das hier zu Ende ist, du wirst ganz groß sein, dann ich dich heirate, nehme dich mit, bloß nicht nach Deutschland, du hast recht, daß du nicht liebst die Deutschen, nach Amerika.«
Ich hatte keine Ahnung, ob das weit von Krakau entfernt war oder in der Nähe lag.
Abends hörte ich, wie Papa Mama erzählte, daß man die Aussiedlung vorbereite. Mehrmals am Tage trafen Limousinen mit verschiedenen wichtigen Leuten von der SS ein. In Auschwitz soll es ein Lager geben, in dem man Menschen umbringt, und

nicht weit von hier entfernt, auf dem alten jüdischen Friedhof in Płaszów, werden sie ebenfalls ein Lager bauen. Ich hörte Vater erregt sagen, daß zuerst die Alten, Kranken und Kinder abtransportiert werden sollen. Die Vorschriften sind in letzter Zeit verschärft worden. Nach der Polizeistunde darf sich, unter Androhung der Todesstrafe, keiner mehr auf den Straßen aufhalten; die Personen, die nach acht Uhr zurückkehren, brauchen einen Sonderpassierschein.

Immer häufiger hört man Schüsse im Ghetto. Bubi hat einen fabelhaften Durchgang gefunden, hinten, zwischen den Häusern, über die Höfe, so daß er nach der Polizeistunde vorbeikommen und mich mit unserem verabredeten Pfiff rufen kann. Alle haben hier ihre verabredeten Signale, und keiner irrt sich. Er hat gepfiffen. Nervös erzählt er, daß sein Vater zu Hause von Aussiedlung gesprochen hat. Sein Vater arbeitet ebenfalls im OD, Bubi will nicht sagen, was er dort macht, welche Funktion er inne hat. Einmal hat er allerdings erklärt, daß er sich für seinen Vater und für das, was er tut, schämt. Ich muß unbedingt herausfinden, was sich dahinter verbirgt.

Am nächsten Morgen, gleich nachdem alle Gruppen zur Arbeit gegangen waren, fahren viele Lastautos mit bewaffneten deutschen Soldaten vor. Sie sehen so bedrohlich aus, als wären sie ausgezogen, wilde Bestien zu zähmen, und dabei gibt es hier nur wehrlose Menschen. Durch die Straßen gleitet langsam eine Limousine. Der Deutsche, der darin sitzt, gibt durch einen Lautsprecher bekannt:

»Alle Juden haben sich unverzüglich in ihre Wohnungen zu begeben. Die Wohnungen dürfen bis auf Widerruf nicht verlassen werden. Wer ans Fenster geht, wird erschossen.«

Sie umstellen das Ghetto innen und außen so, daß wohl nicht einmal eine Maus unbeachtet durchschlüpfen könnte.

Ich bin mit Mohrchen allein in der Wohnung. Im ganzen großen Mietshaus Stille, als gebe es keine einzige lebende Seele. Nebenan wohnt die Familie Weiss, keiner von ihnen hat eine Arbeit zugeteilt bekommen; ich habe vorhin gehört, wie sie in den Keller geschlichen sind. Ich bin entsetzt: Deutlich höre ich, daß die Deutschen die Kinder mitnehmen. Immer mehr Schüsse, gellende Schreie und lautes Wehklagen dringen an mein Ohr. Die Geräusche von der Straße kommen immer näher.

Ich habe mich in der dunkelsten Ecke auf den Fußboden gekauert und drücke Mohrchen an mich, der vor Angst am ganzen Körper zittert. Oh Gott, warum kommt Papa nicht, er ist doch hier irgendwo im Ghetto. Ich presse die Hände auf meine Ohren, damit ich nichts höre. Bloß nichts hören! Mir wird schlecht, ich bekomme einen Schluckauf, den ich nicht unterdrücken kann. Ich muß diesen Schluckauf loswerden! Wenn ich still bin, kommen sie vielleicht nicht herein, bemerken mich nicht, es ist so finster im Zimmer. Plötzlich grauenvolle Schreie in unserem Haus. Ich erkenne die Stimmen. Sie haben im Keller angefangen. *»Rrraus-rrraus!«* Wimmern, Weinen, dann ein Schuß und ein entsetzlicher Aufschrei:
»Mein Kind! Erna!« Ich halte mir die Ohren zu. Es hilft nichts. Gleich holen sie mich, bestimmt wird es mir genauso ergehen. Ich habe so fürchterliche Angst! Ich höre das Poltern von Stiefeln. Ihre unverkennbaren, eisenbeschlagenen Stiefel sind nah, ganz nah. Ich verstecke mein Gesicht in den Händen. So muß sich ein Tier fühlen, das von Menschen umzingelt wird. Nie im Leben werde ich auch nur einen Wurm zertreten, schwöre ich mir. Ich denke meinen Gedanken nicht zu Ende. Schritte, das Hämmern von Gewehrkolben, krachend schlägt die Tür gegen die Wand, die Scheiben fliegen heraus. Im Kopf ein abscheuliches Rauschen, im Mund bitterer Speichel.
*»Raus!«*
Ich kann nicht. Weiß nicht, wie ich aufstehen soll. Sie werden mich herauszerren... oder vielleicht an Ort und Stelle...
*»Was ist hier los?«*
Auf einmal, das muß ein Wunder sein, höre ich Papas laute Stimme im Flur. Ja, das ist Papas Stimme! Wenn er es bloß schafft, wenn sie nur vorher nicht schießen. Direkt vor meinem Gesicht zwei Revolver. Ich erhebe mich auf Wattebeinen. Papa

kommt herein, hält irgendein Schreiben in der Hand. Sie prüfen es, sprechen mit Papa, ich verstehe kein Wort. Dann zieht Papa eine Legitimation heraus.
»Ja, das ist meine Wohnung«, dringt die Stimme meines in Habachtstellung stehenden Vaters an mein Ohr.
Und wo ist Mohrchen? Sicher unter dem Sofa. Sie deuten auf mich, zeigen sich gegenseitig das Schreiben. Papa dreht sich zu mir um:
»Geh vor mir her, nicht umdrehen«, sagt er.
Ich nehme meine ganze Kraft zusammen, um hinauszugehen. Die Straßen sind leer. Alle zehn Meter steht ein SS-Mann mit entsichertem Karabiner. Ich halte den Kopf gerade, schaue nur aus den Augenwinkeln. Überall liegen Menschen, wahrscheinlich Tote. Unterwegs halten sie uns mehrmals an. Jedesmal zieht Papa das Schreiben aus seiner Tasche und erklärt etwas. Ich versuche, mich Papas Schritten anzupassen.
»Wohin gehen wir?« flüstere ich.
»Sprich nicht, zum OD.«
Plötzlich stürzt eine alte Frau aus einem Tor, hinter ihr noch einige Personen. Zwei SS-Männer stoßen sie mit den Kolben ihrer Karabiner. Die Frau hält sich am Tor fest und schreit:
*»Nein! Nein! Bitte! Ich will nicht!«*
Die Deutschen traktieren sie mit Kolbenschlägen, Blut fließt aus ihrer Nase, aus ihrem Kopf, sie ist ganz blutverschmiert. Ein SS-Mann hebt den Karabiner. Ein Schrei, ein Knall.
Ich habe einen verstörten, gehetzten Blick aufgefangen.
»Schneller, nicht hinschauen«, höre ich hinter mir flüstern.
Der Weg schien endlos. Als hinter uns das Tor vom OD geschlossen war, lehnte sich Papa erschöpft gegen die Tür und nahm die Mütze ab. Der Schweiß lief ihm von der Stirn. Er holte eine Zigarette hervor, seine Hände zitterten so, daß er jemanden bitten mußte, sie ihm anzuzünden.
»Du bleibst hier, bis ich dich hole. Setz dich in diese Ecke, von dort holt dich keiner weg, ich muß zurück, habe Dienst beim Leicheneinsammeln.«
Ich erwiderte nichts, wieder quälte mich der Schluckauf. Keine

Ahnung, wie lange ich so dasaß. Irgendwann fiel der Name ›Schleifer‹. Ich begann, mir die Männer im Raum anzusehen. Es war die Wachstube des OD. Ich kannte Bubis Vater nicht und würde wohl nicht herausbekommen, welcher von ihnen das war. Ich hielt es nicht mehr aus und ging auf den Erstbesten zu.
»Bitte, wer von den Herren ist Herr Schleifer?«
»Worum geht's?«
»Ich muß ihm was sagen.«
»Der da.« Er deutete auf einen dicken, ziemlich kleinen Mann.
Ich ging zu ihm.
»Entschuldigen Sie, ich wollte bloß fragen«, mißmutig blickte er mich an, »bitte, wo ist Bubi?«
»Und was geht dich das an?«
»Ich… ich wollte nur wissen, wo er ist.«
»Zu Hause«, sagte er und ging weg.
Bestimmt ist Bubi in Sicherheit, da sein Vater so ruhig ist. Nach einer Weile höre ich Gelächter. Verwundert, daß in diesem Augenblick jemand lachen kann, schaue ich mich um. Bubis Vater lacht und ahmt meinen Schluckauf nach.

Alles vorbei. Wir saßen um Papa herum, der uns erzählte, wie er die Leichen eingesammelt hatte, auch von Familienangehörigen, zwei Onkel, eine Tante. Er war völlig gebrochen.
»Haben wir vielleicht Schnaps im Haus«, fragte er Mama unsicher, da er sonst nie trank.
Sie brachte eine Flasche.
»Vielleicht sollte Stella auch ein kleines Schlückchen trinken, ich mache mir Sorgen wegen des Schluckaufs.«
Mama überlegte einen Augenblick und entschied dann, mir keinen Alkohol zu geben. Ich müsse mich abhärten, dies sei erst der Anfang.
Die Flasche war leer. Leicht schwankend stand Papa auf und legte seinen Arm um mich.
»Geh schlafen, mein Kind, genug für heute.«
Er setzte sich zu mir und begann, ein Schlaflied zu summen,

das er mir zu Hause ziemlich oft vorgesungen hatte. Es lag etwas so furchtbar Trauriges in seiner Stimme, daß es mir in der Seele wehtat.
Die Tür ging auf, mein Bruder stürzte herein, seine Gruppe kam für gewöhnlich als letzte nach Hause. Seine Haare waren zerzaust, sein Blick unruhig.
»Sind alle da? Wo ist Stella? Ich habe grauenvolle Dinge gehört, daß sie die Kinder…« Er erblickte mich.
»Sie sieht so blaß aus, ist sie verletzt?«
»Beruhige dich, Adam«, sagte Mama, »sie ist nur erschöpft.«
Er kam auf mich zu und überhäufte mich mit Küssen.
»Meine Kleine, mein armes Schwesterchen, mein Liebes.«
Wieder ging die Tür auf, diesmal war es ein Mann mit Bart und Schläfenlocken.
»Müller, komm beten, man muß Kaddisch sagen für die Ermordeten, jeder anständige Jude geht beten, du bist a gite Mensch, der Mensch muß beten.«
»Nein, ich werde nicht beten«, sagte Papa traurig. »Ich habe heute bereits über jeden, den ich eingesammelt habe, ein Gebet gesprochen. Es kommt die Zeit, in der keiner mehr da sein wird, der für uns betet«, sagte er mehr zu sich selbst als zu dem anderen.
»Oj, nicht git mit dir, ich muß auch für dich beten.« Etwas Unverständliches vor sich hin murmelnd, verließ er das Zimmer.
Kurz darauf kam Bubi. Er wußte nichts von meinen heutigen Erlebnissen. Mama begann, ihm auf deutsch (ich mochte es nicht, wenn sie deutsch miteinander sprachen) zu erzählen, was Papa und ich alles durchgemacht hatten. Während Mama erzählte, schaute er mich besorgt an. Mir tat es wohl, von meinen Liebsten umgeben zu sein. So geliebt und geborgen hatte ich mich schon lange nicht mehr gefühlt.
»Na, Bubi, jetzt mußt du aber gehen«, sagte Mama schließlich. »Sie machen sich zu Hause sicher Sorgen.«
»Oh, hätt ich fast vergessen. Da hast du Schokolade, Stella.« Er lachte überlegen. »Für Kinder ist bei Kummer Schokolade das Beste.«

Er gab mir ein Stückchen Milchschokolade, nach der ich ganz verrückt war; ich war viel zu müde, um mich über die ›Kinder‹ aufzuregen.
Alles im Ghetto lief wieder normal. Von den Ausgesiedelten fehlte jede Spur, es kursierten die unterschiedlichsten Gerüchte, am häufigsten hörte man, daß sie direkt nach Auschwitz gekommen seien. Das Ghetto lag verödet, doch schon hörte man von einem neuen Transport aus Bochnia. Wenn die Neuen kommen, gibt es wieder eine Aussiedlung, dachte ich; soll das immer so weitergehen, immer weiter so, bis zum letzten Juden?
Abends kamen Bekannte und Verwandte zu Besuch, brachten allerlei Neuigkeiten mit, immer hieß es, der Krieg müsse bald zu Ende sein. Die Redensarten meines Bruders waren weniger tröstlich: »Ein Komet wedelt mit dem Schwanz, und es ist aus«, und wenn Alarm war, lachte er und rief: »Da fliegen die Geschenke vom kleinen Tommy für den kleinen Adolf.« Manchmal ermahnten ihn die Eltern. Dann fragte er wütend, ob er sich vielleicht gleich aufhängen solle. Er war der Meinung, daß man Witze machen mußte.

Bubi hatte sein Herrenfahrrad gegen ein Damenfahrrad getauscht, damit ich radfahren lernen konnte. Anfangs lief er hinterher, wenn ich auf dem Rad saß, und hielt den Sattel fest. Eines Tages drehte ich mich um, merkte, daß er ihn diesmal nicht festhielt und fiel prompt auf die Nase. Ich war beleidigt, worauf ich zu hören bekam, daß ich eine Hysterikerin sei, denn bereits seit Tagen habe er bloß so getan, als hielte er den Sattel fest. Von da an setzte ich mich allein aufs Rad. Ich war so stolz, als lenkte ich ein Flugzeug.
Bubi war zu meinem Beschützer geworden. Schließlich kam er sogar auf die Idee, ich müßte anfangen, andere Dinge zu lernen. Er brachte jede Menge Bücher, Karten und dergleichen mit, was mir ganz und gar nicht zusagte, denn ich fuhr lieber Rad und spielte mit dem Hund. Doch Bubi erklärte mir mit unbarmherziger Logik, daß der Krieg eines Tages zu Ende sein werde und was ich dann zu tun gedächte, wenn ich nicht einmal wüßte,

wo Amerika auf der Karte zu finden sei und das Einmaleins nicht beherrschte. Ich wußte wirklich nicht, weshalb er mich derart piesackte; er setzte die Unterrichtsstunden fest und ließ sich nicht erweichen. Anfangs merkte sogar ich, daß ich nichts, aber auch gar nichts wußte und bloß dumme Fragen stellte. Tapfer bemühte sich Bubi, seine Mission als Pädagoge zu erfüllen. Die anderen zerrissen sich das Maul über uns. Wenn wir die Straße entlanggingen, riefen sie oft: »Oooh! Da kommen die Verlobten!« Mir gefiel das, und mit stolz erhobenem Haupt schritt ich einher, aber Bubi war wohl nicht begeistert. Er pflegte dann zu sagen:

»Schwachköpfe! Du bist noch ein Kind, vielleicht wirst du mal meine Verlobte, aber die reden Quatsch.«

Es ärgerte mich, daß ich immer noch wie ein Kind behandelt wurde, obwohl ich mich beim Gehen bereits ein wenig krumm machen mußte, um die Brüste, die sich unter dem Kleid abzuzeichnen begannen, vor den anderen zu verbergen. Wieder war ich unzufrieden mit mir, wieder fühlte ich mich unwohl in meiner Haut.

Unser Lieblingsplatz war das Krzemionki-Gelände. Wir saßen dort oft, und Bubi fragte mich den Unterrichtsstoff ab. Als er einmal auf eine Frage von mir antwortete, ich sei noch zu klein und zu dumm, ergriff ich entrüstet seine Hand und legte sie auf meine Brüste.

»Fühle selbst«, sagte ich, »ich bin kein Kind mehr.«

Er sprang auf und ging wortlos davon.

Vergeblich wartete ich am nächsten und übernächsten Tag, er erschien nicht. Ich hatte nicht den Mut, Mama zu fragen, ob ich etwas Schlimmes getan hätte. Schließlich hielt ich es nicht mehr aus und ging zu ›unserem‹ Platz am Krzemionki. Schon von weitem erblickte ich Bubi. Ich wollte ihn um Entschuldigung bitten, obwohl ich nicht wußte, wofür. Doch verschlug es mir den Atem: Er war nicht allein! Meine theoretische Ausbildung wurde brutal vervollständigt. Schluchzend rannte ich heimwärts. Ich empfand Abscheu, Haß und andere Gefühle, die schwer zu benennen waren, gegenüber allen Menschen, gegenüber den Eltern, aber am widerwärtigsten war mir Bubi. Abends hörte ich, wie sich die Eltern in der Küche über mich unterhielten. Daß man meinem Benehmen am besten keine Beachtung schenken solle, daß ich wohl in der Pubertät sei und zugleich mit Dingen konfrontiert würde, die mich erschütterten. Dann sprachen sie noch lange darüber, wie man mir helfen könnte.

Mama bat Ziuta, meine geliebte Cousine, doch einmal bei uns vorbeizuschauen. Ziemlich lange hatte ich sie nicht mehr gesehen, sie arbeitete ebenfalls. Ich beneidete sie. Ein so reizendes erwachsenes Fräulein, hübsch gekleidet, nicht so abgerissen wie ich. Ein bißchen linkisch fragte sie, was es Neues gäbe. Was hätte ich ihr sagen sollen? Nichts. Schließlich sagte sie scheinbar beiläufig:
»Du sollst ja einen großartigen Freund haben?«
»Gar nicht«, sträubte ich mich, »wir kennen uns nicht mehr, er zieht ältere Mädchen vor. Bei mir wollte er bloß angeben, wie gescheit er ist…« Ich sprach nicht weiter, ich hatte ohnehin schon viel zu viel gesagt.
»Mach dir nichts draus, Kleine«, bemerkte Ziuta überheblich. »Emil und ich« – auch sie hatte schon einen Freund – »streiten uns ständig und sind schnell wieder versöhnt.«
Wenn ich so aussehen würde wie du, dachte ich, wäre Bubi schon längst wieder hier.

Ich hatte neuerdings die Angewohnheit zu lauschen, wenn sich die Eltern miteinander unterhielten.
»Hast du ihre schlechte Laune bemerkt, Zygmunt?« flüsterte Mama. »Offenbar haben Bubi und sie sich gestritten. Er ist ja ein lieber Junge, aber ich bin froh, daß er nun nicht mehr den ganzen Tag hier herumsitzt, schließlich ist er älter, und die Kinder entwickeln sich jetzt viel zu schnell.«
Dann konnte ich nichts mehr verstehen. Ich hörte nur noch, daß ich einen Mantel bekommen sollte, weil es Winter wurde und

weil ich so zerlumpt herumlief, da ich aus allem herausgewachsen war. Schon stellte ich mir vor, wie ich in einem schönen Mantel herumstolzierte. Später hörte ich Papa sagen, die Deutschen hielten die Passierscheine für die Stadt zurück und wollten das Ghettogelände verkleinern, und daß dabei nichts Gutes herauskommen könne. Getröstet durch die Hoffnung auf einen neuen Mantel schlief ich trotz allem Kummer ein.
Es wurde kalt, und nach wie vor hatte ich keinen Mantel. Ich schlüpfte in Mamas Jacke mit dem Persianerkragen, zog sie mit einem Gürtel zusammen und kam mir unerhört elegant vor, als ich mich anschickte, mit Mohrchen spazierenzugehen. Ich war noch nicht weit gekommen, als Kinder um mich herumhüpften und riefen:
»Du Angeberin, gib deiner Mutter die Jacke zurück, sonst hat sie nichts, womit sie aus dem Haus kann!«
Ich wußte nicht, wohin vor Scham, denn auch Bubi ging eben mit Dodek Reich vorbei, der ihn oft ausgelacht hatte, weil er sich als ›Kindermädchen‹ betätigte. Blind vor Zorn schlug ich auf die Kinder ein und rannte nach Hause. Hinter mir sangen sie: »Stella stellt sich blöde an, weil Bubi sie nicht leiden kann.«
Jetzt müßte ein Auto mit bewaffneten Soldaten vorbeifahren und mich erschießen, wünschte ich mir.

Ein neues Unglück: Mohrchen ist tot!
Ich habe den Hund auf den Hof hinausgelassen, und er rannte auf die Straße, geradewegs unter ein deutsches Auto. Papa hat es gesehen, als er von der Arbeit kam. Er beteuerte immer wieder, daß der Hund nicht im geringsten gelitten habe. Ich sprang auf und wollte aus dem Haus laufen.
»Wo willst du hin?«
»Mohrchen suchen, es ist nicht wahr, daß er tot ist!«
»Er liegt vor der Tür. Sei doch vernünftig, denk daran, wieviele Menschen umkommen!«
»Was gehen mich die Menschen an«, schluchzte ich. »Es ist meine Schuld, eure Schuld!«

»Wieso unsere«, fragte Papa.
»Weil ich keinen Mantel habe!«
Mit verquollenen Augen saß ich in meiner Ecke, keiner sprach mit mir. Mama brach abends auch in Tränen aus, aber dann sagte sie beinahe grimmig:
»In solchen Zeiten hält man sich eben keinen Hund! Als ob wir nicht genug Probleme hätten, haben wir noch zusätzlichen Kummer wegen eines Hundes.«
Am nächsten Tag frühmorgens kam Bubi zu uns, unter dem Arm trug er eine aus Brettern zusammengenagelte kleine Kiste.
»Wo ist Hund, Stella? Wir begraben ihn auf dem Krzemionki. Vielleicht selber grabe ich ein, und dann zeig ich dir die Stelle, willst du?«
»Gut, geh allein.« Ich heulte von Neuem los. »Ich will gar nicht wissen, wo du ihn begräbst.«
Ich hatte tatsächlich vergessen, daß wir böse aufeinander waren. Er legte den toten Hund in die Kiste und ging.

Es ist Neujahr. Allerdings jüdisches Neujahr, aber ich kann mich einfach nicht an die jüdischen Feiertage gewöhnen. Für mich gelten immer noch ›unsere Feiertage‹, wie ich sie zum Leidwesen meiner Eltern nenne. Ich hatte mit ihnen eine heftige Diskussion, und einmal, an Pessach, wo Juden kein Brot essen dürfen, ging ich mit einer Schnitte Brot auf die Straße und tat so, als würde ich hineinbeißen. Die frommen Passanten spuckten aus und riefen: »Goj!« Papa sah mich mit dem Brot in der Hand. Er schrie mich an:
»Warum bist du so bockig? Keiner befiehlt dir, diese Gesetze einzuhalten! Es ist unsere Schuld, wenn du so erzogen worden bist, aber hast du schon einmal daran gedacht, was die anderen von uns halten?«
»Aber wir sind doch Polen!« beharrte ich.
»Sicher, du bist eine Polin. Aber du bist auch Jüdin, und hier im Ghetto hast du dich den anderen anzupassen. Zu Hause kannst du tun und lassen was du willst, meinetwegen Brot essen, wenn andere fasten.«

Der Winter brachte viel Schnee und war kalt, ich bekam einen Mantel und feste Schuhe. Die anderen Mädchen kamen und staunten, sie waren wohl neidisch, sie hatten keine ordentlichen Mäntel. Ich war stolz auf mein gutes Stück. Wann immer ich konnte, lief ich in die Kälte hinaus, um allen zu zeigen, daß ich einen neuen, eigenen Mantel besaß.
Sehr oft tauchen deutsche Lastwagen im Ghetto auf, SS-Leute ergreifen die Menschen direkt von der Straße und bringen sie zum Schneeräumen in die Stadt. Diese Menschen kommen in Gruppen erschöpft von der Arbeit nach Hause und räumen noch die ganze Nacht Schnee.
Papa läuft in der Wohnung auf und ab, wir reden kein Wort, beide sind wir sehr nervös, Mama hätte schon längst von der Arbeit zurück sein müssen. Sie geht noch immer mit dem Passierschein aus dem Ghetto, nicht mit einer Gruppe, aber selbstverständlich trägt sie eine Armbinde.
Papa macht sich Sorgen:
»Manchmal ist sie unberechenbar, vielleicht hat irgendein Deutscher sie beleidigt, wie oft habe ich sie gebeten, nicht diese großen Taschen voll Essen herbeizuschaffen, vielleicht ist sie am Tor angehalten worden. Oder vielleicht hat sie die Armbinde doch nicht umgebunden und ein Spitzel hat sie angezeigt…«
»Papa, ich geh ein bißchen vor's Tor«, sagte ich.
»Trau dich bloß nicht! Ich habe schon Kummer genug.«
»Nur für ein Weilchen.«
Noch bevor er etwas sagen konnte, war ich schon aus dem Haus. Ich pfiff nach Bubi. Blitzschnell war er unten. Ich erzählte ihm, Mama sei noch nicht da, ich wolle zum Tor am Podgórski-Markt, von dort müsse sie kommen. Selbstverständlich begleitete mich Bubi. Unterwegs erklärte er mir lange und verworren, was damals am Krzemionki passiert war, doch sprach er so, daß ich nun überhaupt nicht mehr verstand, worum es ging und weswegen ich eigentlich gekränkt gewesen war. Er sagte was von ›Männersachen‹ und meinem jugendlichen Alter. Ich begriff so gut wie nichts. Nur ein Gedanke, ein einziger Gedanke

ging mir durch den Kopf: Endlich Mama zu sehen, das war das Wichtigste.
Auf beiden Seiten des Tors war niemand, unsere Leute zogen es vor, sich nicht in dessen Nähe herumzutreiben, und auf der anderen Seite durfte man nicht bis zum Tor herangehen. Am Tor standen ein Deutscher und ein polnischer Polizist, ein sogenannter ›Blauer‹.
»Was sucht ihr hier, Kinder«, fragte der ›Blaue‹. »Wollt ihr etwa abhauen, eh? Rate ich euch nicht, die Gruppen sind alle schon durch, geht, Kinder, geht weg hier.«
»Aber meine Mama gehört nicht zu einer Gruppe, und sie ist noch nicht zurück.«
Der Deutsche ging auf den ›Blauen‹ zu. Offenbar wollte er wissen, was los war. Bevor er überhaupt antworten konnte, hatte Bubi mit dem Deutschen bereits ein Gespräch angefangen. Sie unterhielten sich wie alte Bekannte. Der Deutsche klopfte Bubi auf die Schulter, wobei er sich umsah, ob ihn keiner beobachtete. Mir taten fast die Augen weh, so angestrengt hielt ich Ausschau nach Gestalten, die sich auf das Ghetto zubewegten. Später erfuhr ich, daß der Deutsche aus derselben Stadt wie Bubi stammte und ihm angeboten hatte, er könne ihn hier an diesem Tor aufsuchen, falls er etwas brauche. Meine Nervosität nahm zu. Gleich war Polizeistunde, und längst hätten wir gehen müssen, als ich in der Ferne eine kleine Gruppe von Menschen zu erkennen glaubte.
»Schau mal! Ich glaube, da kommen sie!« rief ich aufgeregt. Jetzt war ich ganz sicher, daß sich unter den Personen, die unter Begleitschutz näher kamen, meine Mama befand.
Als sie das Tor passiert hatten, überfielen wir sie geradezu.
»Was war denn los?«
Bubi nahm ihr die Tasche aus der Hand, ich bestürmte sie mit Fragen:
»Warum mit einer Gruppe? Warum so spät? Du siehst ja schrecklich müde aus, Mama.«
»Ja, ich bin schrecklich müde. Stellt euch vor, Kinder, ich ging wie gewöhnlich um vier von der Arbeit weg. Hier ganz in der

Nähe, bei der Brücke, stand ein Auto, und sie fingen die Leute mit Armbinden ab, die einzeln gingen. Auch mich. Es half nichts, daß ich mich auf die Holzingers und auf meine Arbeit berief. Sie transportierten uns zum Markt, drückten uns Schaufeln in die Hand, und natürlich mußten wir Schnee räumen. Das war uns sehr peinlich, viele Leute blieben stehen, es gab welche, die schüttelten mitleidig den Kopf, aber es gab auch solche, die sich amüsierten. Allmählich hörte ich auf, meiner Umgebung Beachtung zu schenken. Erinnerst du dich an einen Ingenieur und seine Frau, die immer zu uns zum Bridge kamen, Stella? Einen gewissen Górecki?«
»Ja, ich erinnere mich.«
»Die blieben stehen, Górecki hat fast geschrien: ›Frau Tusia! Mein Gott! Sie sind hier?‹ – ›Nun ja, schließlich bin ich doch nichts Besseres als die anderen Juden hinter dem Stacheldraht.‹ Seine Frau fing an zu weinen. Sie zog ihre Handschuhe aus und gab sie mir: ›Bitte, bitte, ziehen Sie die über die anderen, dann ist Ihnen wärmer.‹ Ich sagte, es sei schön von ihnen, sich meinetwegen nicht zu schämen. ›Uns schämen?‹ sagten beide. ›Bitte kommen Sie mit ihrer Familie zu uns, wir verstecken Sie, wir bringen Sie weg von hier.‹ Doch dann mußten sie gehen, weil ein Deutscher anfing, die Leute wegzujagen. Ich hatte große Lust, ihm mit der Schaufel in seine widerliche Schnauze zu hauen.«
Inzwischen waren wir zu Hause angelangt; Papa und Adam saßen erstarrt da. Als sie sahen, wie erschöpft und durchnäßt Mama war, beeilten sie sich, ihr eine Schüssel mit heißem Wasser und die Pantoffeln zu bringen. Das Bett war schon hergerichtet. Dennoch bekam Mama die Grippe und ging ein paar Tage nicht zur Arbeit. Das war eine herrliche Zeit, ein bißchen wieder so wie früher. Morgens kämmte mich Mama. »Weißt du, Kind«, seufzte sie über meinen vernachlässigten Haaren, »du bist groß geworden, bist fast erwachsen, und ich habe es nicht bemerkt, so selten sind wir zusammen.«
Mama hatte sich sehr verändert. Früher hatte sie immer gelacht, jetzt lachte sie nicht mehr. Wir unterhielten uns oft, schmiede-

ten Pläne für die Zukunft. Sie fragte, was ich denn werden möchte, wenn der Krieg zu Ende sei, und sie sprach von meiner lückenhaften Schulbildung. Ich antwortete, ich wolle vielleicht Tierärztin werden, doch Mama meinte, daß das kein Beruf für eine Frau sei.

»Dann Musik«, plapperte ich ohne Überzeugung vor mich hin.

»Was? Nicht einmal mit Gewalt konnte man dich dazu bringen, gemeinsam mit Ziuta Klavierspielen zu lernen. Du hattest einfach kein Sitzfleisch.«

Solange Mama krank war, fand ich auch die Abende äußerst angenehm. Bekannte kamen, Onkel Grünberg mit seiner Frau, mit Ziuta und Emil, ihrem treuen Verehrer, der auch Adams Freund war; sie arbeiteten gemeinsam und hielten auch sonst fest zusammen. Wie früher nahm mich mein Onkel auf den Schoß und ahmte mein Lispeln nach. Früher hatte ich darüber gelacht, jetzt wurmte es mich. Ziuta war entzückt über meine langen Wimpern, was mir schmeichelte und mich ein bißchen verlegen machte. Ich gefiel mir nun einmal nicht; ständig wollte ich jemand anderem ähnlich sehen, Hauptsache nicht mir selbst. An diesen Abenden kam auch Wodka auf den Tisch. Es war Emil, der die Getränke beschaffte, Bubi spielte Akkordeon, die jungen Leute tanzten, und die Eltern spielten mit Onkel und Tante Bridge. Für gewöhnlich hörte man die Stimmen von Mama und Onkel, die sich beim Kartenspielen heftig stritten.

Neujahr 1942. Der Tisch ist festlich gedeckt, die Fenster sind dicht verhängt. Alle sind schon von der Arbeit zurück. Adam und Emil sind offensichtlich beschwipst, sie albern herum und lachen. Beide machen Verrenkungen, gerade so, als wollten sie ihre Hosen herunterlassen. Ich traue meinen Augen nicht: Sie ziehen zwei Flaschen Schnaps, die sie mit einer Schnur festgebunden hatten, aus ihren Hosen, und stellen sie lachend auf den Tisch.

»Und jetzt singen wir ein Weihnachtslied, Adam!« ruft Emil.

»Bloß nicht so laut!« sagen alle. »Sie haben heute die Patrouillen verstärkt.«

»Adam, du bist ein guter Sänger. Drei, vier!« ruft Emil.
»Aus Krakau, aus Krakau kommt fröhliche Kunde: über Großdeutschland machen Flieger die Runde. Die Flammen die tosen, Hitler scheißt sich in die Hosen...«
»Na, na, beruhigt euch«, mahnen die Älteren. »War lustig, aber nun ist es genug.« Dann begannen die beiden zu erzählen:
»Die Deutschen sind heute in die Fabrik gekommen. Sie haben Schnaps gekriegt, und als sie betrunken waren, haben wir ihnen dieses Weihnachtslied auf polnisch beigebracht. Ein herrlicher Spaß, wir haben gebrüllt vor Lachen, und die Deutschen haben sich vor Freude, daß sie das Lied so schön singen konnten, auf die Schenkel geklatscht.« Emil und Adam lachten, und auch wir hatten bald vor Lachen Tränen in den Augen.
Doch plötzlich – was war das? Schritte. *»Halt! Stehenbleiben!«*
Jemand sagte: »Licht aus!« Dunkelheit, Stille, ein Schuß, dann Stöhnen.
»Geht alle in Deckung«, sagte mein Onkel.
»Warum seid ihr so still! Zum Teufel, das sind doch bloß ein paar Männer. Wir gehen hinaus und zeigen denen, daß wir uns das nicht gefallen lassen«, sagte Emil draufgängerisch.
Man ließ ihn nicht ausreden.
»Du bleibst schön sitzen, du Angeber. Du kannst denen höchstens zeigen, wie du in die Hosen pinkelst«, sagte meine Tante.
Wieder ein paar Schüsse, irgendwo zersprangen Fensterscheiben. Meine Eltern entschieden, wir hätten Platz für alle, keiner ginge heute nach Hause. Nur Bubi brach auf, da er keinen gefährlichen Weg zu gehen hatte, bloß über den Zaun des Hinterhofs. Die Nacht war unruhig, uns war unbehaglich zumute. Am Morgen erfuhren wir, daß es viele Tote und Verwundete gegeben hatte. Alle nahmen das als böses Omen; es bedeutete, daß keine Wende zum Besseren zu erwarten war.

In letzter Zeit geschieht nichts Außergewöhnliches, manchmal hört man, irgendwo sei jemand erschossen oder mißhandelt worden, aber das beeindruckt längst niemanden mehr.
Der Schnee fällt in großen Flocken, doch auf den Straßen ist

alles grau, zu viele Menschen laufen im Ghetto herum. Im Haus ist es kalt, wir erhalten nicht genug Kohle. Viele Freundinnen und Freunde besuchen mich. Dosia Wasserlauf hat ein Kartenspiel mitgebracht, das nennt sich Flirtspiel, mich langweilt es. Dosia ist um einiges älter als ich, sehr hübsch, trotz ihrer Sommersprossen. Dziunia Buchbinder ist eine Schönheit, hat reizende Grübchen wenn sie lacht. Ich möchte unbedingt genau die gleichen Grübchen haben. Wenn es keiner sieht, setze ich mich vor den Spiegel und drücke die Finger in die Wangen, bis es schmerzt, aber Grübchen wollen nicht kommen. Die Jungs, die ›Flirt‹ spielen, schicken die Karten gewöhnlich an Dosia oder Dziunia. Das Spiel sagt mir absolut nicht zu, wirklich nicht. Auch Bubi hat mir nur wenige Karten zukommen lassen, folglich bin ich schlecht gelaunt.

Heute, am 5. Februar 1942, ist mein Geburtstag. Endlich bin ich zwölf, und vielleicht hören sie jetzt damit auf, mich ›Kleine‹ und ›Grünschnabel‹ zu nennen. Mama kam extra früher von der Arbeit und brachte eine Menge herrlicher Dinge mit. Aber das Wichtigste ist, daß mir meine Großmutter ein hübsches Kleid geschickt hat, dunkelblau mit weißem Kragen und Gürtel. Mama meinte, daß es zu lang sei; ich freute mich aber riesig, weil ich darin erwachsener aussehe.
Alles ist vorbereitet. Ich bin angezogen, Mama hat mich gekämmt, mich dann von sich weggeschoben und zufrieden festgestellt, daß ich nun aussehe, wie ich immer aussehen müßte. In Erwartung der Gäste bekomme ich vor Aufregung feuchte Hände. Vielleicht kommt ja dieser dumme Bubi, obwohl er gerade wieder einmal wegen irgend etwas böse auf mich ist. Eben ist Papa nach Hause gekommen. »Wie reizend meine Tochter aussieht! Wie vor dem Krieg, nur viel größer«, rief er lachend aus.
Nach und nach trafen die Gäste ein. Meine Tante brachte mir hübsche Sachen mit, aus denen Ziuta herausgewachsen war, mein Onkel hob mich hoch, küßte mich und kniff mich in die Wange. Er nannte mich immer sein ›zweites Töchterchen‹.

Ich fühlte mich großartig, ich stand im Mittelpunkt. »Stella«, rief mein Onkel, »ich bringe einen Toast auf dich aus: Auf deine Gesundheit! Daß du glücklich das Ende des Krieges erlebst und zu einem prächtigen Fräulein heranwächst!«
Adam mischte sich ein:
»Wie? Ihr wollt, daß meine Schwester eine alte Jungfer wird? Das passiert ihr nicht!«
»Hört euch das an«, rief meine Tante. »Früher waren die beiden wie Hund und Katze, und jetzt ist er so stolz auf seine Schwester.«
»Schließlich hat sie schon einen Verehrer«, spöttelte Adam, »aber heute scheint er sie vergessen zu haben.«
Mir blieb die Spucke weg. So ein Ekel! Wäre nicht das neue Kleid gewesen, ich hätte ihm eine runtergehauen.
Wir Kinder bekamen etwas, das wie Wein schmeckte, Emil hatte das Grammophon mitgebracht, die Feier ließ sich gut an. Ich habe von Sula Fränkel noch nichts erzählt. Stets kommt sie heimlich zu mir, denn ihr Vater hat ihr den Umgang mit mir verboten. Er ist einer von den Orthodoxen, die Kaftan und Schläfenlocken tragen. Sula ist sehr groß, ich habe sie gern, doch geht mir ihre Unart, beim Sprechen die Sätze zu dehnen und zu verdrehen, auf die Nerven. Außerdem hat sie X-Beine und ist schlampig angezogen. Doch sonst ist sie in Ordnung. Also ist heute auch Sula da. Jeder scheint sie zu meiden, und weil sie mir leid tut, kümmere ich mich um sie. Wie Dziunia aussieht, ist schwer zu beschreiben, etwa wie Schneewittchen in dem Film, den ich vor dem Krieg im Kino gesehen habe; sie ist wunderschön. Sie kommt auf mich zu und fragt beiläufig nach Bubi. So eine ist sie also: Kommt zu meinem Geburtstag, und dabei geht es ihr um Bubi! Ich setze eine gleichgültige Miene auf, denn ich glaube, daß er nicht kommen wird.
»Oh, er kommt schon, aber du weißt ja, wie eitel er ist. Zu meinem Geburtstag muß er sich besonders fein machen.«
Geschafft! Hochnäsig schaue ich auf die betrübte Dziunia. Wenn er tatsächlich nicht kommt, muß ich mir etwas ausdenken.

Es war laut, man lachte viel und niemand bemerkte, wie Bubi ins Zimmer trat. In der einen Hand seine Harmonika, von der er sich niemals trennte, in der anderen Hand ein Paket, blieb er auf der Schwelle stehen. Natürlich war er gut angezogen. Woher seine Mutter nur all die schönen Sachen hatte? Jemand stieß mich sachte an. Es war Mama, die mich darauf aufmerksam machte, daß ich den neuen Gast begrüßen müsse. Etwas verwirrt, weil alle zu uns herüberblickten, ging ich auf ihn zu. Auch Bubi war verwirrt, er sagte hastig:
»Das ist für dich, Stella«, und reichte mir das recht große Geschenk. »Meine besten Wünsche« – und er küßte mich auf beide Wangen.
»Bubi! Gib ihr einen Handkuß! Bei Damen macht man das so!«
Schrecklich, dieser Emil, aber ich mochte ihn. Bubi ließ sich nicht aus der Fassung bringen.
»Nur wer nicht richtig küssen kann, küßt die Hand.«
»Bravo«, ruft der Onkel. »Das ist ein Mann, der läßt sich nicht ins Bockshorn jagen!«
Aus Trotz setzte ich Bubi neben Dziunia. Emil hob mich hoch, stellte mich aufs Sofa und rief, man müsse der Tradition Genüge tun und mich mit Süßigkeiten überschütten. Der Spaßvogel schüttete eine ganze Tüte Bohnen über mir aus. Bubi spielte ›Hundert Jahre soll sie leben‹ und sagte, er würde die ganze Zeit für mich spielen. Das freute mich ungemein.
Ich packte sein Geschenk aus. Eine schöne Kassette mit einem kleinen Schlüssel, in der sich lauter herrliche Dinge befanden: ein Halstuch, eine Haarbürste, Kölnischwasser.
»Aber Bubi«, mischte sich Mama ein, »dieses Geschenk ist viel zu teuer, das wäre nicht nötig gewesen.«
»Aber wo es doch komplett so war.« Sein Polnisch wurde immer besser. »Und hier hast du noch was.« Er griff in seine Tasche und zog ein ganzes Päckchen Haarspangen hervor. »Damit dir die Haare nicht immer ins Gesicht fallen.«
Adam sieht schon reichlich angetrunken aus. Plötzlich fiel ihm etwas ein.
»Erinnerst du dich, Schwester, als wir klein waren, einmal im

Park, ich habe mich mit den Jungs geprügelt und bin mit ihnen nicht zu Rande gekommen. Plötzlich rannten alle auseinander. Ich schaue, da steht das kleine Ding vor mir, ich frage: Stella, wie hast du das gemacht? – Ich? Kopf voran in den Bauch und dann auf die Knöchel. – Später riefen alle, wenn ich dich in den Park mitnahm: Da kommt die mit den Hörnern!«

Es stimmt also, das Ghetto wird verkleinert, sie machen schon neue Übergänge und Tore. Es wird ein ›Ghetto A‹ und ein ›Ghetto B‹ geben. Ich habe keine Ahnung, was los ist. Warum werden die einen von den anderen abgesondert? Es heißt, um die Arbeitenden von den Nichtarbeitenden zu trennen.
Jedenfalls wird das Ghetto jetzt sehr klein, es bleiben nur wenige Straßen übrig: die Limanowski, die Józefińska, die Targowa, der Zgody-Platz, eine Seite der Lwowska-Straße und ein paar kleine Querstraßen. Es ist viel zu wenig Platz für all die Menschen auf dieser winzigen Fläche, also steht uns wieder etwas bevor, aber was? Solche Fragen beschäftigen die Menschen schon seit ein paar Tagen.
Mama hatte starke Kopfschmerzen. Sie schickte mich zur Apotheke. Bei uns auf dem Zgody-Platz ist eine Apotheke. Dort gibt es einen äußerst eleganten Herrn, der ganz und gar nicht wie ein Jude aussieht.
»Mama«, frage ich nach meiner Rückkehr, »wer ist der Herr in der Apotheke?«
»Warum fragst du?«
»Weil er irgendwie anders ist.«
»Er ist ein guter, anständiger Mensch, Magister Pankiewicz. Ständig kämpft er, daß er in dieser Apotheke bleiben kann.«
»Wozu? Bei uns gibt es doch bestimmt eine Menge Apotheker.«
»Stimmt, aber auf diese Weise kann er uns helfen; er ist vielen Leuten dabei behilflich, Kontakt mit den Familien zu halten, die sich verstecken.«
»Er bringt außerdem viele Medikamente mit, die wir sonst nicht bekämen«, fügte Papa hinzu.

Es ist passiert. Wir ziehen in die Józefińska-Straße 29. Papa sagt, das sei ein Haus für OD-Männer und ihre Familien, und einige von ihnen seien, behauptet er, so widerlich, daß er lieber woanders wohnen würde. Auch ich habe schon von guten und schlechten OD-Männern gehört. Viele von ihnen sind Spitzel. Lange habe ich nicht gewußt, weshalb Bubi nicht über seinen Vater sprechen will. Auch er soll ein Spitzel sein, immer geht er in Zivil und hat eine Geliebte, und Bubis Mutter weint andauernd. Deshalb also hat Bubi gesagt, daß er seinen Vater haßt und sich seinetwegen schämt.

Wir wohnen im kleinsten Raum einer Dreizimmerwohnung. Im ersten wohnen Igo Braw und seine Frau; im zweiten Rottersmann mit Frau und vierjährigem Töchterchen, das sie ›Malinka‹, kleine Himbeere, nennen, und sie sieht tatsächlich aus wie eine Himbeere, einfach süß, mit schwarzem Lockenköpfchen und einem rotwangigen, fröhlichen Gesichtchen. Im Mittelzimmer wohnen die Neigers mit ihren beiden höchst unsympathischen Kindern, denen unentwegt die Nase läuft. Alle Augenblicke kriegen sie Prügel, und ständig geraten sie aneinander.

Ein Stockwerk höher, genau über unserem Zimmer, wohnt Bubi. Seine Schwester Rutti hat Dudi Goldstein geheiratet. Sie ist noch nicht achtzehn. Goldstein soll ungarischer Bürger sein, und Bubi sagt, daß seine Eltern irgendwelche Pläne haben, doch weiß er nicht welche.

Tagsüber ist es im Zimmer erträglich, doch abends, wenn die Feldbetten aufgestellt werden, kann man sich nicht rühren. Ich habe Papa um ein Öfchen zum Kochen gebeten, weil mich in der Gemeinschafts-Küche die erwachsenen Hausfrauen nicht einmal einen Topf mit Kartoffeln aufsetzen lassen.

In der neuen Wohnung ging es mir von Anfang an schlecht. Zunächst bekam ich eine Blasenentzündung. Ich quälte mich lange, weil ich mich schämte, Papa oder Mama davon zu erzählen. Morgens waren alle auf der Suche nach irgendetwas oder stritten sich. Jeder schob sein Feldbett gegen die Wand; wenn alle fort waren, plagte ich mich mit den Betten herum und

klappte sie zusammen. An diesem Morgen nichts als Ärger, jeder wollte etwas von mir und mir war, als hätte ich Sand unter den Lidern. Ich gab keinen Mucks von mir. »Stella, was ist mit dir?« rief Mama. »Steh auf, wir müssen dein Bett beiseite schieben, man kann sich ja nicht bewegen.«
»Ich habe irgendetwas«, antwortete ich weinerlich, »ich kann nicht sehen, die Augen tun mir so weh.«
»Schau doch mal, wie sie aussieht!« Mama rief Papa. »Sie hat Ausschlag im ganzen Gesicht und ist verschwollen. Sie hat hohes Fieber, was sollen wir tun? Ich kann nicht zur Arbeit gehen, wir brauchen einen Arzt, einen Bekannten, damit man sie nicht ins Krankenhaus steckt. Erinnerst du dich, Zygmunt, wie sie bei der letzten Aktion in den Krankenhaushöfen alle erschossen haben? Oh, Gott, was sollen wir bloß tun? Immer ist sie gesund gewesen!«
So kannte ich meine Mama gar nicht.
»Beruhige dich, Tusia, vielleicht ist es ja harmlos«, sagte Papa. Letztlich ging Mama doch zur Arbeit. Man hatte sich geeinigt, abends über weitere Schritte nachzudenken. Unterdessen würde Mama Frau Holzinger mitteilen, daß sie einige Tage Urlaub brauche. Ich blieb mit Großvater allein. Unbeholfen machte sich der arme Mann um mich herum zu schaffen. Ich bat ihn, die Gardinen zuzuziehen, so sehr blendete mich das Licht. Bubi erschien. Er bestand hartnäckig darauf, meinen Unterricht fortzusetzen.
»Was ist denn hier los, warum ist es so dunkel? Warum liegst du noch im Bett«, fragte er mich.
Großvater trippelte neben mir auf und ab und brachte kein Wort heraus. Endlich gelang es ihm:
»Laß sie in Ruhe, sie ist krank. Ihre Mutter kommt gleich von der Arbeit und ruft den Arzt.«
»Wieso ist sie denn krank? Gestern war sie doch noch gesund.« Bubi stand ratlos herum.
Mama kam mit dem Arzt. So hatte ich mir einen richtigen Arzt immer vorgestellt: Schon ziemlich alt, so um die fünfzig, wundervolles, weißes Haar und schöne, sanfte, himmelblaue

Augen. Er hieß Otto Schwarz und stammte aus Bielitz, wo er eine eigene Praxis hatte. Er untersuchte mich und diagnostizierte Masern im kritischen Stadium. Es grassierte eine Masernepidemie, das Krankenhaus war überfüllt. Also blieb ich zu Hause, aber man mußte äußerste Vorsicht walten lassen, da in der Wohnung mehrere Kinder lebten.

Zum Kranksein fehlte der Rahmen. Tagsüber war es noch irgendwie auszuhalten, doch abends, wenn alle von der Arbeit zurück waren, wurde es unerträglich. Das Licht blendete, der Kopf tat mir weh.
Anfangs ärgerte sich Mama über Bubi, weil er immer bei uns herumsaß. Er könnte sich anstecken, meinte sie. Doch er behauptete, Masern habe er schon gehabt, aber wußte man, ob er nicht schwindelte? Er versprach, sich mir nicht zu nähern. Da Mama das Zimmer nur selten verlassen konnte, erwies er sich als äußerst hilfreich.
Nach ein paar Tagen kam Doktor Schwarz wieder. Mein Zustand gefiel ihm nicht, und er sagte, ich bräuchte jetzt Zitronen. Mama seufzte. Wenn sie nur einen Tag zur Arbeit gehen könnte, würde Frau Holzinger bestimmt Zitronen auftreiben.
Am folgenden Tag kam Bubi erst gegen Abend. Ich sah, wie Mama beunruhigt war, weil er erst so spät kam. Mir war es egal. Mit geheimnisvoller Miene trat er ein, reichte Mama eine Tüte und sagte:
»Das ist für Stella, ich habe gehört, wie der Arzt gestern gesagt hat, daß sie Zitronen braucht...«
Mama ließ ihn nicht ausreden.
»Bubi! Was tust du da? Das geht doch nicht. Aber es ist lieb von dir! Wieviel hast du dafür bezahlt?«
»Bitte, ich habe eigenes Geld, kriege es monatlich von Vater.« Zum ersten Mal erwähnte er seinen Vater. »Ich bin beleidigt sonst.«
»Mein Gott, so viele Zitronen, das ist bestimmt ein halbes Kilo; woher hast du die denn, wie bist du da rangekommen?« Aller Ärger war verflogen. »Ich habe mir Sorgen um dich gemacht.«

»Oh, das lange erzählen«, antwortete er. »Ich bin gegangen suchen ›meinen‹ Deutschen am Tor, er Dienst erst ab Zwei, habe gesagt, Mutter krank, na, und da hat er getauscht mit einem und ist gefahren mit mir zum Laden. War ganz einfach, haben sogar unterhalten miteinander. Das Schwein hat gesagt, schade, daß ich Jude bin, weil ich sonst ein prima Bursche bin. Wir zusammen zurück, er hat mich gelassen durchs Tor, und da bin ich.«
»Und was sagt deine Mutter, wenn du den ganzen Tag weg bist?«
»Tut mir leid, aber ich sie angeschwindelt, daß ich Musik üben will mit einem neuen Freund.«
Ich bekam eine herrliche Limonade und wußte nun, was wahre Freundschaft ist.
Nur langsam kam ich wieder zu Kräften. Keine Arbeit ging mir leicht von der Hand, ich war schwach. Bubi, der aufgehört hatte, mich mit Unterrichtsstunden zu quälen, half mir. Einmal, als er traurig war, gelang es mir, ihm zu entlocken, daß er Krach mit seinem Vater gehabt hatte. Dieser habe gesagt, er wünsche nicht, daß sich sein Sohn mit ›polnischen Schweinen‹ abgebe, worauf Bubi ihm antwortete, auch er habe sich schließlich mit Polinnen eingelassen, worauf er eine Ohrfeige bekam. Bubi schwor sich, nie wieder ein Wort an seinen Vater zu richten.

Papa hat einen Onkel, der aus Wien ausgesiedelt wurde, wo er sehr wohlhabend und geachtet war. Jedesmal, wenn er uns besucht, regt er sich auf, vor allem dann, wenn Emil bei uns ist. Der Onkel trägt eine Melone und einen schwarzen, stark abgetragenen Anzug, der allerdings schöne Bügelfalten aufweist. Natürlich ein weißes, ebenfalls verschlissenes Hemd und eine Fliege. Wenn er eintritt, grüßt er vornehm und wartet, bis man ihn bittet, Platz zu nehmen. Mama kommentiert seufzend, daß dieser arme Mensch noch immer in seiner alten Welt lebt, was vermutlich sein Glück ist. Als Papa ihm ein Paar Schuhe von sich anbietet, weil seine fast auseinanderfallen, sagt er: »Zygmunt, du wirst doch wohl wissen, daß ein Gentleman

keine solchen Schuhe trägt«, und dann fügt er noch einen Vers hinzu.
»Mama, was hat er gesagt«, frage ich.
»Das ist von Schiller, aber davon hast du keine Ahnung, Kind.«
Tatsächlich hatte ich keine Ahnung, was oder wer das ist.

Kein Krzemionki-Gelände mehr, also gingen wir Freundinnen oft durch die wenigen Straßen des völlig überfüllten Ghettos. Wir waren nicht mehr von Mauern umgeben, sondern von Draht, und so konnte ich sehen, wie die Straßenbahnen die Limanowski-Straße entlangfuhren. Darin saßen die ›normalen‹ Leute, die nicht hinter Stacheldraht lebten wie wir.
Rózia Faeber und ich machten einen Spaziergang durch die Józefińska-Straße. Dort war das Bad. Eben brachten sie eine Gruppe von Häftlingen aus einem ›Judenlager‹.
Plötzlich entstand ein fürchterliches Chaos – jemand rannte weg. *Halt! Halt!* Die Leute prallten aufeinander, stürzten zu Boden, sahen nicht, hinter wem und wo sie liefen.
»Schnell weg von hier, Stella!« Rózia zog mich am Arm. Wir rannten auf eine Toreinfahrt zu, jemand stürzte, ich stolperte und fiel hin. Rózia sprang über mich hinweg, und trat dabei auf meinen Kopf. Sie schießen! Jemand lag auf meinem Kopf, jemand auf meinen Beinen. Ich hörte ein Stöhnen.
»Mein Bein tut so weh!« Ich erkannte Rózias Stimme.
Ich kämpfte mich frei, stand auf, fühlte, daß mein Gesicht naß war. Ich berührte es – Blut, aber mir tat nichts weh. Ich sah, wie sie den armen Kerl, der geflohen war, mit Kolbenschlägen vorwärtstrieben.
»Stella«, stöhnte Rózia, »sie haben mir ins Bein geschossen.«
Gegenüber war das Krankenhaus, ich lief hin und rief weinend, daß meine Freundin auf der Straße liege. Sie kamen sofort, ich folgte der Tragbahre, wartete auf dem überfüllten Korridor. Ein fürchterliches Krankenhaus, überall lagen Menschen herum, auf dem Beton, auf Tragen, es stank grauenvoll. Schließlich brachten sie Rózia aus dem Operationssaal, blaß, aber bei Bewußtsein.

»Geh zu meiner Mama, aber erschrecke sie nicht, sag ihr, daß es nichts Schlimmes ist.«
Unterwegs traf ich Frau Faeber, die unentwegt »Majn Rojzele, majn Kindele!« rief. Irgendjemand hatte sie bereits benachrichtigt.
Ich wollte ihr sagen, daß nichts Ernstes passiert sei, doch ich konnte sie nicht aufhalten.
Im Ghetto war es inzwischen so eng, daß man sich auf der Straße begegnete, ob man wollte oder nicht. Natürlich traf ich auch Bubi.
»Wo treibst du dich denn herum!« sagte er. »Hier wurde doch geschossen!«
»Ich brauche kein Kindermädchen«, sagte ich, obgleich ich keineswegs sicher war, daß ich recht hatte.

Im Nachbarhaus hatte man ein Kinderheim eingerichtet. Die Kinder, deren Mütter meist arbeiteten, waren zwischen zwei und zehn Jahre alt. Wir sahen diese Kinder oft. Einige waren entzückend. Ganz besonders liebte ich Malinka. Ich legte die Schulbücher beiseite und spielte mit ihr. Mit Puppen, mit Bauklötzen, hauptsächlich zu meinem eigenen Vergnügen, wenn ich auch vorgab, mich lediglich mit der Kleinen zu beschäftigen.

Ein besonders heißer Sommer begann. Das Gedränge und das Fehlen irgendeines abgeschiedenen Plätzchens, an dem man im Schatten sitzen konnte, machte sich immer mehr bemerkbar. Überall roch es süßlich und schmutzig nach Küche. Ich trieb mich in den Kellern herum, in der Hoffnung, ich könnte mich dort vor der Hitze und vor den Menschen verstecken, aber auch hier war jeder Winkel besetzt.
Ich erinnerte mich voller Sehnsucht an Mania. Wie wunderbar, wenn sie plötzlich neben mir stand, mich bei der Hand nahm und sagte: »Komm Püppchen, wir machen einen langen Spaziergang, einen Ausflug ins Grüne.« Immer wieder sagte sie das, und immer waren diese Spaziergänge herrlich. Wenn es

heiß war, setzten wir uns irgendwo in den Schatten, ich lehnte meinen Kopf an ihre Knie, und Mania erzählte mir allerlei phantastische Geschichten. Bisweilen suchten wir eine Kirche auf, zum einen, um uns Kühlung zu verschaffen, zum anderen, weil ich es liebte, wenn Orgel gespielt wurde.
Eines Tages, als wir die Marienkirche verließen, eilte eine Frau auf Mania zu und schrie:
»Ich kenne Sie! Und diesen jüdischen Balg auch. Es ist eine Schande, ein jüdisches Kind in ein Gotteshaus mitzunehmen!«
Mania erwiderte: »Noch ein Wort und ich haue Ihnen eine runter. Gottes Haus ist für jeden da.«
Sie nahm mich bei der Hand, und wir gingen fort. Ja, Mania war großartig!
Ich erinnerte mich, wie Mania einmal nach Sucha in Urlaub fuhr, wo sie Verwandte hatte. Mama war verzweifelt und sagte immer wieder, sie werde noch verrückt mit mir. Bereits drei Tage später kam Mania zurück und erlöste sie. Mamas und meine Freude war gleich groß.
»Was machst du denn hier«, fragte Mama.
»Ich konnte dort nicht bleiben, ich habe mich so sehr nach meinem Kind gesehnt und mir gesagt, daß Sie es ja vielleicht nicht gewöhnt sind, mit ihr umzugehen; wenn ich da bin, ist sie ein Engel«, sagte sie schüchtern zu Mama.
Mama hörte Mania staunend zu.
»Gut, daß du schon da bist. Ich war, ehrlich gesagt, dem Wahnsinn nah. Ich kauf dir was Hübsches, Mania.«

Von der Straße drangen die ersten Geräusche zu uns, alle standen auf. Flehentlich wandte ich mich an Mama:
»Geh heute nicht zur Arbeit, Mama, bitte!«
»Was hast du denn«, fragte sie mich.
»Ich fürchte mich.«
»Sei nicht albern, Papa ist doch hier.«
Großpapa meinte, ich sei bestimmt zu lange in der Sonne gewesen und hätte einen Sonnenstich. Adam ergriff für mich Partei.

»Sie ist bestimmt überanstrengt. Ab heute wasche ich meine Socken selbst.«
Hartnäckig wiederholte ich, daß ich Angst hätte.
»Wovor denn?« mischte sich Papa ein.
»Ich weiß nicht. Gestern sind den ganzen Tag über Autos beim Kinderheim vorgefahren, ich habe es gesehen. Der SS-Mann Pilarzik war da und Mallotke.«
Besorgt schaute Papa mich an.
»Das stimmt, die waren gestern beim OD. Einige waren beim Kommandanten Spira. Mehr weiß ich nicht, sie haben hinter verschlossenen Türen verhandelt.«
»Ich habe Angst, ich bleibe nicht allein.«
Inzwischen herrschte in der Wohnung dasselbe Durcheinander wie immer morgens. Die Neiger-Kinder hatten ihre erste Portion Klapse weg und heulten. Immer wieder trat Papa ans Fenster. Von uns aus sah man ein Stück der abgezäunten Limanowski-Straße.
»Warum gehst du ständig ans Fenster«, fragte Mama gereizt. Mein Weinen machte alle nervös, doch ich konnte mich nicht beherrschen.
Unentwegt wiederholte mein Großvater: »Ein Sonnenstich«, bis ihn Papa, was er sonst niemals tat, anbrüllte:
»Wirst du jetzt endlich still sein, Vater!«
Adam trat ebenfalls ans Fenster.
»Wie wird denn heute das Wetter? Hoffentlich kriegen wir nicht wieder eine solche Hitze. Oh Gott!« rief er, »wir sind...«
»Was sind wir?« unterbrach ihn Papa in scharfem Ton.
Adam sah Vater an, dann mich und fuhr sich mehrmals mit den Fingern durch seine dichten Haare.
»Nichts, ich habe vergessen, was ich sagen wollte.«
Frau Rottersmann stürzte ins Zimmer.
»Wir sind umstellt, sie stehen alle paar Meter und haben Hunde dabei. Sie haben den Auftrag, bloß einen Teil der Leute zur Arbeit zu lassen«, fuhr sie fort, »nur die, die in den wichtigsten Fabriken beschäftigt sind. Mein Mann wollte sich erkundigen, was das zu bedeuten hat; er hat sogar den Mut aufgebracht,

Spira zu fragen. Es soll so etwas wie eine neue Registrierung geben.«
Nachdem sie das Zimmer verlassen hatte, standen alle schweigend da und sahen zum Fenster. Als erster ließ sich Adam vernehmen. Mit gespielter Heiterkeit sagte er zu mir:
»Weißt du noch, als du klein warst, habe ich dich immer Hexe genannt. Ich nehme das zurück. Du hast im Schlaf gehört, wie sie das Ghetto umstellt haben, das hat dich so erschreckt.«
Ich liebte meinen Bruder dafür, daß er versuchte, mir die Angst zu nehmen.
»Hab keine Angst, Kleine, sie schreiben was auf, dann gehen sie wieder. Bis heute Abend. Meine Gruppe geht ganz bestimmt zur Arbeit«, sagte Adam, und seine Stimme klang unnatürlich. Er küßte mich verlegen und ging.

Ich saß da und beobachtete, wie Mama sich ankleidete. Was war bloß mit mir los? Ich konnte meine Tränen nicht zurückhalten.
»Hör zu, Stella«, sagte sie viel zu energisch, »vielleicht lassen sie mich raus, ich muß zur Arbeit, ich habe die Schlüssel für den Dokumentenschrank.«
»Bitte, Mama, geh nicht, die lassen dich bestimmt nicht durch.«
Erneut hörte man Autos, dann eine Stimme durch den Lautsprecher:
»Alle gehen zurück in ihre Wohnungen! Jede Zivilperson, die sich auf der Straße zeigt, wird erschossen! Sämtliche Dokumente bereithalten zur korrekten und schnellen Durchführung der Aktion und Kontrolle. Wer sich am Fenster zeigt, wird erschossen. Alle Männer vom OD haben sich vor der Wache einzufinden!«
Mama und ich blieben mit Großvater allein.
»Mama, gibt es keine andere Strafe außer der Todesstrafe?«
»Es ist für sie am bequemsten.«
»Warum hassen sie uns so sehr? Warum uns alle?«
»Es ist Krieg, und wir sind ihre Feinde.«
»Wir kämpfen doch gar nicht gegen sie, wir haben keine

Waffen. Und Bubi hat mir erzählt, die Deutschen hätten Kultur.«
»Na ja, das habe ich auch einmal gedacht«, sagte Mama.

Man hörte Schüsse. Die Aktion begann im ›Ghetto A‹, in der Węgierska-Straße. Überall hörte man das Gebrüll der Deutschen. Warum brüllten sie immer so entsetzlich? Die Schüsse schreckten mich weniger als dieses fürchterliche Gebrüll.
»Vielleicht schließe ich besser das Fenster«, sagte ich.
»Geh bloß nicht zum Fenster!«
»Vielleicht mit dem Besenstiel?«
»Nein. Wir ersticken ja, alle rauchen, und das Zimmer ist überfüllt.«
Es waren eine Menge Leute bei uns, keine Ahnung, woher sie kamen. Ein OD-Haus garantierte einen gewissen Schutz. Immer wieder stürzte ein OD-Mann herein. Man überschüttete ihn mit Fragen. Ging es nur um die Papiere? Sie bejahten ohne Überzeugung. Und unser Haus bliebe verschont? Viele fremde Menschen waren hier, die sich versteckten, keiner von uns wußte wovor. Rottersmann sagte, man habe eine Abordnung geschickt, die darum bitten wollte, dieses Haus zu verschonen. Sie erklärten sich einverstanden, man stellte eine Wache vor die Tür, die anscheinend ein Schreiben besaß, das mit einem Hakenkreuz abgestempelt war. Ich dachte, das ist gut, so werden sie uns nicht anschreien. Papa stürmte herein und schob zwei weitere Frauen ins Zimmer. Ich hörte, wie er Mama von einem Massaker im Krankenhaus erzählte. Im Hof werde auf alle Kranken geschossen, sogar in den Sälen, wenn sie nicht aufstehen können:
»Wie durch ein Wunder konnte sich Frau Doktor Löw durch einen Hinterausgang retten. Sie wollte die Patienten nicht verlassen; ich erinnere mich nicht einmal, in welches Haus ich sie geschoben habe.«
»Aber was wollen sie denn«, fragte Mama. »Es sollte doch bloß eine neue Registrierung sein.«
»Das ist Gerede, damit keine Panik entsteht. Auf dem Zgody-

Platz verladen sie die Leute auf Lastwagen, egal, ob sie eine Arbeitserlaubnis haben oder nicht. Ein ›Blauer‹ hat mir gesagt, daß sie zum Bahnhof nach Płaszów gebracht werden, jeweils 120 Personen in einem Viehwaggon zusammengepfercht. Es sollen sich dort entsetzliche Dinge abspielen, die Menschen ersticken.«

Ich verliere jedes Zeitgefühl. Im ganzen Haus ist es grauenvoll still, sogar die Kinder schweigen. Eine ältere Frau in Begleitung ihrer Tochter summt ganz leise ein paar Takte eines Liedes, es folgt ein Schluchzen. Wieder beginnt sie zu singen. Die Tochter streichelt ihre Hand, sie hat wohl bemerkt, daß einige Anwesende ihre Mutter mißbilligend ansehen. Sie erklärt, so verhalte sich die Mutter seit jenem Tag, an dem die Deutschen ihren Mann vor ihren Augen umgebracht haben. Seitdem sei sie verwirrt, die Ärzte könnten nichts tun. Ich betrachte die Frau eingehend – ihre Augen sind völlig ausdruckslos. Mich fröstelt, trotz der stickigen Hitze.
Wieder stürmt Papa herein. Er trinkt einen Schluck Wasser und sagt zu Mama, sie hätten den Onkel aus Wien getötet. Er stürzt hinaus. Mama senkt den Kopf, reibt sich unauffällig die Augen. Papa hat Dienst bei der Zugführung. Er hatte Spira gebeten, man möge ihm erlauben, die Leichen einzusammeln. Er sagte später, er sammle lieber Leichen ein, als daß er sich mit zusammengekrampftem Herzen die Bitten um Hilfe anhöre.

Beim Kinderheim waren Lastwagen vorgefahren. Ich stand am Fenster und schaute hinaus. Sie führten die Kinder paarweise aus dem Gebäude und luden sie auf die zwei Lastautos mit den herabgelassenen Planen. Viele Kinder hielten ihre Schätze in den Armen; Puppen, Hampelmänner. Kurze Zeit später raste ein Personenauto heran, aus dem zwei offenbar betrunkene SS-Männer stiegen. Sie lachten, torkelten und unterhielten sich mit denen, die die Aktion durchführten.
Ich bemerkte nicht, daß ich Schluckauf bekommen hatte. Je-

mand sagte zu Mama, sie solle mir ein bißchen Zucker geben, man werde ja wahnsinnig von diesem Geräusch.
»Da hilft nichts, das sind die Nerven«, erklärte Mama.
Jemand anderer sagte, man solle mich in Ruhe lassen, schließlich könne man auch nichts dagegen tun, daß die alte Frau pausenlos vor sich hinsumme.
»Sie hat eine Tragödie durchlitten«, sagte eine Frau, »und was hat diese kleine Göre erlebt?«
»Sie durchlebt dasselbe wir wir, nur daß sie nicht so widerstandsfähig ist.«
»Ach ja? Sie durchlebt? So ein kleines Ding!«
Mama wurde wütend:
»Wenn Sie nicht aufhören, setze ich Sie vor die Tür!«
Die ganze Auseinandersetzung fand im Flüsterton statt.
»Sie glauben wohl, Sie können sich alles erlauben, weil Ihr Mann beim OD ist!«
»Was nehmen Sie sich eigentlich heraus! Muß sie uns vielleicht verstecken? Sitzt hier im Trockenen und reißt das Maul auf. Herr und Frau Müller sind anständige Leute«, ergriffen andere für Mama Partei.
»Habe ich das vielleicht bestritten?« Die Frau fing an zu flennen.

Im Zimmer herrscht Grabesstille. Von der Straße dringen die entsetzlichen Schreie der Kinder, Hilferufe, das widerliche Gegröle der sich amüsierenden Deutschen. Sie werfen die Kinder aus dem Fenster auf die Ladeflächen der Lastwagen, manchmal treffen sie nicht. Auf der gegenüberliegenden Seite steht einer von ihnen und schießt auf die herabfallenden Kinder. Ein kleines Mädchen ist durch das Tor geflohen, läuft jetzt mitten auf der Fahrbahn, die Puppe an die Brust gedrückt. Ich kann den Blick nicht von dem Mädchen abwenden. Das Kind ist nicht älter als fünf. Der Soldat geht in die Hocke. Ein Schuß. Das kleine Mädchen liegt reglos und hält noch immer seine Puppe fest, um sie herum vergrößert sich der rote Fleck.
Die Atmosphäre im Zimmer grenzt an Irrsinn. Um nicht zu

schreien, kratzen sich die Frauen die Gesichter blutig, pressen ihre Kinder so fest an sich, daß diese leise wimmern. Je lauter die Kinder auf den Lastwagen schreien, desto vernehmlicher lachen die Deutschen. Jemand spricht ein Gebet. Wie kann man in diesem Moment nur beten?
Die Autos mit den Kindern sind weg. Unserem Haus gegenüber befindet sich ein kleiner Platz mit einer Muttergottesfigur. Auf diesem Platz treiben sie die Leute zusammen; er ist inzwischen so voll, daß sich eine Menschenpyramide bildet. Die Hitze ist höllisch. Ein kleiner Platz ohne Schatten, ich sehe, wie Menschen ohnmächtig werden, jeder steht jedem im Weg, sie rufen nach Wasser, und die Deutschen schreien: *»Ruhe, Ruhe! Verfluchte Juden!«*

Alle Augenblicke stürzt ein OD-Mann herein und berichtet, was sich auf den Straßen abspielt. Gerade war Braw da. Eine Gruppe vom Roten Kreuz soll am Anschlußgleis nach Płaszów, wo die überfüllten Waggons mit unseren Leuten stehen, eingetroffen sein. Sie wollten die Waggons, aus denen immer wieder Tote geworfen werden, mit Wasser abspritzen. Die Gruppe wurde weggejagt, weder durften sie die Waggons mit Wasser abspritzen, noch die Eingeschlossenen damit versorgen.
Ich sitze völlig abgestumpft mit einem Dauerschluckauf in einer Ecke. Gedanken und Visionen gehen mir im Kopf herum. Wenn sich die Menschen auf der ganzen Welt zusammentäten, könnten sie uns helfen. Bubi hat mir auf der Landkarte gezeigt, wie groß die Welt ist, aber vielleicht haben all die anderen Menschen gar keine Ahnung, wie sehr man uns quält?
Rottersmann ist gekommen. Er sagt, man könne jetzt das Haus verlassen, es würden nur noch die Leichen weggeräumt. Eine der Betreuerinnen im Kinderheim soll sich auf dem Dachboden erhängt haben.

Oh, da ist Bubi! Anfänglich habe ich mich über seine Abwesenheit gewundert, doch dann dachte ich mir, daß ihn seine Mutter bestimmt bei sich haben wollte. Wir gehen hinaus. Die einzelnen Gruppen kommen bereits von der Arbeit. Mütter und Väter laufen völlig verzweifelt zum Kinderheim. Ihr Anblick bricht einem das Herz. Sie rennen hinein und kommen wieder heraus und können nicht fassen, daß die Kinder nicht mehr da sind. Schlimmer noch sind diejenigen anzusehen, die auf der anderen Straßenseite auf der Erde sitzen, einige mit Kinderspielzeug in der Hand. Ihre Gesichter sind völlig ausdruckslos, wie Puppengesichter. Wie könnte man solche Menschen trösten?

Instinktiv drehe ich mich um. Etwas fällt von oben herab; ein Mensch! Ein Aufprall auf das Pflaster, nicht besonders laut, und auf der Erde liegt eine sehr große Frau. Vielleicht kommt sie mir auch bloß so groß vor? Schon haben sich eine Menge Leute versammelt, jemand sagt, die Frau sei tot, ein anderer behauptet, es handle sich um Frau Grynszpan, die drei Kinder im Kinderheim hatte. Sie hat bei ›Optima‹ gearbeitet, und letztes Mal haben sie ihr den Mann mitgenommen. Ein Mann im Kaftan entrüstet sich, so etwas dürfe man doch nicht tun. Er hebt sogar die Faust, als würde er drohen:
»Der Herr hat das Leben gegeben, der Herr wird es wieder nehmen.«
»Hau ab, du fanatischer Idiot! Sind diese deutschen Mörder etwa unsere Götter?« schreit einer aus der Menge.
Ein ungeheures Gezeter bricht los. Auf der Stelle bilden sich zwei Parteien; sie fuchteln mit den Armen und versuchen, sich gegenseitig zu überschreien, als gäbe es die Tote zu ihren Füßen gar nicht.
Bubi und ich gingen los und erkundigten uns, ob man irgendeinen unserer Bekannten mitgenommen hatte. Uns am nächsten wohnte Dosia Wasserlauf. Die Tür zur Wohnung stand offen. Es war dunkel, und es war entsetzlich still.
»Bubi«, flüsterte ich, »glaubst du, sie sind alle…«
Wir betraten das Zimmer, hier war es etwas heller, neben dem Bett ein Schatten. Zuerst dachte ich, es sei nur eine Decke und wollte wieder gehen. Bubi zog mich an der Hand zum Ausgang.

»Halt!« rief ich plötzlich. »Da liegt ja Dosia! Vielleicht lebt sie noch, ruf jemanden um Hilfe.«
Aber Bubi ließ mich nicht los.
»Laß, ich mache das allein.« Er ging zurück, kniete sich nieder und stand sofort wieder auf. »Sie ist beinahe kalt. Komm.«
Als wir draußen waren, weinten wir beide wie kleine Kinder. Ich sagte:
»Sie hatte sich mit einer Hand am Fuß des Betts festgehalten, bestimmt wollte sie nicht mitgehen. Vielleicht hatte sie sich unterm Bett versteckt.«
»Schon gut! Beruhige dich.«
Ich weinte nur noch mehr.
»Ich habe sie immer mit ihren Sommersprossen geärgert, und sie war so freundlich. Immer hat sie gelacht und gesagt, sie gibt mir ein paar ab, wenn ich neidisch bin.«
Bubi weinte nicht mehr. Er versuchte, mich zu beruhigen, aber es gelang ihm nicht.
»Ich werde mich fürchten. Bis ans Ende meines Lebens werde ich mich fürchten«.
Wir kehrten nach Hause zurück, ringsum Weinen und lautes Klagen. Mir war übel. Bubi sagte immer wieder, ich müsse vernünftig und tapfer sein und müsse lernen, mich zu beherrschen. Ich muß so vieles und kann so wenig. Eines ist gewiß – es ist ein Glück, einen Freund zu haben, der so vieles erklären kann und so klug ist.
Außer Adam sind alle zu Hause.
»Wo, zum Teufel treibst du dich herum? Als ob wir heute nicht schon genug durchgemacht hätten, muß ich mir auch noch Sorgen machen, wo du bleibst!« schreit Mama.
»Ich habe nach meinen Freundinnen gesucht.«
»Auch eine Idee!«
»Dosia lebt nicht mehr.«
»Wieso soll sie nicht mehr leben? Sie ist abtransportiert worden, aber das ist noch kein Beweis, daß sie nicht mehr lebt!«
»Sie lebt nicht mehr! Sie lebt nicht mehr! Ich habe sie gesehen, sie lag neben dem Bett!«

»Warum, um Himmels Willen, bist du dort hingegangen?«
»Schon gut, Mama«, sagte ich, »man muß tapfer sein. Bitte, gib mir etwas zu essen.«
Mama nahm die Hände vom Gesicht; sie und Papa sahen mich ebenso erstaunt wie entsetzt an. Ich bekam etwas zu essen und brachte keinen Bissen hinunter. Es wurde immer mehr in meinem Mund. Ich kam nicht zurecht mit dieser Tapferkeit und begann zu schluchzen. Mama legte ihren Arm um mich:
»Ja, mein Kind, man muß tapfer sein, leg dich hin und schlaf, das wird dir helfen.«
Adam kam herein, Mama war gereizt und wollte auch von ihm wissen, warum er so spät komme. Ich blickte auf meinen Bruder, seine Augen waren gerötet.
»Hast du geweint, Adam?«
»Oleg Mett, du erinnerst dich, mein Freund...«
»Abtransportiert?«
»Nein, sie haben ihn hier erschossen. Er war immer so blaß und schwächlich; er hat mit uns zusammen gearbeitet, aber sie haben ihn entlassen.«
»Grauenhaft«, sagte Mama mit Nachdruck, »wir trauern um unsere Freunde, aber trotzdem sind wir froh, nicht um unsere Nächsten weinen zu müssen.« Tränen liefen ihr übers Gesicht.

Offiziell heißt es, daß sie auf dem alten jüdischen Friedhof von Płaszów ein Lager für uns errichten. Die Welt hat uns vergessen, sich von uns losgesagt, keinerlei Interesse, von nirgendwoher Hilfe. Diejenigen, die sie hergebracht haben, obwohl sie ›Arierpapiere‹ haben, erzählen, daß viele Katholiken sagen: ›Die Juden haben keinen Gott, sie sind der Vernichtung preisgegeben.‹ Das verstehe ich überhaupt nicht, man hat mir immer gesagt, daß es nur einen Gott für alle gibt. Ich glaube nicht an ihn. So viele Juden beten Tag und Nacht, essen nicht, trinken nicht, schlafen nicht, und sie gehen als erste zugrunde. Ich glaube nicht an die Erzählungen vom ›guten‹ Gott.
»Papa, warum läßt Gott zu, daß man uns so quält? Und die kleinen Kinder aus dem Kinderheim?«

Papa sah mich überrascht an.
»Gott hat im Augenblick offenbar wichtigere Dinge zu tun.«
Ich schwieg. Ich wußte, daß Papa im Grunde nicht so dachte.

Simche Spira hat Papa oft gedroht, er werde ihm die richtige Disziplin schon beibringen. Papa hat immer gesagt, daß er alles mögliche tut, um diesem analphabetischen Kommandanten nicht unter die Augen zu kommen. Dieses Mal jedoch war ihm das nicht gelungen. Als er abends ins Zimmer trat, war er ganz verstört.
»Tusia! Geh sofort und such' den Arzt, der Stella behandelt hat. Ich brauche unbedingt eine Krankschreibung.«
»Was ist denn los? Er ist Kinderarzt!« sagte Mama.
Als Papa sich beruhigt hatte, begann er zu erzählen. Spira hatte Papa zu einer Hinrichtungsaktion eingeteilt. Am nächsten Morgen sollten sechs OD-Männer unter Begleitschutz von SS-Leuten Richtung Płaszów marschieren. Sie hatten den Befehl, polnische Häftlinge aus Montelupi dorthin zu bringen und aufzuhängen.
»Ich soll einen Menschen aufhängen! Einen Polen!« Er war völlig gebrochen. Er rannte durchs Zimmer. Er redete vor sich hin:
»Spira weiß, daß die Menschen mich mögen und achten. Immer wieder hat er mir gedroht, daß er es mir zeigen wird.«
»Beruhige dich doch, Zygmunt!« rief Mama aus. »Wir müssen uns irgendwas ausdenken. Du kannst das nicht tun, aber wir müssen klug vorgehen, denn er kann dich fertigmachen. Wen haben sie noch dafür bestimmt?«
»Rottersmann, Braw..., ich erinnere mich nicht mehr.«
»Die Anständigsten natürlich. Mir fällt nichts ein. Mein Kopf ist leer, vollkommen leer. Stella, lauf schnell zu Onkel Grünberg, vielleicht kann er irgendwie helfen.«
Ich konnte meinem Onkel nicht erklären, worum es ging, ich brachte alles durcheinander. Aus meinem Bericht ging hervor, daß sie Papa aufhängen wollten. Jedenfalls kam auch meine Tante mit, und mein Onkel schluckte unterwegs Pillen.

Ich hatte zu Hause des öfteren gehört, er sei herzkrank.
Lange beratschlagten sie und kamen überein, daß Papa unter keinen Umständen an dieser Aktion teilnehmen könne. Meine Tante schlug vor, er solle an Ort und Stelle eine Ohnmacht vortäuschen. Mama und mein Onkel hielten nichts von diesem Vorschlag, da die Deutschen Papa möglicherweise auf der Stelle erschießen würden. Mein Onkel verließ uns und kam wenig später mit Frau Doktor Löw und einem Herrn zurück. Ich wußte nicht, was vor sich ging. Papa zog sich eilig an und ging mit ihnen hinaus. Dann erschien Frau Doktor Löw wieder und gab Mama irgendein Papier.
Mama ging frühmorgens aus dem Haus. Sie kam sehr nervös zurück und wiederholte immer wieder: »Dieses Schwein!« Schließlich gelang es mir, aus ihr herauszubringen, daß Papa für ein paar Tage ins Krankenhaus mußte, daß er krank sei und daß sie sich aufgeregt habe, weil der ›Kommandant‹ sie angebrüllt hatte, als sie ihm die Bescheinigung aus dem Krankenhaus brachte; man habe es im ganzen Wachgebäude hören können, er, der Kommandant Simche Spira, werde diesen Idioten, meinen Papa, mit dem ersten Transport wegschicken. Er hatte noch andere fürchterliche Dinge über Papa gesagt. Hauptsache jedoch war, daß Papa ›seine Brüder‹, wie er sie nannte, nicht umbringen mußte.

Onkel Grünberg ist Chef-Architekt beim Bau des Lagers in Płaszów. Gestern abend war er bei uns und hat erzählt, daß sie einen völlig irrealen Zeitpunkt für die Inbetriebnahme des Lagers festgesetzt haben, daß sich dort pausenlos Kommissionen herumtreiben. Es sind bereits Baracken aufgestellt worden. Das Lager soll durch Stacheldrahtzäune mehrfach unterteilt werden. Im Ghetto spricht man immer offener davon, daß man uns alle ins Lager Płaszów verlegen wird. Die Menschen geraten in Panik. Viele versuchen, auf die ›arische Seite‹ zu gelangen. Einigen gelingt es, aber die meisten kehren zurück. Sie behaupten, daß man nirgendwo unterkommen kann, die Leute trauen sich nicht, Juden zu verstecken, nicht einmal gegen Bezahlung.

Andere wiederum werden von den Deutschen aufgegriffen, die sie, fürchterlich zugerichtet, auf Lastwagen zum OD zurückbringen und zunächst einmal einsperren.
Etwas, das noch schlimmer ist als alles, was wir bisher erlebt haben, hängt in der Luft. Mama geht nicht mehr zur Arbeit, man hat ihr den Passierschein abgenommen, obwohl Frau Holzinger sich sehr darum bemüht hat, daß Mama weiterarbeiten kann. Es hat nichts geholfen. Großvater wurde krank und mußte ins Krankenhaus. Zwei Wochen später war er tot. Ich weiß, daß Papa Großvater sehr geliebt hat. Als er von seinem Tod erfuhr, sagte er bloß:
»Wie gut, daß er eines natürlichen Todes gestorben ist, und daß ich seinen Leichnam nicht von der Straße aufsammeln mußte.«
Ich verstand ihn nicht. Was war nur mit uns geschehen, daß Papa über den Tod seines Vaters so wenig zu sagen hatte? Tagelang quälte mich die Frage, woher diese Gleichgültigkeit und Härte rührte. Ich wußte nicht, wie ich das in Worte hätte fassen können, und Fragen stellte ich schon lange nicht mehr, weil ich die anderen damit nur in Verlegenheit brachte.

Mama war nicht in der Wohnung, als Papa kam.
»Pack mir was zum Essen ein, das Beste, was im Hause ist.«
»Wozu?«
»Frag nicht, mache, worum man dich bittet«, Papa war nervös.
Als ich ihm das Päckchen gab, zögerte er.
»Mama soll nichts davon wissen.« Er blieb auf der Schwelle stehen. »Sie haben Onkel Ignac, Mamas Bruder, hierhergebracht. Er sitzt im Gefängnis des OD.«
»Warum?«
»Ein früherer Schulkamerad hat ihn auf der Straße wiedererkannt. Er hatte eine Aktentasche mit Flugblättern bei sich. Der Schulkamerad lief gleich zu den Wachmännern, die gerade vorbeikamen, und die haben Ignac geschnappt, als er die Tasche über einen Zaun werfen wollte. Zum Glück hat Ignac ihnen erzählt, seine Familie sei in Bielitz geblieben.«
»Heißt das, daß Großmutter und die Tanten in Sicherheit sind?«

»Ich denke schon. Ich möchte aber nicht, daß Mama davon erfährt.«
»Ich sage nichts, Papa, versprochen.«
Kurze Zeit später kam Mama nach Hause und fragte mich, ob Papa dagewesen sei.
Ich verneinte.
»Wie? Ich habe Frau Rottersmann getroffen, und die hat gesagt, er war hier.«
»Vielleicht war er ja hier, jedenfalls habe ich ihn nicht gesehen, vielleicht war er in der Küche.«
Am frühen Abend kam Papa nach Hause. Er war niedergeschlagen.
»Zygmunt, willst du nichts essen«, fragte Mama.
»Ich bin nicht hungrig. Außerdem würde ich gern zum OD gehen und etwas vorbeibringen; man hat einen Kollegen eingesperrt. Wenn einer satt ist, sieht er die Welt mit anderen Augen.«
Mama packte ihm etwas zu essen ein.
»Vielleicht ist das zu wenig?«
»Zu wenig? Seit ich nicht mehr arbeiten gehe, steht es um unser Essen immer schlechter, das weißt du auch.«
Sie blickte Papa unvermittelt an. »Und was ist das für ein Kollege?«
»Du kennst ihn nicht. Wir sind zusammen zur Schule gegangen.«
»Wie heißt er?« fragte Mama.
Papa, der nie log, sagte schließlich:
»Quäle mich nicht, ich habe seinen Namen vergessen.«
»Du verheimlichst mir etwas.«
»Was sollte ich dir denn verheimlichen? Du mußt übrigens nicht auf mich warten, Tusia, ich habe heute Dienst.«
»Dienst? Du hattest doch erst gestern abend Dienst?«
»Zusätzlich.«
Nachdenklich blickte sie ihm nach. Wie gewöhnlich saß Bubi, der die Wahrheit bereits kannte, bei uns und begann nun, leise auf seiner Harmonika zu spielen. Abrupt drehte sich Mama um:

»Sei mir nicht böse, Bubi, aber im Augenblick bin ich nervös, hör auf zu spielen.«
Mama ging zum Schränkchen.
»Warum ist fast kein Brot mehr da? Und auch das Schmalz ist weniger geworden.«
Das Herz klopfte mir bis zum Hals.
»Bubi und ich«, stammelte ich, »waren hungrig.«
»Merkwürdig«, sagte sie.
Sie setzte sich hin, zündete sich eine Zigarette an und überlegte lange. Dann:
»Hatte Papa den Pullover an?«
»Ja, die Nächte sind doch schon kalt.«
Sie ging zum Schrank und begann fieberhaft nach etwas zu suchen. »Und wo ist der andere Pullover, und wo ist die Weste?«
»Weiß nicht, vielleicht hat er beide an.«
»Ausgeschlossen, ihm ist immer warm.«
»Vielleicht trägt ihn Adam…« Ich spürte, daß ich jeden Moment in Tränen ausbrechen und alles sagen würde.
In diesem Augenblick kam Adam nach Hause und Mama sah sofort, daß er keine zwei Pullover trug.
»Adam, hole bitte Rottersmann her«, sagte sie.
Als er erschien, überschüttete Mama ihn mit Fragen, warum Papa heute arbeiten würde, obwohl sie beide doch schon gestern Dienst gehabt hatten, warum er nicht zu Hause sei und was denn passiert wäre. Rottersmann wußte nichts. Am Ende bat ihn Mama, mit ihr zum Wachgebäude zu gehen. Als sie zur Tür hinaus waren, erzählte ich Adam, was geschehen war. Wie versteinert saßen wir da und warteten auf Mamas Rückkehr. Sie kam mit Papa zurück und hatte verweinte Augen.
Papa unternahm alles, was in seiner Macht stand, damit man meinen Onkel zumindest ins Ghetto entließ. Es wurde ihm immer wieder versprochen. Da er selbst sich nicht bei Spira blicken lassen konnte, wickelte ein anderer die Angelegenheit für ihn ab. Im OD-Gefängnis zu sein, war gefährlich. Wenn irgend etwas geschah, gingen stets die Häftlinge und die Spital-

insassen als erste ›ins Feuer‹. Jeden Tag sagte Papa, morgen werde man Onkel Ignac bestimmt freilassen, doch ›morgen‹ ging vorüber, und unser Onkel blieb wo er war.
Einmal nahm mich Papa zu Onkel Ignac mit. Er freute sich sehr, versuchte mich hochzuheben wie früher und rief:
»Unglaublich, wie sie gewachsen ist!«
Er sah aus wie ein junger Deutscher – er war blond, blauäugig, hatte eine gerade Nase und ein heiteres Gesicht.
»Mach doch nicht so eine Grabesmiene, Stella. Freust du dich denn nicht, mich zu sehen? Wir bleiben zusammen, ihr lebt hier, also kann ich es auch«, tröstete er mich.

Mama hatte bereits im Lager Płaszów Arbeit in der Buchhaltung. Auch jetzt ging sie, nunmehr mit einer Gruppe, sehr früh zur Arbeit und kam jedesmal todmüde nach Hause; die Wege waren lang und beschwerlich. Zu Hause erzählte sie uns, welche Fortschritte der Bau des ›neuen Sanatoriums‹ machte, und jedesmal fragte sie, kaum war sie zurück, ob man Onkel Ignac freigelassen habe. Dann kochte sie, und dann eilte sie zum Gefängnis. Dort kannte man sie inzwischen. Gefängniswärter war Wiluś Kranz, von dem die Häftlinge geradezu schwärmten; alle mochten ihn, da er immer fröhlich war und für jeden ein gutes Wort hatte.
Wieder fährt ein Auto mit Lautsprecher vor. Mit angehaltenem Atem warten wir auf die Mitteilung. Diesmal ist es nichts Bedrohliches: Alle Ghettobewohner müssen ihre Pelze, ja sogar alle Pelzbesätze abgeben. Bei Zuwiderhandlung droht natürlich die Todesstrafe, wie könnte es anders sein. Wenn bei jemandem nach dem genannten Termin auch nur ein Stückchen Pelzbesatz gefunden wird, wird er umgebracht. Vor jedem Haus fährt ein Lastwagen vor, die Leute werfen alles, was nach Pelz aussieht, auf den Wagen. Sie blicken finster, da Pelze, selbst wenn sie alt sind, oft ihre einzige warme Bekleidung sind. Manche schneiden ihre Mäntel wütend in Stücke und stopfen sie in ihren Ofen. In den Treppenhäusern stinkt es nach Rauch. Das alarmiert die Deutschen, der Rauch zeigt ihnen den Weg,

und sie fallen mit Kolbenschlägen über die Menschen her, bis sie am Boden liegen.
Auch Mama sitzt in einer Ecke und schneidet mit einer Rasierklinge ihren Pelz in kleine Stücke, bevor sie sie zu einem Bündel zusammenrollt und auf den Wagen wirft.
Am anderen Tag fahren beim Magazin, dem ehemaligen Kinderheim Personenwagen vor, aus denen vergnügte deutsche Frauen aussteigen; etwas später tragen sie Pelze über dem Arm, die man den ›Judenschweinen‹ heruntergerissen hatte.

Eines Tages sagte Bubi niedergeschlagen:
»Stella, ich weiß, was mein Vater will machen. Er besorgt Papier für Ausreise nach Budapest. Ich hab dir gesagt, daß Ruttis Mann Ungar ist.«
Ich hatte nicht erwartet, daß mich diese Nachricht so sehr erschrecken würde. Ich konnte mir nicht vorstellen, daß mein ›Lehrer‹, Beschützer und Freund ganz einfach verschwinden würde.
»Ich habe ihm gesagt, er soll sich das aus dem Kopf schlagen«, hörte ich Bubi sagen. »Ohne dich werde ich nie fahren! Es hat furchtbaren Krach gegeben, er hat mich geschlagen, Mutti hat geweint. Mach nicht so ein Gesicht, du glaubst doch nicht, daß ich dich allein lasse? Sag etwas! Glaubst du mir oder nicht?«
Plötzlich kam ich mir alt vor.
»Du hast keine andere Wahl, Bubi. Dein Vater will euer Bestes, er will, daß ihr in Sicherheit seid, du darfst nicht gegen ihn kämpfen.«
Wohl zum erstenmal während unserer Freundschaft hatte ich etwas Vernünftiges gesagt. Doch diesmal war er schwer von Begriff.
»Du glaubst mir also nicht«, sagte er traurig. »Ich verstecke mich, sie finden mich nicht.«
»Natürlich glaube ich dir.«
Aber ich wußte, daß uns jetzt jeder Tag der Trennung näher brachte; unablässig wiederholte ich, was er immer wieder gesagt hatte: »Man muß tapfer sein, sehr tapfer.«

Bubi veränderte sich. Er sah schlecht aus und war schweigsam geworden, und auch ich hatte das Gefühl, als weinte etwas in meinem Innern.

Februar 1943. Vor einigen Tagen begann die Umsiedlungsaktion ins Lager Płaszów. Ein neues Massaker, die Aktion wird von Amon Göth, dem Kommandanten von Płaszów, geleitet. Die Leute sagen, wir hätten einen neuen schrecklichen Gott, denn der Name Amon bedeutet im Griechischen Gott. Unser Amon ist grausam, nie legt er den Revolver aus der Hand, er steht bei den Lastwagen, auf die man Menschen lädt, die ständig angeschrien und geschlagen werden.
Wenn ihm jemand nicht gefällt, packt er ihn bei den Haaren und erschießt ihn auf der Stelle. Er ist ein Hüne, eine mächtige, imposante Erscheinung mit schönen, sanften Gesichtszügen und einem noch sanfteren Blick. So also sieht ein grausames, mörderisches Ungeheuer aus! Wie ist das nur möglich?
In der Krakus-Straße, direkt an der Mauer, gibt es einen Einstieg in die Kanalisation, deren Ausgang sich in unmittelbarer Nähe der Weichsel befindet. Durch diesen Kanal hatte eine Ärztin eine Gruppe von Menschen zu schleusen versucht. Nur einigen wenigen gelang die Flucht. Irgend jemand hatte den Ausstieg bemerkt, und ein Teil der Gruppe lief den Deutschen direkt in die Arme. Als letzte kam die Ärztin. Sie trug eine Frau, die sich das Bein gebrochen hatte. Beide wurden an Ort und Stelle erschossen; die anderen brachten sie ins Ghetto zurück und erschossen sie an der Mauer in der Krakus-Straße.
Adam und Onkel Adolf, Mamas anderer Bruder, leben bereits im Lager, und Mama wird aus Verzweiflung um Onkel Ignac beinahe wahnsinnig. Es geht das Gerücht, daß sämtliche Insassen des Gefängnisses irgendwohin abtransportiert werden sollen, aber auf keinen Fall nach Płaszów.

Nun ist die Reihe an uns. Bubi hat aufgehört, ›tapfer und männlich‹ zu sein, er drückt sich in den Ecken herum und weint wie ein Kind; diesmal war ich die Stärkere. Ich tröstete ihn und

sagte, daß wir uns bestimmt bald wiedersehen würden. »Ich habe beschlossen, ich gehe mit euch ins Lager, dann werden wir zusammen sein«, sagte er. Voller Mitleid fragte ich mich, was er denn schon allein beschließen könne, so oder so werde er seiner Familie folgen, aber dennoch nickte ich zustimmend.
Am nächsten Tag kam er voller Enthusiasmus angelaufen.
»Stella, ich habe gehört, daß nach der Liquidierung des Ghettos ein paar Familien hier bleiben. Sie bilden eine Ordnungsgruppe zum Räumen der Wohnungen, und sie bringen auch Leute aus dem Lager zu dieser Arbeit hierher.« Ich hatte keine Ahnung, wovon er sprach, aber ich hörte zu. »Die Familie Rottersmann bleibt, wir bleiben, Simche Spira mit Familie auch.«
»Dann ist Simche Spira also nicht unser OD-Kommandant in Płaszów? Ich wüßte gerne, was das bedeutet? Daß uns dort nur Deutsche bewachen?«
»Nein, es wird einen neuen OD-Kommandanten geben.«
Ich war neugierig auf diesen neuen Kommandanten und fragte mich, ob er noch schlimmer sein würde.
»Du kannst kommen mit dieser Ordnungsgruppe«, sagte Bubi.
»Ja«, antwortete ich geistesabwesend.

Mama packte in fieberhafter Eile die allernotwendigsten Dinge, denn es durften nur zwei kleine Köfferchen mitgenommen werden. »Zieh so viel an, wie du nur kannst, Stella, das kann für später nützlich sein.«
Ein paar Tage zuvor hatte Papa häßliche hohe Stiefel für mich aufgetrieben, die einige Nummern zu groß waren. Ich mußte so viele Socken anziehen, wie in den Stiefeln Platz hatten. Die Unruhe griff auch auf mich über, mir war klar, daß die Bedingungen, die uns erwarteten, viel schlechter waren als die, unter denen wir jetzt lebten, aber wie sehen die neuen Bedingungen aus? Ich war still und verstört.
»Mama, wann geht unsere Gruppe los?«
»Spät am Abend. Papa läßt sich etwas einfallen, damit wir ganz zum Schluß abmarschieren können. Er begleitet uns, natürlich unter Aufsicht der SS.«

Sie sprach zu mir wie zu einer Erwachsenen: »Er hat eine ziemlich große Gruppe von Leuten zusammengestellt, die nicht zur Ordnungsgruppe gehören und trotzdem im Ghetto bleiben müssen. Wenn es nicht gelingt, sie ins Lager zu schmuggeln, werden sie hier umgebracht.«
»Wie will Papa das machen?«
»Ich weiß es nicht genau. Er erzählte mir, daß uns die SS-Männer am Ausgangstor des Ghettos übernehmen. Ein paar Leute werden am Tor an der Józefińska-Straße stehen und warten, bis die Gruppe vorbeikommt. Dann schließen sie sich an.«
Ich wollte mehr wissen.
»Aber was ist mit der Liste? Da stehen doch alle drauf, die ins Lager kommen. Er setzt sich und die Gruppe doch einer schrecklichen Gefahr aus.«
»Sei endlich still!« schrie Mama. »Das weiß ich selbst, aber irgendwer muß sie in Sicherheit bringen. Wenn jeder nur an sich denkt, gehen wir alle zugrunde.« Und nach einer Weile fügte sie hinzu: »Das hat Papa gesagt, und er hat recht.«
»Wie groß ist unsere Gruppe?«
»Etwa zweihundert Personen.«
»Vielleicht schafft er es ja.«
Ich war reisefertig. Ich sah aus wie ein ausgestopfter Hanswurst, soviele Sachen hatte ich an. Dann diese großen Stiefel. Mein Äußeres war mir völlig egal, nur daß ich vor Hitze beinahe erstickte. Es war gleich Sieben und vollkommen dunkel. Draußen nieselte es.
»Mama, kann ich für einen Moment in die Küche gehen? Bubi will mir was zum Abschied spielen.«
»In so einem Augenblick hast du Lust auf Musik!«
»Mama«, bettelte ich, »nur kurz, er spielt zum Abschied.«
»Es ist gefährlich.«
»Er wird ganz leise spielen.«
Wir gingen in die Küche. Bubi spielte unser ›Pfeifsignal‹. Wir weinten beide. Er hörte auf zu spielen und wir schwiegen.
Papa kam herein.
»Geht nach unten, zum Tor, ich bringe gleich die ganze Gruppe

zum OD, dort sollen wir uns versammeln, und von dort marschieren wir ab. Na, Bubi, mach's gut.« Auch ihm versagte die Stimmte. Er küßte ihn und lief rasch hinaus.
Vor dem Tor ließ uns Papa Aufstellung nehmen und führte uns auf den Hof des OD. Auf dem Platz hatte sich eine große Menschenmenge zusammengefunden. Mama lief hin und her, weinte, was mich vor allem deshalb erschreckte, weil ich sie früher selten weinen sah. Sie weinte, weil man uns versprochen hatte, Onkel Ignac würde uns ins Lager begleiten, tatsächlich aber saß er noch immer, nur einige Schritte von uns entfernt, hinter Schloß und Riegel, und es gab keine Möglichkeit, ihn herauszubekommen. Es war kalt und naß, ich zitterte am ganzen Körper, aber gewiß nicht vor Kälte.
Simche Spira erschien, über und über mit falschen Orden behängt. Aufgeblasen wie ein Pfau schritt er die Reihen ab. Er zog einige Kinder aus den Reihen. In der Dunkelheit versuchte ich auszumachen, ob sie älter oder jünger waren als ich. Papa folgte ihm auf den Fersen. Spira leuchtete mit der Taschenlampe. Er erkannte mich und blieb stehen. Ich versuchte mich kleiner zu machen, er packte mich am Ärmel und zerrte mich aus der Reihe.
»Los, Müller«, befahl er, »die ganze Gruppe Marsch!«
Papa war wie versteinert und antwortete laut und vernehmlich: »Nein, Herr Kommandant.«
»Wie bitte?« Spira riß verwundert den Mund auf. »Wer gibt hier die Befehle, ich oder du? Marsch!«
»Nein, Herr Kommandant«, entgegnete Papa ruhig. »Ich bin als Begleitschutz dieser Gruppe abgestellt worden, und ohne diese Personen marschiere ich nicht.«
»Das sind Kinder«, wütete der Kommandant. »Die kommen morgen auf Lastwagen nach.«
»Ich weiß, Herr Kommandant, als Leichen«, entgegnete Papa.
»Ich laß dich erschießen! Ich hab schon lange...« Spira sprach nicht zu Ende, er drehte fast durch.
Papas Stimme klang leise und ruhig, als er sagte:
»Sie sind schlimmer als diese Henkersknechte.«

»Ich lasse dich erschießen! Du bringst alle in Gefahr!«
»Bitte, hier sind meine Frau und meine Tochter. Behalten Sie uns hier!«
Spira wandte sich ab und ging auf das Gebäude zu, Papa folgte ihm. Mir war, als erntete ich feindselige Blicke. Geflüster drang an mein Ohr:
»Man kann doch nicht wegen eines einzigen Kindes die ganze Gruppe aufhalten.«
Plötzlich wollten alle so schnell wie möglich ins Lager.
Ich wußte nicht, was ich denken und was ich empfinden sollte. Ich verkroch mich wie ein Wurm; ich kauerte mich an einen Holzzaun, wo Sträucher wuchsen, nieder und versuchte, den Atem anzuhalten. Ich wollte nicht mehr leben, damit die anderen abmarschieren konnten.
Ich fühlte, wie meine Beine taub wurden. In Gedanken rannte ich auf die Straße, sie war umstellt, sie sahen mich und schossen. Nun endlich konnten der arme Papa und all die anderen Leute losmarschieren. In Wirklichkeit kauerte ich noch immer reglos da. Ich hörte leises Rufen, bewegte mich nicht, eine Taschenlampe blitzte auf, jemand blendete mich.
»Was tust du hier, verdammt nochmal! Wolltest scheißen, was?« Ein OD-Mann packte mich am Ärmel und zog mich zur Gruppe zurück.
»Seit einer halben Stunde suchen wir dich schon«, sagte er, während er mich hinter sich herschleifte.
Mama gab mir eine Ohrfeige, dann drückte sie mich fest an sich.
»Wie konntest du auch nur einen Moment glauben, wir würden dich hier zurücklassen«, sagte sie verzweifelt. »Denk immer daran: Wenn dir etwas passiert, passiert es auch mir.«

Wir setzten uns in Bewegung. Mama warf einen letzten Blick zum Gefängnis, wo ihr Bruder zurückblieb. Das inzwischen völlig menschenleere Ghetto machte einen gespenstischen Eindruck. Hin und wieder hörte man das jämmerliche Jaulen eines Hundes, den man in einer Wohnung zurückgelassen hatte.
Wir gingen auf der Fahrbahn und nicht, wie wir eigentlich

sollten, auf dem Bürgersteig. Aus den Toren schlüpften dunkle Gestalten heraus, die sich uns anschlossen und die Papa sofort in die Gruppe integrierte. Während dieser kurzen Strecke gingen wir sehr langsam, und Papa blickte sich immer wieder verstohlen um.

Plötzlich schob er einen Jungen zwischen Mama und mich, der etwas kleiner war als ich.

»Versteck ihn unter deinem Mantel, Tusia, bleibt dicht zusammen«, flüsterte er.

Wir kamen zum Tor an der Węgerska-Straße.

»Wo ist Papa?« flüsterte ich.

»Offenbar überarbeitet er jetzt die Liste, damit sie der Anzahl der Leute entspricht, die er mitführt.«

»Und woher weiß er, wieviele es sind?«

»Er weiß es bestimmt, keine Angst.«

Ich merkte, wie die Gestalt unter Mamas Mantel zitterte. Ich trug einen Koffer, Mama den anderen.

»Halte den Koffer möglichst tief«, flüsterte sie, »damit seine Beine verdeckt sind.«

Papa steht bereits beim Tor, wir gehen in Fünferreihen, die SS-Männer zählen uns. Nachdem wir das Tor passiert haben, müssen wir stehenbleiben. Sie stehen mit entsicherten Karabinern da, irgendeiner redet unverständliches Zeug. Mama übersetzt, sie würden schießen, falls wir zu fliehen versuchen. Papa schreitet die Reihe ab und gibt uns zu verstehen, daß es gelungen ist: Sie haben die Liste unterschrieben und nichts bemerkt. Auf der Straße ist es still, man sieht keinen einzigen Menschen. Es regnet, wir gehen durch den Schlamm, nur unsere Schritte sind zu hören.

Ich versuche, aufrecht zu gehen, während in mir das Entsetzen vor ›dem Neuen‹ wächst, das uns erwartet. Vielleicht wird es nicht schlimmer als im Ghetto sein? Warum werden wir wie Verbrecher abgeführt? Nie werde ich das begreifen, wir haben doch nichts verbrochen. Schreie und Getrampel reißen mich

aus meinen Gedanken. Eine Frau läuft hinter uns her auf das Tor zu, man sieht sie bereits, sie ist ganz nah. Ein Schuß, eine ganze Serie von Schüssen. Zwei SS-Männer überzeugen sich davon, daß sie getroffen haben. Wir müssen stehenbleiben. Papa geht, bewacht von einem der SS-Männer, zum Tor zurück; nach einer Weile kommen sie wieder.
Wir setzen unseren Marsch fort. Papa geht neben uns. »Naiv«, sagt er. »Sie dachte, es gelingt ihr. Paß auf, Tusia, wenn ich mich deinem Schritt anpasse, läßt du den Jungen nach hinten gehen.«
»Und wenn sie am Lagertor merken, daß wir zu viele sind?«
»Keine Angst, ich habe die Liste entsprechend geändert. Und vielleicht ist die Kontrolle um diese Tageszeit nicht so genau.«
Aufmerksam beobachten wir, wie Papa sich nähert. Mama warnt den Jungen. Immer wieder stolpert er unter Mamas Mantel, und auch Mama ist erschöpft. Papa kommt vorbei und flüstert: »Einer aus der Mitte nach hinten.« Jeder begreift sofort, was zu tun ist, und ich habe nicht einmal bemerkt, daß sich der Junge bereits in einer Fünferreihe hinter uns befindet. Ein Deutscher brüllt Papa an, doch der erklärt ruhig, daß er uns Schwachköpfe bloß ermahnt habe, in Reih und Glied zu marschieren.
Ich bin todmüde; es fällt mir schwer, meine Beine aus dem Matsch zu ziehen. Vielleicht wird es gar nicht schlimm; zwar haben sie die Frau, die fliehen wollte, erschossen, doch uns hat bisher keiner geschlagen oder angetrieben. Mama flüstert, wir seien gleich da. Man kann nichts erkennen, ich habe keine Ahnung, wo wir sind. Vor uns erscheint ein verschwommenes kleines Licht. Das Lagertor. Wieder müssen wir stehenbleiben, wieder werden wir gezählt. Papa ist hinten geblieben; sie haben ihm die Liste wieder ausgehändigt, und als er bei uns vorbeikommt, sagt er leise: »Alles in Ordnung!«

# *Płaszów*

Hinter uns schließt sich das Tor, das schwere Tor des jüdischen Friedhofs. Ob er auch zu unserem eigenen Friedhof werden wird? Wir marschieren von neuem, der Weg steigt etwas an, wir bleiben im tiefen Schlamm stecken. Ringsum heben sich düster die Umrisse der Baracken ab.
»Männer nach rechts, Frauen nach links«, sagt Papa. »Um fünf Uhr Aufstehen. Jeder legt sich irgendwo hin, morgen werden feste Plätze zugeteilt.«
Ich wanke vor Müdigkeit und habe überhaupt keine Kraft mehr. Papa bringt uns zu einer Baracke. Ich sehe mich um und bin entsetzt, wie Mama damals im Ghetto. In der Mitte blinkt etwas. Entweder eine Glühbirne oder irgend ein anderes Licht. An den Wänden dreistöckige Pritschen für jeweils zwei Personen. Der Gestank nach Feuchtigkeit, Schmutz und etwas Unbekanntem. Wahrscheinlich stinkt so die Armut. An das Halbdunkel habe ich mich gewöhnt.Graue Decken, graue Gesichter, alles ist grau und traurig. Ich stelle mein Köfferchen ab, wo ich gerade stehe.
»Es wäre gut, wenn man ihr etwas Warmes geben könnte«, höre ich wie aus der Ferne Mamas Stimme.
Leise entgegnet Papa, das sei unmöglich.
»Zeig her, hast du nasse Stiefel?« Papa beugt sich über mich. »Ja, die sind völlig durchweicht, bis morgen werden sie nicht trocknen.«
Ich sitze da, unempfindlich gegen alles. Wie gut war es im Ghetto! Papa führt mich zu einer Pritsche.
»Wickle morgen Papier um deine Füsse, Stella, bevor du die Stiefel anziehst. Hier darf man nicht krank werden.« Wenn er noch etwas sagte, so hörte ich es nicht, ich war eingeschlafen. Am nächsten Morgen schaffte ich es nicht, meine Füße einzu-

wickeln. In der Baracke herrschte ein unbeschreibliches Gedränge, in der Eile stießen alle gegeneinander und ich, die im Stehen noch halb schlief, hielt mich kaum auf den Beinen. Mama gelang es nicht, mich wachzurütteln. Alles an mir war feucht und stank gewiß schon so wie diese Baracke.

Ein Trompetensignal ertönte, und ich war plötzlich hellwach.
»Was ist das, Mama?«
»Das ist Wiluś Rosner.«
Von heute an würde unser ganzes Leben vom Klang seiner Trompete bestimmt sein: Wecken, Mittagspause, Abendruhe und besondere Anlässe.
Ich zitterte am ganzen Leib, war aber bereits wieder schläfrig und träumte von sauberem Bettzeug und einem trockenen, warmen Schlafanzug. Mama zog mich energisch am Arm. Es war noch völlig dunkel und alle rannten in panischer Angst wild durcheinander, drängelnd und schubsend in eine Richtung. Mama hielt krampfhaft meine Hand fest, ich stolperte hinter ihr her, die Füße versanken im Schlamm.
Ich befand mich auf einem riesigen Platz. Es begann zu dämmern. Die Menschen sahen furchtbar aus, armselig, die Männer waren unrasiert, die Frauen wie ich in eine Unzahl von Kleidungsstükken eingemummt.
»Das ist der Appellplatz«, sagte Mama.
Er kam mir unendlich groß vor. Genau in der Mitte stand ein Pult, daneben einige SS-Männer. Andere liefen mit Peitschen in der Hand herum, denen aufgeregte OD-Männer folgten. Träumte ich, oder war ich tatsächlich mittendrin in dieser entfesselten Menge? Immer wieder stieß jemand gegen mich, so daß ich bald in die eine, bald in die andere Richtung torkelte. Wieder schüttelte mich Mama.
»Um Gottes Willen! Wach auf! Komm zu dir! Du bist kein Kind mehr!« Der verzweifelte Ton ihrer Stimme brachte mich tatsächlich zur Besinnung.
»Wo ist Papa?«
»Er hat Arbeit in der Lagerbuchhaltung bekommen; dort wird

er eine Liste aller Lagerinsassen führen: Wieviele Lebende, wieviele Tote, wieviele Gesunde und wieviele Kranke.«
»Bei so vielen Leuten? Und wenn er sich irrt?«
»Er darf sich nicht irren.«
Ich zitterte und klapperte mit den Zähnen. Mama hatte es wohl bemerkt.
»Schau dich um, vielleicht siehst du Adam oder sonst jemanden von der Familie. Und nimm dich zusammen. Die Deutschen mögen keine verängstigten Menschen. Du mußt dich beherrschen!«
Ich sah, daß Mama verzweifelt war. Sie wollte mir helfen und hatte selbst Angst, die Beherrschung zu verlieren.
Die Erstellung der Liste dauerte bis um sieben Uhr in der Früh. Die anständigen OD-Männer wurden mit den Menschen einfach nicht fertig. Dort, wo Peitschenhiebe und Stockschläge fielen, trat schneller eine Art Ordnung ein; die Gesichter zum Pult gewandt, standen jeweils die Blockältesten an der Spitze der Fünferreihen. Ihre Pflicht war es, die Zahl der sich in ihrem Block befindlichen Personen zu melden und Mitteilung zu machen, wieviele krank waren und wieviele in Kommandos außerhalb des Lagers arbeiteten.
Dann ging nochmals ein Deutscher durch die Reihen, zählte die Gruppen, wobei er seine Peitsche benutzte, schrieb etwas auf ein Blatt Papier und ging damit zu dem Pult, an dem auch Papa stand und etwas in eines jener großen Hefte notierte, von denen es wohl mehrere gab.

Zum Schluß fuhr Amon Göth vor. Groß, kräftig, stieg er aus dem Auto. Aufs höchste angespannt, zeigte Papa ihm sämtliche Hefte und machte Meldung über die Anzahl der Lagerinsassen.
Ein zweites Autos fuhr vor, und ein ausgesprochen vornehmer Deutscher stieg aus. Er trug weiße Handschuhe, was ich merkwürdig fand, und schritt langsam auf das Pult zu.
»Wer ist das«, fragte ich Mama flüsternd.
»Obersturmführer Neuschel. Frag nicht. Es sind so viele, und ich weiß nicht, wer sie sind und was sie hier tun.«

»Ist er auch so schlimm?«
Sie antwortete nicht, und ich grübelte darüber nach, warum sie alle so edel und so vornehm aussahen und sich so elegant bewegten. Wir standen und standen und standen. Ich spürte meine Beine kaum noch, gleich würden sie für immer versinken im schweren, lehmigen Dreck. Daß ich fortwährend zitterte, bemerkte ich kaum, aber immer wieder drückte Mama meinen Arm, um mich zu beruhigen.
»Mama, ich muß dringend aufs Klo. Was soll ich tun?«
»Mach in die Hosen!« Sanfter fügte sie hinzu: »Halt noch ein bißchen durch.«

So standen wir bereits seit vier oder fünf Stunden. Endlich trat Amon Göth ans Pult, an dem Papa stand. Papa stand stramm und machte Meldung; er war ein recht hochgewachsener Mann, doch neben dem Kommandanten sah auch er wie ein Halbwüchsiger aus. Nun führte Göth die Musterung der Gruppen durch. Sobald er sich näherte, rief der Blockälteste jeweils: *»Aaachtung!«* Die ganze Reihe stand stramm und völlig reglos, niemand wagte einen Blick auf den langsam vorüberschreitenden Kommandanten zu werfen; jeder starrte dumpf vor sich hin. Als unser oberster Gebieter die Musterung beendet hatte, erging das Kommando: *»Abtreten!«* Ein Teil ging in die Richtung, in der ihnen Arbeit zugeteilt worden war, der andere Teil begab sich in die Baracken.
Mir tat die Blase weh, Mama und ich schleppten uns in den Block zurück.
»Und jetzt?«
»Jetzt gibt es Kaffee, sofern man diese Brühe so nennen kann. Zuerst bringe ich dich aber zur Latrine.«
»Was ist denn das?«
»Bei uns hieß das früher Klosett. Dann gibt es noch ein paar Wasserhähne, aus denen es ein bißchen tropft.«
»Und keine Trennwände?«
»Du wirst ja sehen.«
Nein, Mama hatte keine Geduld, sie konnte die Geduld nicht

aufbringen, unentwegt auf meine Fragen zu antworten. Ein grauenhafter Gestank schlug mir entgegen. Wie angewurzelt stand ich da. Auf dem Brett saßen dicht beieinander Frauen mit heruntergelassenen Unterhosen, die dickeren berührten sich mit den Schenkeln; andere standen da, traten von einem Fuß auf den anderen und warteten, daß ein Platz frei würde. Gegenseitig trieb man sich zur Eile an.
»Oh Gott«, entfuhr es mir, »das kann ich nicht, das ist ja schlimmer als bei Tieren.«
»Du kannst es. Paß dich an und hör auf, so ein Gesicht zu ziehen.« Mama war gereizt, also war es besser zu schweigen. Am ›Waschbecken‹ herrschte ein fürchterliches Gedränge, jede versuchte ein paar Tropfen Wasser aufzufangen, einige wurden sogar handgreiflich.
»Hier verfaulen wir ja! Da soll man sich waschen?« platzte ich heraus.
»Dann verfaulen wir eben.« Mama zog mich am Ärmel hinaus.

In der Baracke wartete Papa bereits auf uns.
»Na, wie stehts, meine Kleine? Wie war der erste Appell?«
»Mir tun die Beine schrecklich weh«, sagte ich und hoffte auf Papas Verständnis.
»Daran muß man sich gewöhnen. Sie werden hier ein Kinderhaus für sämtliche Kinder im Lager einrichten; dort gibt es besseres Essen, die Kinder müssen nicht zu den Appellen und werden von Koch, einem äußerst anständigen und freundlichen OD-Mann betreut.«
Ich saß auf der Pritsche und aß mit Heißhunger das trockene Stück Brot, das Papa mir gegeben hatte. Mama hörte zu, erwiderte jedoch nichts, blickte ihn nur wortlos, mit beinahe verächtlichem Gesichtsausdruck an.
»Na, was sagst du dazu, Tusia«, fragte Papa, dessen Enthusiasmus nun verflogen war. »Sie wird im Morgengrauen nicht bei den Appellen stehen müssen«, fuhr er fort und sah sie dabei unverwandt an.
»Bist du denn verrückt geworden?« sagte sie wütend. »Willst

du sie zum Tode verurteilen? Von einem Kinderheim kann gar keine Rede sein, hast du verstanden? Das lasse ich nicht zu! Ich werde nie und nimmer zustimmen!«

»Aber sie haben versprochen, den Kindern nichts zu tun, sie kann doch ohnehin nicht zur Arbeit, sie ist ja viel zu jung; sie kriegt keine Arbeitserlaubnis«, sagte er.

Ich ließ mir kein Wort entgehen. Ich hätte mich doch im Ghetto erschießen lassen sollen, dachte ich, jetzt haben sie meinetwegen wieder Schwierigkeiten.

Mama rieb sich die Stirn.

»Ab welchem Alter können Kinder arbeiten«, fragte sie.

»Ab sechzehn.«

»Dann muß sie eben die entsprechende Eintragung bekommen.«

»Aber Tusia, niemand wird ihr abnehmen, daß sie sechzehn ist. Schau sie dir doch an.«

»Ins Kinderheim geb ich sie trotzdem nicht, mach was du willst, ich geb sie nicht weg«, sagte sie mit Nachdruck.

Mama arbeitete in der Schreibstube. Bevor sie und Papa gingen, verboten sie mir alles mögliche und warnten mich davor, die Baracke zu verlassen. Am liebsten hätte ich mich hingelegt, denn ich war todmüde; doch war es unter keinen Umständen erlaubt, sich tagsüber auf die Pritsche zu legen, die mit einer grauen, glattgezogenen Decke zugedeckt war. Also saß ich. Immer wieder fiel mir der Kopf auf die Brust. In der Baracke war es still. Ich dachte wohl zum erstenmal an Bubi. Wie gut war es, dort im Ghetto einen solchen Freund wie ihn gehabt zu haben. Ich fühlte mich schrecklich einsam.

Ich begann eine Unterhaltung mit der Frau, der man die Pritsche neben uns zugeteilt hatte. Sie hieß Hanka Kleiner und hatte einen niedlichen Sohn, Marek, der etwa fünf Jahre alt war. Dann war da noch Frau Rosenblum mit ihren beiden vier und sechs Jahre alten Töchtern und dem kleinen Szymuś. Ich fragte Hanka, wie denn die kleinen Kinder hierher gekommen seien, und sie erklärte mir, daß man sie überwiegend in Rucksäcken durchgeschmuggelt habe. Man hatte den Kleinen so sehr eingeschärft, weder Lärm zu machen, noch ein lautes Wort zu sagen, daß sie mir nun vorkamen wie Puppen, mit ernsten Gesichtchen. Ich schaute die Kinder lange an und war von ihrem Anblick erschüttert.

Ich begann, mich in der Baracke umzusehen und die Leute zu beobachten, denen offensichtlich noch keine Arbeit zugewiesen worden war. Ohne zu überlegen, ging ich zur Tür.
»Was willst du?«
Es war die Blockälteste, deren Pflicht es war, am Ausgang zu stehen. Eigentlich hatte ich nichts vorgehabt, es rutschte mir nur so heraus:
»Kann ich zur Latrine gehen?«
»Ja, es ist keine Blocksperre.« Obwohl ich nicht wußte, was das bedeutete, tat ich so, als verstünde ich sie. Ich hörte eine ganze Serie von Schüssen, und fragte deshalb, was es damit auf sich hätte.
»Sie bringen die um, die sich noch im Ghetto versteckt hatten. Dort an dem Hügel, dem ›Hujowa Górka‹«, sie deutete mit der Hand. »Er ist umgeben von einem Graben, wo die Erschießungen stattfinden.«
Vor der Baracke arbeiteten Leute. Unser Lager befand sich, wie Papa erzählt hatte, auf dem Gelände eines alten jüdischen Friedhofs, also wurden die Gehwege mit Grabplatten gepflastert. Manche schleppten Holzbalken zum Bau von Baracken. Die Arbeiter kamen nur mühsam voran, denn die riesigen Balken waren schwer, und der Morast machte das Vorwärtskommen schier unmöglich. Ununterbrochen nieselte es.

Obwohl ich immerzu die Stimmen meiner Eltern im Ohr hatte – »Du darfst unter keinen Umständen hinausgehen!« – wußte ich, daß ich das Verbot übertreten würde. Ich hatte nicht die Absicht, ungehorsam zu sein, es kam gewissermaßen über mich. Um die Latrinenbaracken herum waren drei Reihen Stacheldraht gezogen; zwischen diesen Drähten ging ein bewaffneter Wachposten in Begleitung eines Schäferhundes auf und ab. Ich sah mich weiter um: Ein Turm, auf dem ebenfalls ein Posten stand, der das Lager durch einen Feldstecher beobachtete. Ganz oben auf dem Turm waren Scheinwerfer. Stumm stand ich da. Wir befanden uns in einer richtigen Festung. Jemand zog mich am Ärmel. Zwei Frauen.

»Steh hier nicht so dumm herum! Jeden Augenblick können sie vom Turm aus auf dich schießen! Aus welcher Baracke bist du«, fragte die eine.

»Das ist bestimmt eine Neue«, sagte die andere. »Komm, wir bringen dich hin.« Ich konnte kein Wort sprechen. Nachts war dieser grausige Lageralptraum nicht zu sehen gewesen.

»Nein, ich gehe allein«, sagte ich.

Ich ging zur Latrine, in der nun weniger Gedränge herrschte; der Gestank war um so schlimmer. Ich stellte mich in eine Ecke und schaute mich um. Viele der Frauen, die hier saßen, tratschten, als säßen sie in einem Salon bei einem Täßchen Kaffee, andere wieder erledigten ihr Geschäft mit unglücklichem, niedergeschlagenem Gesicht. Ich kehrte in die Baracke zurück. Entsetzlich langsam kroch die Zeit dahin. Für jene Menschen, die man erschossen hatte, war die Zeit nun zu Ende, und ganz bestimmt hätten sie sie anhalten wollen.

Ich war hungrig und tastete unsere Pritsche ab, in der Hoffnung, Mama habe ein Stückchen Brot dagelassen. Es fand sich nichts. Wieder ertönte die Trompete, diesmal mit einer anderen Melodie als morgens; schnell und beschwingt blies sie zum Mittagessen. Der Kessel wurde hereingetragen, ich bekam nun gar einen Blechnapf und einen Löffel, und ich stellte mich mit den anderen in die Schlange, um meine Portion zu holen. Während ich den Napf zu meiner Pritsche trug, schlug mir der unangenehme Geruch des Essens entgegen. Ich war sehr hungrig und führte einen Löffel Suppe zum Mund. Nein, unmöglich, ich würde sie nicht essen können. Die bräunliche Flüssigkeit roch nach dem Kessel, in dem sie gekocht worden war. Ich suchte mit dem Löffel nach einem Stückchen Kartoffel, fand aber

nichts als Graupen. Ich hielt den Atem an und versuchte, die Suppe wie Lebertran zu schlucken.
Ich fühlte mich unglücklich, hungrig, Brechreiz überkam mich. Ich sah mich um, was die anderen taten. Einige aßen, andere stocherten wie ich in ihrem Napf herum. Ich schaffte es, ein paar Löffel dieses Schweinefraßes hinunter zu bekommen.
Onkel Adolf, der in der Küche Kartoffeln schälte, hatte mich nach längerem Suchen gefunden.
»Hier, nimm. Diese Suppe ist besser.«
»Nein danke.« Am liebsten hätte ich losgeheult.
»Iß schnell.« Er drückte mir das Kochgeschirr in die Hand. »Ich sehe doch, daß du nichts gegessen hast. Hier muß man essen, vergiß das nicht.«
Warum befahlen mir alle andauernd, irgendetwas nicht zu vergessen, und warum hatte alles hier so zu sein, wie es war?
»Iß, Kind, iß.« Er strich mir über den Kopf.
Es war mir unangenehm, da ich immer geglaubt hatte, daß mich dieser Onkel überhaupt nicht mochte, er war immer so nüchtern und kühl; und nun saß er da, streichelte mich und flehte mich an zu essen.
»Mußt dich dran gewöhnen. Wiedersehen, Kleine, ich muß mich beeilen.« Er nahm mir das Kochgeschirr aus der Hand, das nun fast leer war.
»Wie lange dauert die Pause?«
»Eine halbe Stunde.«
Wieder ertönte die Trompete.

Inzwischen kannte ich sämtliche Frauen in der Baracke. Ich wollte mit den Kindern spielen, aber es gelang mir nicht. Hanka Kleiners Marek war ein fröhlicher Junge. Traurig stand es um den kleinen Samuś Wiener; er war erst drei. Er saß still auf der Pritsche, und seine Augen bewegten sich unablässig hin und her wie die Äuglein einer Maus.
»Verstecken Samuś, tommt, macht Samuś piff-paff«, wiederholte er immer wieder, während er unter die Pritsche zu kriechen versuchte. Und jedesmal sagte seine Mutter: »Keine

Angst, mein Kind, Mama versteckt dich, wenn es nötig ist.« Aber es half nichts, immer wieder begann er leise zu weinen und wiederholte sein ›Piff-Paff‹.

In unmittelbarer Nähe waren Schüsse zu hören. Vorsichtshalber zog ich mich in eine Ecke zwischen den Pritschen zurück. Samuś war bereits verschwunden, er hatte sich verkrochen. Ein OD-Mann, der Vater des kleinen Marek, Ignac Kleiner, betrat die Baracke.

»Nur keine Panik. Sie jagen nur einen jüdischen Hund.«

»Was soll das heißen: Sie jagen einen jüdischen Hund?« Ich kam aus meiner Ecke hervor.

»Nun ja«, sagte er, »offenbar ist er irgendwie ins Lager gekommen, als er seinem Herrn folgen wollte. Sie haben ihn bemerkt und veranstalten jetzt eine Jagd auf ihn. Keiner darf raus, sie haben bereits zwei Menschen erschossen.«

»Was hat der Hund ihnen denn getan, Herr Kleiner?«

»Was er getan hat? Es ist ein jüdischer Hund, und das genügt.«

Nun wurde in nächster Nähe geschossen, man hörte die Wachmänner schreien. Ich ging zum Fenster. Die Baracken standen nicht auf Fundamenten, sondern auf Pfählen, unter denen man hindurchkriechen konnte. Zwischen diesen Pfählen suchte ein kleiner weißer Hund verzweifelt nach einem Fluchtweg. Offensichtlich hatte ihn eine Kugel getroffen, denn er fiel immer wieder um, jaulte erbärmlich und versuchte dann von neuem zu fliehen. Eine ganze Serie von Schüssen traf ihn. Er krümmte sich zusammen, das weiße Fell wurde rosa und dann ganz rot. Lachend entfernten sich seine Jäger. Ich stand am Fenster. Ich weinte.

Die Trompete blies zum Abendappell. Inzwischen klappte alles besser, es herrschte kein Gedränge mehr. Auf dem Appellplatz standen Tafeln mit den Blocknummern, und ich stellte mich bei unserer Nummer auf. Bald darauf kam Mama.

»Na, wie war dein erster Tag? Du hast die Baracke hoffentlich nicht verlassen.«

»Doch. Einmal war ich auf der Latrine.«
»Und wie ging es?«
»Nichts ging«, sagte ich, »ich bin gleich wieder hinausgegangen. Ich habe Hunger.«
Ich wollte das nicht sagen, da ich wußte, wie sehr Mama darunter litt, dennoch war mir das Wort herausgeschlüpft.
»Ich kann nichts machen, Kind«, sagte sie bedrückt. »Nach dem Appell gibt es ein Stück Brot und Kaffee.« Die Gruppen, die den ganzen Tag über außerhalb des Lagers gearbeitet hatten, kehrten zurück. Kapos und SS-Männer zählten die Leute, tasteten sie ab, ob sie auch nichts durchschmuggeln wollten. Der Kapo, der die Gruppe anführte, schrie: *»Achtung! Mützen ab! Augen links!«* oder *»Augen rechts!«*, je nachdem, wo der Posten stand, der das Lagertor beaufsichtigte.

Diesmal mochte der Appell nur etwas über eine Stunde gedauert haben. Nachdem wir in die Baracke zurückgekehrt waren, bekamen wir unser Abendessen: ein etwa zwei Kilogramm schweres Brot, das in acht gleiche Teile geschnitten worden war, dazu ein winziges Stück Margarine, bestimmt weniger als 20 Gramm, und wieder dieses laue Etwas, das sich Kaffee nannte. Ich verschlang alles mit Heißhunger. Mama, die das sah, wollte mir von ihrer Portion abgeben, doch ich behauptete, ich bekäme nichts mehr hinunter, obwohl ich mit Leichtigkeit einen ganzen Laib von diesem Brot hätte essen können. Während der nächsten Stunde konnte man sich im Lager frei bewegen. Adam, Ziuta und Emil kamen, die Tante, mein Onkel und viele Bekannte.
Ein Mann trat auf mich zu und fragte mich, ob ich Stella Müller sei. Er gab mir einen Zettel, ich erkannte Bubis Schrift. Mein Herz hüpfte vor Freude.
»Arbeiten Sie im Ghetto?«
»Ja, wir gehen alle Tage hin. Der Junge wollte mir ein Päckchen geben, das ich nicht mitnehmen konnte, weil sie einen am Tor durchsuchen, aber einen Zettel kann man immer verstecken.«
Nachdem ich endlich ein Stückchen Papier und einen Bleistift

aufgetrieben hatte, stellte ich fest, daß mir nichts einfiel, was ich ihm schreiben könnte. Schließlich brachte ich ein paar holprige Sätze zustande: daß es mir hier ganz gut gehe, daß ich nichts bräuchte und daß nur er, Bubi, mir fehle. Auf diese Weise hielten wir eine Zeit Kontakt, ich wußte, daß er noch lebte.

Dziunia besuchte mich. Wir gingen vor die Baracke, es war schon dunkel, aber man konnte Paare sehen, die sich umarmten und küßten.
»Wo schaust du denn hin«, fragte Dziunia.
»Ich sehe mir die Menschen an, die sich sogar hier noch lieben, und denke mir, daß ihnen dadurch vielleicht manches leichter fällt.«
»Ach, was soll das. Unentwegt suchst du nach etwas, das sich angeblich irgendwo verbirgt.«
»Das muß man auch«, antwortete ich mit einem Gefühl der Überlegenheit. »Der Mensch muß über viele Dinge nachdenken, das hilft ihm zu leben.«
»Ich weiß nur eines, daß dieses Stückchen Brot mich nur noch hungriger gemacht hat«, war Dziunias einziger Kommentar.
Mir ging es genauso, ich sagte jedoch:
»Na, siehst du! Würdest du über andere Sachen nachdenken, wäre der Hunger bald vergessen.«
»Du bist immer so komisch«, quittierte sie meine Antwort und ging.

Ich stand in der Nähe der Baracke. Mama rief mich zu sich. »Komm, wir werden dich verändern, wir schneiden dir die Haare ab. Du mußt erwachsen aussehen, ab morgen bist du drei oder vier Jahre älter. Neiger holt dich wegen des angeblichen Fehlers in der Kartei ab und teilt dir dann Arbeit zu.«
»Kann Papa das nicht machen?«
»Besser nicht, es könnte schiefgehen.«
Man schnitt mir das Haar. Papa hatte einen Pullover organisiert. Die Tante hielt ein Kleid an meinen Körper, um zu sehen,

ob es paßte, Ziuta hatte ihren Mantel mitgebracht. Sie drehten mich nach allen Seiten, musterten mich, aber etwas schien nicht zu stimmen.
Onkel Grünberg rieb sich das Gesicht, blickte mich besorgt an und sagte schließlich:
»Ihre äußere Erscheinung mag durchgehen, aber das Gesicht! Das sieht nicht einmal nach ihrem wirklichen Alter aus, geschweige denn nach sechzehn.«
»Was soll man da machen?« sagte Mama. »Ein Gesicht läßt sich nun mal nicht erwachsener machen, als es ist.«
Ich hatte keine Ahnung, wie ich aussah, ich kümmerte mich längst nicht mehr darum. Aufgeregt und nervös wartete ich den nächsten Morgen ab.
In der Früh, nach dem Appell, brachte mich Neiger in die Schreibstube, wo zwei SS-Leute und Papa saßen, der so tat, als hätte ich nichts mit ihm zu tun. Ausführlich gab Neiger irgendwelche Erklärungen ab, sie nickten, begafften mich wie einen Affen im Zoo und befahlen Papa, in den Büchern nach den Angaben über mich zu suchen. Erstaunt waren sie darüber, daß ich genauso hieß wie Papa. Ich mußte sagen, wann ich geboren worden war. Ich sagte: 1927. Neiger übersetzte. Unentwegt fragte ich mich, ob man wohl sah, wie ich zitterte, und ich hatte Angst, ich könnte wieder Schluckauf bekommen. Ich wurde der Bürstenbinderei zugeteilt. Neiger brachte mich zur Baracke zurück. Es war gelungen.

Abends erfuhr ich, daß Mama mit mir in der Bürstenbinderei arbeiten würde. Die Arbeit im Büro wäre zwar weniger anstrengend gewesen, aber sie zog es vor, mit mir zusammen zu sein, offenbar sorgte sie sich um mich. Dabei war ich durchaus imstande, vernünftig zu sein. Jetzt, da ich an Jahren zugelegt hatte, würde ich mir natürlich auch zu helfen wissen!
Zum ersten Mal marschiere ich zur Arbeit. In der Nähe des Tores höre ich: *»Aaachtung! Augen links!«* Wir gehen im Gleichschritt. Bald werden wir an den Villen vorbeikommen, in denen unsere ›Herren‹ wohnen. Mama ermahnt mich, den

Kopf ja gerade zu halten, immer nur nach vorne zu sehen und mich nicht umzuschauen. Die Neugier ist natürlich stärker, ich werfe Blicke nach allen Seiten. Der Weg steigt unaufhörlich an. Von links schieben Häftlinge vollgeladene Kipploren und bessern den Straßenbelag aus; Kapos mit Peitschen stehen um sie herum und treiben sie unter Geschrei unentwegt zur Arbeit an. Die Loren sind offenbar überladen. Pausenlos hört man das Knallen der Peitschen. Die größte, etwas zurückliegende Villa gehört Kommandant Göth.
»Schau nicht so neugierig«, zischt Mama. »Er schießt oft hinter den Gardinen hervor.«

Wir sind in der Arbeitsbaracke. Ein Vorarbeiter weist uns Plätze an einem Tisch zu, ein anderer zeigt uns, wie man Bürsten macht. Ich bin enttäuscht, ich hatte angenommen, sie würden aus angenehm weichem Material gefertigt sein, doch wie sich herausstellte, dürfen die nur von Fachkräften hergestellt werden, während wir Scheuerbürsten aus harten Borsten fertigen. Mir fällt das Erlernen dieser Arbeit schrecklich schwer, ich kriege den Draht einfach nicht durch das Loch. Wenn ich es einmal doch geschafft habe, rutschen mir die harten Borsten aus der Hand.
Es ist erst Mittagspause, und schon sind meine Hände wund und schmerzen; bei Mama ist es genauso. Die Suppe ist so ekelhaft wie die vorangegangenen, ich versuche, sie irgendwie hinunterzuwürgen und sehe, daß auch Mama sich anstrengt. Man muß alles aufessen, es gibt nichts Besseres und wird nichts Besseres geben. Während ich den Schweinefraß schlucke, denke ich: wo ist nur Mamas fröhliches Gesicht geblieben? Ich hatte gar nicht bemerkt, wann statt der Fröhlichkeit diese grenzenlose Traurigkeit in ihren Augen aufgetaucht war.
In unserer Nähe saß ein hübsches, schwarzhaariges Mädchen, das noch kleiner und sicher jünger war als ich, neben einer sehr schönen Frau mit rötlichem Haar. Ich war verblüfft, noch eine wie mich bei den verdammten Bürsten beschäftigt zu sehen.
»Wer ist das, Mama?«

Mama hob den Blick und wußte sofort, nach wem ich mich erkundigte.
»Das ist Reginka Horowitz mit ihrer Tochter.«
»Haben sie die auch älter gemacht? Sie ist ja noch kleiner als ich.«
»Offensichtlich haben sie es vorläufig auch geschafft.«
»Warum vorläufig?«
»Ach, ich weiß nicht, das hat man mir so gesagt.«
Jeweils zu zehnt gingen wir zur Latrine. Alle mußten ihre Notdurft in der halbstündigen Pause verrichten.
»Schau nicht nach links.«
»Warum nicht?«
»Frag nicht.«
Ich erwiderte nichts. Oft genug hatte sie mir nun schon gesagt, daß ich Worte wie ›warum‹ und ›wozu‹ vergessen sollte. Wir kamen am Hügel vorbei, um den ein tiefer Graben gezogen war. Ich dachte mir gleich, daß es sich hier um den Erschießungshügel handelte. Wieder überwog die Neugier. Als ich den Kopf etwas nach links wandte, sah ich einige Arme und Beine; sie ragten aus dem Graben, und es sah aus, als ob sie zufällig durcheinander geraten wären. Mama zerrte mich weg.
Der Rest des Tages zog sich unendlich in die Länge, und ich wußte nicht, was mir mehr wehtat, die Hände oder die Schultern. Ich konnte die Trompete, die zum Abendappell blies, gar nicht erwarten. Der Meister war bereits recht verärgert darüber, wie ungeschickt ich mich anstellte. Am schlimmsten war es, wenn der Ruf *»Achtung!«* ertönte und einer der Aufseher langsam zwischen den Tischreihen entlangschritt. Immer wieder blieb er stehen, und der Vorarbeiter erklärte, es seien Neue, die schnell lernten.
Mir fiel in solchen Momenten unentwegt etwas aus den Händen. Daß er bloß nicht bei mir Halt machte! Ich sah, wie er sich, die Hände auf dem Rücken, über jemanden beugte, auf den Fersen auf und ab wippte und dabei lächelte. Ab und zu pfiff eine Peitsche durch die Luft. Den Schlag mußte man klaglos entgegennehmen und durfte nur ja nicht die schmerzende Stelle

berühren. Konnte sich jemand nicht beherrschen, so wurde er augenblicklich ein zweites Mal geschlagen.
So verging Tag um Tag, es wurde immer kühler, und es war nicht leicht, um fünf Uhr morgens aufzustehen. Nirgendwo konnte man sich aufwärmen, die Decken waren ständig klamm, wir schliefen aneinandergeschmiegt und standen morgens doch genauso durchgefroren wieder auf. Tagsüber fuhren fortwährend Lastautos auf den Hügel, manchmal versuchte ich, die Schüsse zu zählen. Doch es war unmöglich. Es waren zu viele. Woher kamen nur all die unglücklichen Menschen? Falls sie direkt aus Krakau kamen, mußte die Stadt längst ausgestorben sein.

Der jüdische Kommandant des Lagers heißt Wilek Chilowicz und ist ganz anders als Spira: Er ist jung, sehr ruhig, man sieht ihn überall. Von Beruf soll er Schneider sein. Er kommt nicht aus unserem Ghetto. Man sagt, er versuche alles mögliche für uns zu tun, wenn ich auch nicht weiß, wie das aussehen und was das sein soll. Ständig schnauzt er uns an und nennt uns alle ›Hurensöhne‹, sein Lieblingswort. Seine Frau ist die Kommandantin des Frauenlagers und wird ›Ente‹ genannt. Sie ist klein und blond und hat sehr krumme Beine, auf denen sie tatsächlich wie eine Ente einherwatschelt. Die ›Ente‹ geht stets mit einer Peitsche herum, (daß sie jemanden geschlagen hätte, habe ich nicht gesehen), auch sie nennt uns ›Huren‹. Chilowicz' Stellvertreter ist Mietek Finkelstein, der meist angetrunken und noch ordinärer als Chilowicz ist. Er soll Frau und Kind verloren haben, doch die Leute fürchten ihn mehr als den Kommandanten. Majer Kerner, ebenfalls ein Stellvertreter von Chilowicz, übertrifft Spira noch. Er ist ein ausgesprochen böser Mensch. Die Leute haben panische Angst vor ihm, er schwingt den Knüppel und prügelt ohne Grund. Er jagt die Kinder mit der Peitsche weg, schlägt sie jedoch nicht, weil er wohl fürchtet, daß die Leute ihn dann umbringen könnten.
Sie haben unsere Arbeitsordnung geändert: Eine Woche haben wir Nachtschicht, eine Woche arbeiten wir tagsüber. Die Nacht-

schichten sind entsetzlich, sie übersteigen einfach meine Kräfte. Ab Mitternacht sinkt mir immer wieder der Kopf auf die Brust.
Die Deutschen haben es sich zur Gewohnheit, ja eigentlich zu einem besonderen Spaß gemacht, hinter dem Fenster zu lauern, ob es jemand wagt, für einen Augenblick einzunicken. Dann fällt ein Schuß, oder es gibt, wenn man Glück hat, auf dem Appellplatz fünfundzwanzig Hiebe auf den nackten Hintern. Am Tag nach der Nachtschicht kann man nicht ausschlafen, weil immer irgendetwas los ist: Man muß zum Appellplatz gehen, oder ein neuer Transport kommt an, oder es findet eine Sonderkontrolle des Lagerbestandes statt.
Ich habe gehört, wie sich Mama mit Papa unterhielt. Diese Nachtschicht ist für sie eine ebenso große Qual wie für mich, denn sie muß ständig aufpassen, daß ich nicht einschlafe, und sie fürchtet ohnehin, daß ich diese Arbeit nicht lange aushalte und von alleine zugrunde gehe, wenn sie mich nicht vorher erschießen. Auch hat sie Papa darum gebeten, er müsse mir unbedingt eine zusätzliche Brotration besorgen. Es war mir äußerst unangenehm, daß sie sich andauernd meinetwegen Sorgen machen mußten.

Papa ist es gelungen, uns in der Schneiderwerkstatt unterzubringen. Hier werden Mama und ich deutsche Uniformen ausbessern, während Fachkräfte neue nähen. Angeblich kommen diese Uniformen aus der Entlausung, doch sind sie immer noch voller Läuse. Wir nähen Hosenbeine um und Knöpfe an. Hier können sie uns wenigstens nicht antreiben. Wir bekommen einen Stapel Kleidungsstücke, ohne daß der Meister weiß, was im einzelnen auszubessern ist, so daß man dasselbe Hemd oder dieselbe Hose beliebig oft vom Stapel nehmen und wieder zurücklegen kann.
Neben mir sitzt ein Mädchen, das wir im Ghetto nur flüchtig kannten, nach dem ich mich allerdings oft umgedreht hatte, da es so hübsch war. Sie ist ein paar Jahre älter als ich und, wie sich herausstellte, sehr nett. So sitzen also Halinka und ich

nebeneinander und unterhalten uns pausenlos im Flüsterton. Ich bin sehr stolz auf diese Freundschaft. Halinka hat hier sogar einen Freund und sagt, daß sie heiraten werden, sobald der Krieg zu Ende ist. Sie erzählt mir, wie sie sich zwischen den Baracken treffen, wenn keine Blocksperre ist, und daß dieser Junge sie küßt. Dies ist mir fast peinlich, doch tue ich so, als wäre das nichts Besonderes für mich.
Sie hat mir das Rauchen beigebracht, irgendwie beschafft ihr Freund die Zigaretten. Er heißt Zew Szanc. Ihre Mutter nennt Halinka ›mein kleines Kindele‹, worüber sie sich mächtig ärgert. Halinka vertraut sich mir an, weil sie überzeugt ist, daß Bubi und ich uns auch geküßt haben. Damit sie mich nicht für ein Dummchen hält, lasse ich sie in dem Glauben, als wäre mir nichts fremd.

Jetzt sieht man vom Fenster unserer Arbeitsbaracke aus den ganzen Hügel; man könnte ein genaues Register darüber anlegen, wieviele Menschen täglich zum Erschießen herbeigeschafft werden. Wir sitzen bei der Arbeit. Man hört, wie ein Auto auf den Hügel fährt.
»Das ist bestimmt kein Lastwagen, zu leise.« Wir drehen uns halb zum Fenster. Eine Frau steigt aus dem Wagen.
»Was denkst du, wozu sind sie wohl mit ihr hierhergefahren?«
»Weiß nicht, vielleicht um sich am Anblick der Leichen zu ergötzen?«
»Schau nur, wie hübsch sie ist. Und die schönen, blonden Zöpfe unter dem Barett.«
Sie macht ein paar Schritte vorwärts. Die beiden Männer lachen und erzählen ihr etwas. Dann bleibt einer zurück und zieht den Revolver. Da blickt sich die Frau um und spricht mit erstauntem Gesicht zu dem Mann. Da hören wir schon den Schuß. Die Frau stürzt zu Boden. Einer der Deutschen versetzt dem Körper einen Tritt wie einem Sack, der Körper rollt in die Grube. Einer klopft dem anderen auf die Schulter, und sie fahren weg. Ich grüble lange darüber nach, was geschehen ist. Ich bin sicher,

daß sie keine Jüdin war und daß sie ihre Mörder kannte. Niemand wird je erfahren, warum sie diese hübsche Frau erschossen haben.

Von Onkel Ignac fehlt jede Spur. Zwei Tage nach unserer Einlieferung ins Lager wurden alle Insassen aus dem Ghettogefängnis fortgeschafft. Auf dem Hügel hat man sie nicht erschossen. Mama hat weiterhin versucht, etwas in Erfahrung zu bringen und tröstet sich nun damit, daß man sie in ein anderes Lager gebracht haben könnte.
Amon Göth macht sich immer öfter den Spaß, Onkel Grünberg zu mißhandeln, der, wie bereits erwähnt, Chef-Architekt des Lagers ist. Häufig kommt mein Onkel blutend und verschwollen zurück, doch gibt es keine Möglichkeit, die Arbeit zu wechseln. Göth behandelt ihn wie seinen Sklaven.
Bubi hat einen Zettel geschickt; er ist darüber verzweifelt, daß sie wohl bald abreisen werden, und bittet mich darum, es unbedingt so einzurichten, daß ich mit dem Aufräumkommando ins Ghetto komme. Als ich Papa gegenüber darauf zu sprechen komme, gibt es beinahe Streit.
Der Ausbau des Lagers schreitet schnell voran, die Baracken schießen buchstäblich wie Pilze aus dem Boden. Die Kälte setzt uns zu, der Appellplatz versinkt im Schlamm. Ich weiß nicht, was noch auf uns zukommt. Die Läuse haben uns völlig in ihrer Gewalt. Davon, sich zu waschen oder gar von einem Stück Seife, darf man nicht einmal träumen. Wie man hört, soll ein Bad für uns gebaut werden, doch ehe das fertig ist, sind wir bestimmt schon verwest.

Sommer 1943. Der Besuch hoher Funktionäre steht bevor, so jedenfalls heißt es. Die Deutschen drehen fast durch, Tag und Nacht treiben sie die Menschen an, um das Lager in einen vorbildlichen Zustand zu versetzen. Chilowicz rennt herum wie besessen. Alle Kinder müssen versteckt werden. Nur wo und wie? Endlich ein Einfall: Man wird die Fenster einer Baracke mit Papier zukleben, mit der Aufschrift ›Desinfektion‹ versehen und sämtliche Kinder unter der Obhut des OD-Manns ›Tatele‹ Koch und eines weiteren Erwachsenen einschließen. Hauptsache, sie sitzen still wie die Mäuschen und geben keinen Ton von sich. Jemand hat sogar vorgeschlagen, ein Schlafmittel zu besorgen, doch Koch meinte, er werde schon zurechtkommen.

Die Kleinen sind ja allesamt eingeschüchtert und vernünftig. Wir nähen an sauberen Uniformen, die Baracken sind gescheuert, überall herrscht Ordnung. Wir sind aufgeregt und nervös, denn ein solcher Besuch verheißt nichts Gutes. Jemand paßt an der Tür auf; wir haben ein Warnzeichen: Sobald sich jemand nähert, geht augenblicklich die geflüsterte Warnung von Mund zu Mund: *»Zeks, zeks«* (Vorsicht, Vorsicht – Anm. d. Übers.).

Jetzt müssen sie bei der Madritsch-Baracke sein, in der im Gegensatz zu hier Galauniformen für die ›Goldfasane‹ genäht werden, die mit ihren Wagen sogar aus der Stadt zum Maßnehmen hierher fahren.

*»Zeks, zeks«* – die Maschinen beginnen zu rattern, daß die ganze Baracke erzittert, nicht einmal der Kapo ist zu hören, der an der Tür stramm steht und Meldung erstattet. Meine Nerven sind aufs höchste angespannt.

Ich höre Schritte, die im Gleichschritt die Baracke durchmessen, es müssen viele Füße sein. Als sie an unserer Reihe vorbeigegangen sind, blicke ich auf. Es sind acht. Amon Göth überragt sie alle an Körpergröße. Steif und vornehm schreiten sie einher, hin und wieder verlangsamen sie ihre Schritte und sagen etwas zum Kommandanten, der zustimmend nickt.

Endlich sind sie weg. Ich bin schweißgebadet. Die Maschinen wüten weiter, niemand sagt ein Wort. Ich frage mich, warum man ausnahmslos jeden, der eine Uniform trägt, so entsetzlich fürchten muß? Sind sie denn nicht auch bloß Menschen?

Beim Abendappell war Amon Göth nicht anwesend. Er gab ein Bankett für seine Gäste, wie man hörte. Stattdessen erschienen John und Müller. John war untersetzt, hatte einen dicken Bauch und war ein brutaler Mörder; ohne Unterlaß schrie er mit seiner piepsigen Stimme herum und quälte die Menschen, weil es ihm Spaß machte. Jetzt traktierte er mit seiner Peitsche jemanden von der Männer-Seite. Das Opfer lag längst auf der Erde. Niemand wußte, weshalb er befahl, den Mann für vierundzwanzig Stunden in den Bunker zu sperren. Der Bunker war so gebaut, daß man darin nicht aufrecht stehen konnte. Sitzen war verboten, es gab nichts zu essen und zu trinken, und es kam vor, daß Gefangene im Bunker starben. Nach drei Stunden Appell fiel das ersehnte Wort: *»Abtreten«*. Der ›hohe Besuch‹ war, wie es hieß, anläßlich der geplanten Umwandlung unseres ›Zwangsarbeitslagers‹ in ein Konzentrationslager erschienen, doch hatte ich keine Ahnung, was das zu bedeuten hatte. Jedenfalls hörte ich die Leute sagen, uns stünde Schlimmes bevor.

Schüchtern erneuerte ich meine Bitte, man möge versuchen, mich in die Gruppe einzuschleusen, die ins Ghetto ging. Als Begründung gab ich an, daß ich bei Frau Rottersmann baden und vielleicht etwas zum Anziehen auftreiben könnte, da wir doch nichts außer verdreckten Lumpen besaßen und es immer kälter wurde. Ich verlor kein Wort darüber, daß ich mich von Bubi verabschieden wollte. Im OD-Haus des Ghettos wohnten bis zur völligen Säuberung noch mehrere Familien.
Ich weiß nicht, was die Eltern schließlich überzeugte. Einige Tage später jedenfalls sagte mir Papa, daß ich morgen mit der Gruppe ins Ghetto könnte. Außer der Wachmannschaft, welche die Gruppe eskortiere, würde uns noch ein OD-Mann begleiten, den Papa darum gebeten hatte, mich, wenn möglich, bei Frau Rottersmann abzuliefern. Vor dem Abmarsch am Abend sollte ich mich dann wieder den anderen anschließen.
Ich stand schon in der Gruppe, die ins Ghetto sollte. Man rief: *»Antreten«*, und wir marschierten los, auf das Tor zu. *»Achtung, Augen links!«* Niemals hätte ich gedacht, daß ein Gang durch die Straßen so peinlich sein könnte. Als wir damals ins Lager marschierten, war es dunkel gewesen, die Straßen leer. Jetzt brachte unser Anblick viele Personen zum Stehen. Wie

unterschiedlich die Reaktionen waren! Die einen gaben vor, uns nicht zu sehen, andere schüttelten den Kopf, wischten sich Tränen aus den Augen; dann wieder versuchte jemand, uns etwas zuzuwerfen. Die SS-Männer hatten ihre Augen überall, sie schrien, drohten mit den Karabinern. Aus einer größeren Menschenansammlung näherte sich uns ein Mann und rief: »Brüder! Wir halten zu euch! Haltet aus!« Solche Ausrufe ließen einem das Herz höher schlagen, vielleicht waren wir ja doch nicht ganz verlassen, solange Menschen an uns dachten. Am grausamsten reagierten die Kinder und Halbwüchsigen bei unserem Anblick. Vielleicht waren sie sich nicht darüber im klaren, welchen Schmerz sie uns zufügten. Vielleicht war das ihr täglicher Zeitvertreib? Da stand ein gutes Dutzend von ihnen.

»Sie kommen! *Itzik! Itzik!!*« Sie warfen uns schmutzige Schneeklumpen hinterher.

Ein Herr packte einen Jungen am Ohr. Ich blickte mich nach meinen Leidensgenossen um, die mit gesenkten Köpfen weitergingen.

Das Ghetto war vollkommen leer, nur dort, wo sich das Magazin befand, standen eine Menge Möbel und Gerümpel herum, auch einen Lastwagen gab es, der offenbar auf Leute wartete, die diese ›Kostbarkeiten‹ aufladen mochten.

Frau Rottersmann umarmte mich herzlich und weinte. Ich bat Malinka darum, Bubi zu holen.

»Ich mache dir was zu essen. Gleich stelle ich Wasser auf, damit du baden kannst. Wie siehst du nur aus, mein Kind? Zieh diese Lumpen aus, das Zeug stinkt.« Geschäftig ging sie hin und her.

Als Bubi hereinkam, war ich gerade damit beschäftigt, die allerletzten Reste des Rühreis aus der Bratpfanne zu essen. Frau Rottersmann lachte:

»Du wirst noch ein Loch hineinkratzen. Laß nur, später kriegst du ein gutes Mittagessen.«

Bubi stand wortlos da und starrte mich an, als sähe er ein Gespenst.

»Wie du aussiehst, Stella«, brachte er schließlich heraus. »Mit Dreck zugewachsen. Du siehst elend aus.«
Wir waren beide verwirrt.
»Nimm das Kopftuch ab. Hast du die Haare abgeschnitten?«
»Sie mußten mich älter machen, damit ich arbeiten kann. Und überhaupt – ich habe Läuse«, sagte ich.
Frau Rottersmann machte den Mund auf, wollte etwas sagen, drückte dann aber lediglich Malinka an sich. Bubi stand da und glotzte; warum bloß mußte ich stets mit dem herausplatzen, was mir gerade einfiel?
Rasch hatte Frau Rottersmann sich wieder gefaßt.
»Gleich fühlst du dich besser«, sagte sie. »Wir waschen dir die Haare, kämmen sie und schrubben dich so lange, bis du wieder wie neu bist. Schrecklich mager bist du auch geworden. Hungerst du im Lager?«
Ich gab mir Mühe, mir nichts anmerken zu lassen:
»Nicht besonders, ich wachse jetzt schnell, na ja, und das Essen schmeckt auch nicht sehr gut. Und was ist mit eurer Abreise«, fragte ich Bubi.
Ich erfuhr, daß seine Eltern inzwischen die ungarische Staatsbürgerschaft erhalten hatten. »Ich gehe nicht mit«, sagte Bubi.
»Hör endlich auf«, sagte ich, »und sei deinem Vater dankbar, wenn es ihm gelingt, euch vor dem Lager zu bewahren.«
Frau Rottersmann kam wieder herein.
»Leg dich in die Badewanne, gleich siehst du dir wieder ähnlich.«
Dieser verrückte Bubi setzte sich vors Badezimmer, als ich gewaschen wurde, und spielte leise auf seiner Harmonika. Frau Rottersmann lachte vor sich hin und schrubbte mich im Rhythmus der Musik; danach wickelte sie mich in ihren Morgenrock.
Ich legte mich aufs Sofa und fühlte mich wie im Himmel.
Später kam ihr Mann und trug mir auf, alle zu grüßen. Die Liquidierung des Ghettos sei bald abgeschlossen, sagte er, es dauere höchstens noch einen Monat, bis auch sie ins Lager umgesiedelt würden.
Wieder gab man mir eine Scheibe Brot und Tee. Bubi brachte

mir ein großes Paket mit herrlichen Sachen, warmen Unterhosen, Hemden, Pullovern und Socken. Früher wäre mir das vermutlich peinlich gewesen, heute dagegen war meine Freude grenzenlos.
Das Bad, das Essen, die warme Behausung taten das ihre. Ich weiß nicht, wann ich einschlief. Ich konnte es mir jedoch nicht verzeihen, geschlafen zu haben, denn ich hätte Bubi so viel zu sagen gehabt.
Es war Zeit sich anzuziehen. Wieder wurde ich in mehrere Schichten von Kleidungsstücken gesteckt.
Hartnäckig fragte mich Bubi immer wieder, ob ich an ihn denken würde:
»Erinnerst du dich, wie du immer gesagt hast, daß alles in Erfüllung gehen muß, wenn man es nur will? Wir wollen uns doch wiedersehen.«
Gemeinsam gingen wir bis zum Ghetto-Tor. Bubi hielt mich an der Hand wie ein kleines Kind. Der OD-Mann kam. Es war soweit.
Auf dem Rückweg ging ich wie im Traum, mein schlechtes Gewissen plagte mich, denn ich hatte mich nicht einmal verabschiedet. Ich war ohne ein Wort weggegangen. Immer wieder stolperte ich, wieder und wieder durchlebte ich in Gedanken den ganzen Tag.
*»Aaachtung! Augen rechts!«* Ich hatte nicht gemerkt, daß wir am Lagertor angekommen waren.
Nach dem Appell überschüttete man mich mit Fragen. Ich gab Halinka die Unterhosen und die Strümpfe. Natürlich wollte sie wissen, ob wir uns geküßt hätten. Zum erstenmal ärgerte ich mich über sie. »Natürlich«, sagte ich, und sie war entzückt.

Dort, wo das Bad gebaut werden soll, steht eine gewaltige Maschine, ein Bagger. Seine Riesentatze wühlt sich in die Erde und kippt sie dann zur Seite. Es stellt sich heraus, daß sie früher an dieser Stelle die Erschossenen begraben haben; immer wieder fördert der Bagger, zusammen mit der Erde, einzelne Arme, Beine aber auch ganze Körper zutage. Es wird eine Mannschaft

zusammengestellt, die die menschlichen Überreste einsammeln muß. Mit Schubkarren fahren sie sie im Dauerlauf auf den Hügel. Dann werden die Überreste zusammen mit den zuletzt Erschossenen verbrannt.
Sie trauen sich nicht, sie nachts zu verbrennen, angeblich aus Angst vor Bombenangriffen. Im Gegensatz zu früher habe ich hier bisher keine Sirenen gehört, die irgendeinen Angriff ankündigen. Vom Morgengrauen an brennt jetzt fast täglich das Feuer. Es kommt vor, daß Menschen, die zur Hinrichtung hierher gebracht wurden, nicht tödlich getroffen sind und direkt ins Feuer fallen; ihr Leben geht qualvoll zu Ende. Hin und wieder dringt ein grauenvolles Heulen vom Hügel in unsere Baracken herüber, in der die Nähmaschinen mehr als laut rattern. Manchmal tötet der Mörder das Opfer mit einem Schuß, dann verstummt das Heulen, häufig aber trifft er nicht, weil der Qualm zu dicht ist. Wenn der Wind ungünstig weht, sind wir gezwungen, diesen eigentümlich süßlichen Rauch einzuatmen. Der Geruch ist unverwechselbar; wer ihn einmal gerochen hat, wird ihn immer und überall wiedererkennen und niemals vergessen.

Es gibt jetzt eine neue Regelung: Alle, die mit dem Transport kommen, der zum Erschießen bestimmt ist, müssen sich ausziehen, die Kleider ab- und ordentlich zusammenlegen und sortieren.
Bevor die Leichen verbrannt werden, gehen unsere Männer über dieses große Grab; von SS-Leuten beaufsichtigt, müssen sie die Gebisse der Toten auf Goldzähne überprüfen und gegebenenfalls herausreißen. Es gibt auch eine neue Baracke, in der die Kleider der Erschossenen und der Neuzugänge gesammelt werden. Dort wird genau kontrolliert, ob nicht Dollars oder Brillanten darin versteckt sind. Neben dem Häftling, der diese Arbeit ausführt, sitzt ein SS-Mann und läßt ihn nicht aus den Augen. Man erzählt sich, daß sehr viele der gefundenen Wertsachen zur Villa des Kommandanten Amon Göth gebracht werden, der angeblich verpflichtet ist, diese Schätze an die Zentralmagazine zu schicken; ob er es tut, weiß niemand.

Der Frühling kommt, zu erkennen gibt er sich nicht; nirgends ist auch nur das kleinste Hälmchen zu sehen, selbst die Vögel meiden das Lagergelände. Wir spüren den Frühling, weil es früher hell und allmählich wärmer wird, doch die Füße versinken jetzt noch tiefer im Dreck. Wir stehen schon lange da. Auf dem Appellplatz ist irgend etwas los, man schleppt einen Gegenstand herbei.
»Was ist das«, frage ich Mama.
In letzter Zeit stelle ich kaum noch Fragen; ich will nicht, daß Mama sich aufregt.
»Das ist ein Bock.«
»Was für ein Bock?«
»Zum Prügeln.«
Also etwas Neues. Ein Lagerinsasse rennt mit einem Eimer herbei, die Deutschen haben Peitschen in der Hand, ein Mann wird vorgeführt. Sie stürzen sich auf ihn, reißen ihm die Hose herunter, er liegt da, als umarme er den Bock, man bindet ihm die Hände fest. Sie beginnen, auf ihn einzuschlagen. Es herrscht eine so entsetzliche Stille, daß uns, die wir hier stehen, das Niedersausen jedes Peitschenschlags bis ins Innerste trifft. Ich habe bereits bis zehn gezählt, merke, wie ich die Beherrschung verliere und zu zittern beginne. Mama drückt meinen Arm, das bedeutet: ich muß mich zusammennehmen.
Sie schlagen langsam, mit ganzer Kraft. Der Mißhandelte heult auf wie ein verwundetes Tier. Einer der Folterer reißt den Kopf des Unglücklichen an den Haaren hoch, schüttet einen Eimer Wasser über ihn und sagt: »Weiter«. Selbst der keuchende Atem des Geschlagenen ist zu hören. Ende. Die Folterer fahren sich über die Gesichter und ziehen ihre Handschuhe an. Der Mann, den sie geschlagen haben, hängt wie ein Lappen über dem Bock.

Einige unserer Häftlinge stehen im Dienst von Amon Göth; man hat für ihn die hübschesten Menschen ausgesucht. Ala Gut, ein sehr schönes Mädchen mit hellblondem lockigem Haar, hochgewachsen und schlank, ist Zimmermädchen. Samek

Kempler, der große, schwarzhaarige, helläugige Stallmeister bringt Göth das Reiten bei. Wenn sie zusammen durch das Lagergelände reiten, wirkt Samek – Reiter und Pferd wie aus einem Guß – wie ein Filmstar. Trotz seiner Riesenstatur sieht Göth daneben aus, als schaukle er auf einer Kuh hin und her. Adaś Sztab, ein gutaussehender Junge, kümmert sich um die Hunde. Göth besitzt mehrere Hunde. Dann ist da noch Fredek Umholz, der Masseur. Er selbst erzählt, er werde ständig geohrfeigt, einmal, weil er zu leicht, dann wieder, weil er zu fest massiere. Sie alle sind über ihre Arbeit, die sie sich nicht ausgesucht haben, entsetzt, sie haben Angst, eines Tages umgebracht zu werden.
Ein Buch mit sieben Siegeln ist Amon Göths Geliebte, eine schöne, zierliche Frau mit einer ungeheuren Fülle von kastanienbraunem Haar. Samek hat erzählt, daß sie manchmal, wenn Göth hinter der Gardine stand und auf jemanden schießen wollte, auf ihn zugegangen ist, ihn umarmt und gesagt hat: »Nicht so schnell, sie sollen ruhig noch ein bißchen leiden.« Samek behauptet, daß es ihr nicht darum gehe.
Adaś Stab ist ein Freund meines Bruders; er erzählt, es sei etwas Schlimmes im Anzug, ein großer Transport soll im Lager eintreffen, aber woher er kommt, weiß auch er nicht. Wir fragen ihn, ob er denn keine Angst habe, ständig in Göths Nähe zu sein, ob ihn der Kommandant nicht bei jeder Gelegenheit schlage. Adaś sagt, daß er anfangs vor Schreck erstarrte, wenn er den Kommandanten kommen hörte, jetzt habe er sich daran gewöhnt. Am Schlimmsten soll es Ala Gut ergehen, ich weiß nicht, warum.
Ein weiterer Häftling steht aus unbekannten Gründen in der Gunst von Göth; es handelt sich um den Pferdeknecht Grunwald, der genauso groß ist wie der Kommandant. Er ist ein einfacher Mann, der wie Spira keine Sprache fehlerlos spricht. Adaś hat erzählt, daß Göth manchmal stundenlang im Stall sitzt, während Grunwald über Pferde redet; der Kommandant schenkt ihm Zigaretten, und einmal habe er mit eigenen Augen gesehen, wie Göth aus dem Stall gegangen sei und Grunwald ihm auf

die Schulter geklopft und etwas gesagt habe. Adaś sagt, er habe damals entsetzliche Angst gehabt, weil er dachte, Göth würde gleich den Revolver ziehen, doch es geschah nichts.
Man kann sich halb totlachen, wenn Fredek Umholz erzählt, daß er keinen blassen Schimmer von Massage habe.
»Es gefällt ihm manchmal gar nicht«, erzählt er, »wenn ich seinen fetten Arsch durchwalke. Er dreht sich um und fragt, ob ich auch wirklich ein richtiger Masseur bin. Ich erzähle ihm dann, wo und in welchen Ländern ich welche Persönlichkeiten massiert habe. Natürlich kenne ich diese Länder bloß von der Landkarte. Wenn das nur kein böses Ende nimmt«, sagt er und wird ernst.
Fredek hat vor dem Krieg bei seinem Vater in der Mühle gearbeitet.

Ich habe noch nicht vom Lagerorchester gesprochen. Alle Orchestermitglieder sind Juden, aber selbstverständlich musizieren sie nicht für uns, sondern für Amon Göth. Im Orchester spielen auch die drei Brüder Rosner: Wiluś spielt Trompete, Herman Geige, Poldek Akkordeon. Sie sind hervorragende Musiker. Im Frack spielen sie bei allen Empfängen Göths, und er gibt eine Menge davon. Sie spielen hinter einem Paravent. Anfänglich dachten alle, sie seien Günstlinge des Schicksals, doch so etwas gab es bei uns nicht: ein glückliches Los. Wie sich zeigte, mußten sie oft bis zum Umfallen spielen, sie durften keine Pause machen, nicht einmal für einen kurzen Augenblick. Manchmal ging einer der Gäste hinter den Paravent, und wenn er gewahr wurde, daß die Musiker sich vor Erschöpfung kaum noch aufrecht halten konnten, ›bewirtete‹ er sie mit einem Humpen Bier oder einem Glas Schnaps, indem er ihnen den Inhalt ins Gesicht schüttete. Dann begann erst das Vergnügen, man bewarf sie mit Speisen, und sie mußten unentwegt spielen. Wiluś erzählte, einer habe einmal ein Stück Aal nach ihm geworfen. In diesem Augenblick machte er den Mund auf, und es gelang ihm, den Bissen zu schnappen. Danach wurden sie noch oft auf diese Weise gefüttert. Die Rosners brachten es darin zu einer gewissen Perfektion, sie fingen die schmackhaften Happen wie Hunde auf.

Der Bau des Badehauses nähert sich seinem Abschluß. Es ist höchste Zeit, denn der Schmutz und die Läuse helfen den Deutschen, uns zu vernichten. Allerlei Seuchen treten bereits auf, die durch den Mangel an Hygiene, wenn man dieses Wort hier überhaupt gebrauchen darf, hervorgerufen werden. Auch die *›Krankenstube‹*, die unter der Aufsicht von Doktor Gross, einem Juden, steht, wird vergrößert. Die Leute meiden sie, so gut es geht, weil man befürchtet, daß die Kranken, genauso wie im Ghetto, die ersten Opfer sein werden.

Es ist etwas Ungeheuerliches passiert: Zwei Leute sind aus dem Lager geflohen. Beim Appell wird durch Lautsprecher bekanntgegeben, daß alle zur Rechenschaft gezogen werden, sofern man sie bis morgen nicht gefunden hat. Bislang ist noch keiner zur Arbeit gegangen, niemand hat den Appellplatz verlassen.
Ich habe jegliches Zeitgefühl verloren. Ich weiß nicht, ob wir hier einen Tag oder vielleicht schon einen Monat stehen. Wir stehen und stehen, man darf sich nicht setzen, man darf nicht in die Hocke gehen. Der Tag vergeht. Wir haben nicht einmal Wasser zum Trinken bekommen. Die Nacht bricht herein. Die Deutschen schreiten die Reihen ab. Sie sind überall. Wenn sie sehen, daß sich jemand hingekauert hat, zerren sie ihn aus der Reihe, prügeln ihn auf brutalste Weise, treten ihn gegen den Kopf. In der Dunkelheit sieht man die Umrisse der Ermordeten und Gefolterten kaum, die reglos auf der Erde liegen.
Ich habe das Gefühl, meine Beine bestünden aus mehreren Teilen. Der Schlamm klatscht, wenn wir von einem Fuß auf den anderen treten. Einer Frau aus unserer Reihe wird ein Peitschenhieb versetzt. Pfeifen, Stöhnen, Stille. Nacht. Nichts ändert sich. Ich schaffe es nicht mehr lange, soll doch endlich alles vorbei sein. Ich weiß, daß dieser Gedanke niederträchtig ist: Aber warum sollen beinahe zwanzigtausend Menschen wegen

dieser beiden leiden, die fliehen wollten. Ich erschrecke über meine Gedanken. Es soll ihnen gelingen, ja! Aber ich kann nicht mehr. Ich hebe den Blick. Was suche ich dort oben? Herrlich leuchten die Sterne, ich hatte vergessen, daß es am Himmel Sterne gibt.
»Mama«, flüstere ich.
»Still! Ich kann dir nicht helfen.«
»Sieh doch nur, Mama, die schönen Sterne am Himmel…«
Sie hob nicht einmal den Kopf. Ich ahnte mehr, als daß ich es sah: sie weinte. Ich berührte ihr Gesicht. Mamas Weinen hatte mich stets erschüttert, weil ich wußte, daß sie nur weinte, wenn sie am Ende ihrer Kräfte war. In einem solchen Augenblick hatte sie einmal zu mir gesagt, wenn ich und Adam nicht wären, hätte sie ihrem Leben schon längst ein Ende gesetzt.
»Warum bringen sie uns nicht gleich alle um, statt uns langsam zu Tode zu quälen…« Ich konnte den Satz nicht beenden. Ein höllisches Brennen, ein Schmerz, ich berührte mein Gesicht, es schwoll an, von der Lippe floß Blut. Man hatte mich geschlagen.
»Wo blutest du?« hauchte mir Mama ins Ohr.
»An der Lippe.«
»Hast du noch alle Zähne?«
»Ich glaube, ja.«
»Sag nichts mehr.«
Ich hatte nicht die Absicht. Dieser Schlag lehrte mich, stumm dazustehen. Nur das Denken setzte nicht aus, aber vielleicht kam ja der Moment, an dem man auch zu denken aufhörte.
Sie sind einfach überall. Die Menschen stöhnen leise. Es wird immer öfters geprügelt, man hört die Peitschen niedersausen. Jemand ist ohnmächtig geworden. Ein Aufheulen. Ich kann mir denken, daß sie jemanden aus der Reihe zerren, prügeln. Ich merke, wie mir das Blut übers Kinn läuft, ich traue mich nicht hinzufassen, es tut so weh.
Chilowicz, unser Kommandant, läuft wie ein Tobsüchtiger herum und brüllt: »Strammstehen, ihr Hurensöhne.« Doch wenn er die Reihen entlanggeht, fügt er leise hinzu: »Haltet

durch, Leute, haltet durch!« Er beginnt, den Schindern etwas zu erklären; es dauert lange. Schließlich heißt es: »Hinsetzen!« Schon sitze ich, der Schmerz in den Beinen wird stärker, ich weiß nicht, wie lange wir seit in der Früh gestanden haben, es ist finstere Nacht. Ich habe mich vollgepinkelt. Von den Wachtürmen gleitet das Licht der Scheinwerfer über uns hinweg. Wir dürfen sitzen, aber auf keinen Fall den Kopf sinken lassen, nicht einnicken.

Wieder hat Mama keinen Augenblick Ruhe, sie stößt mich an, weiß nicht, daß ich nicht schlafe, nur träume, von zu Hause träume, von Manias köstlichen Hörnchen mit Schokoladenfüllung. Torten, Cremes konnte ich nicht ausstehen, immer wieder gab es deswegen Streit zu Hause. Mama konnte nicht begreifen, warum ich nicht dasselbe wie die anderen Kinder mochte. Mania verstand mich, auch sie liebte Hefekuchen und buk immer diese Hörnchen. Wenn ich badete, seifte Mania mich nicht ein, sie saß nur im Badezimmer und paßte auf mich auf, und wenn ich sie um ein Handtuch bat, sagte sie: »War es das schon, Püppchen?« Dann wußte ich, daß ich mich gründlich waschen mußte. Dann fragte ich: »Jetzt, Mania?« Dann nahm sie ein Handtuch und trocknete mich ab. Sie setzte sich zu mir ans Bett und wartete, bis ich eingeschlafen war. Oft sagte sie, daß sie mich niemals verlassen würde, und daß sie, wenn ich einmal heiratete, auf meine Kinder aufpassen wolle. Wo bist du jetzt, meine Mania? Du weißt ja nicht, wie schwer mir ums Herz ist, wie sehr ich mich bemühe. Worum eigentlich, denke ich und faße mein geschwollenes Gesicht an. Ich gebe mir Mühe zu überleben, nur daß man das nicht lernen kann. Mama sagt mir: Steh still, wenn sie es befehlen, schlaf, wenn sie es befehlen. In einem fort wiederholt sie: Mach dich unsichtbar, vielleicht ist das die einzige Möglichkeit, dem Tod zu entrinnen.

*»Aaaufstehen!«* grölt einer der Deutschen.

Aus mit dem Träumen. Wir stehen wieder auf. Um uns herum stinkt es nach Urin, es ist kühl, der Morgen naht. Vielleicht kriegen sie sie ja nicht; aber wo können sich Juden schon

verstecken? Die Leute auf den Straßen denunzieren sie, überall sind Spitzel; gibt es keinen Ort für uns, die wir leben wollen? Der Morgen dämmert. Die Frauen haben mich in die mittlere Reihe geschoben.
»Man könnte meinen, du hättest in einer Schüssel Blut herumgeplanscht«, sagt Mama, befeuchtet ihr Taschentuch mit Spukke und wischt ganz behutsam damit über mein Gesicht. »Du siehst furchtbar aus«, seufzt sie und ist selbst vollkommen erschöpft.
»Na, siehst du«, flüstert eine Frau, »wäre es nicht besser gewesen, sie ins Kinderhaus zu geben? Wie sie aussieht. Quält ihr eigenes Kind!«
Mama antwortet, das sei ihre Sache.

Der Tag beginnt. Auf dem Hügel brennen bereits die Körper der gestrigen Opfer. Der süßlich riechende Qualm in Verbindung mit meinem Hunger ist entsetzlich. Sie haben angekündigt, es finde eine *›Dezimierung‹* statt, falls sie die Flüchtigen nicht einfangen.
»Was heißt ›Dezimierung‹«, frage ich Halinka, die neben mir steht.
»Ich weiß es nicht«, antwortet sie flüsternd, »das hat es bisher noch nicht gegeben.«
»Hat es dir nicht gereicht?« Mama stößt mich mit dem Ellenbogen an.
Alle wichtigen Chargen stehen nun auf dem Appellplatz, das Zählen und Melden geht sehr rasch. Die Angst hat alle gepackt, niemand weiß, was uns erwartet. Ich halte den Atem an und ertappe mich dabei, daß ich wirklich unsichtbar sein will, schließe sogar die Augen. Amon Göth hält eine Rede, er spricht mit Pathos, ich verstehe nicht alles, er meint, wir müßten alle streng bestraft werden, zehn müßten für einen dran glauben. Ich bin zu erschöpft, aber ich zittere. Mir ist fast alles egal. Mama hält meine Hand:
»Denk daran, wenn etwas geschieht, dann nur gemeinsam.« Ich nicke, weiß aber immer noch nicht, worum es geht.

Geflüster: »Dezimierung!«–»Aus allen Blocks?«–»Weiß man nicht.«
Ein seltsames Raunen geht durch die Reihen, das Raunen eines Menschengewühls, einer bis zum Wahnsinn verängstigten Menge. Die Deutschen brüllen: *»Stillgestanden!«* Meine Zähne klappern, obwohl ich sie fest zusammenbeiße, sie klappern einfach. Jemand zieht mich so heftig zu sich, daß ich beinahe hinfalle. Mama schiebt mich auf ihren Platz. Irgend etwas passiert zwischen den Frauen, sie schieben und stoßen einander von einem Platz auf den anderen, jede in der Reihe versucht den Platz einer anderen einzunehmen. Jetzt wissen wir, was *›Dezimierung‹* bedeutet: Ein Deutscher geht die Reihe entlang, zählt bis zehn und zieht jede Zehnte mit dem gekrümmten Griff seines Stockes am Hals heraus.
Ich schaffe es nicht, auf Mamas Platz zu gelangen, sie sind bereits zu nah bei mir, ich beschließe, mich freiwillig zu melden, wenn Mama herausgezogen wird. Wozu soll ich ohne sie leben? Da ist zwar noch Papa, aber ihm bleibt Adam. Ich erinnere mich, wie sie sich einmal, noch im Ghetto, leise miteinander unterhielten. Damals sagten sie, wenn einer von uns umkommt, gehen wir alle in den Tod. Das habe ich mir gut gemerkt. Ich versuche, Haß auf die beiden zu entwickeln, die uns in diese Situation gebracht haben, aber die Gedanken laufen mir davon. Es steht schlecht um uns, aber ich will leben, auch wenn ich hungrig, erschöpft und halb erfroren bin. Ich will nicht viel – nur leben.
Wieder bekomme ich einen Stoß. Ich glaube, nun ist es soweit. Nein, eine der Frauen hat mich zur Seite gestoßen, in ihren Augen steht der Wahnsinn. Noch bevor ich mich zur Wehr setzen kann, taucht wie aus dem Nichts Hauptscharführer Landstorfer mit Gefolge auf. Er schreitet die Reihen ab, verlangsamt den Schritt, ich schließe die Augen, glaube schon, den Krückstock um den Hals zu fühlen. Ich halte den Atem an, vielleicht ersticke ich ja, vielleicht hört mein Herz auf zu schlagen, vielleicht sterbe ich hier, ganz von allein, an Ort und Stelle. Ich höre alles, ich höre es so deutlich, daß es schmerzt,

es dröhnt in meinem Kopf. Ich blicke nicht auf, aber ich weiß, daß er stehengeblieben ist. Schnell, schneller, sonst trete ich aus freien Stücken aus der Reihe, ich halte es nicht mehr aus! Und plötzlich: *»Rrraus!«* Jemand reißt mich am Arm, nicht am Hals. Ich öffne die Augen. Er zerrt die sich wehrende Frau, die mich im letzten Augenblick auf ihren Platz geschubst hatte, aus der Reihe. Die Frau schreit, das sei nicht ihr Platz und krallt sich an meinem Ärmel fest. Ich stehe da und rühre mich nicht. Landstorfer schlägt ihr mit der Peitsche über die Hand. Sie läßt mich los, stürzt zu Boden, wälzt sich hin und her und schreit dabei fortwährend, das sei nicht ihr Platz.

Tränen laufen mir über das geschwollene Gesicht. Ich weine, weil ein paar Zentimeter über Leben und Tod entscheiden können. Ich weine vor Freude, daß sie meinen Platz wollte. Ich weine, weil in wenigen Minuten sie sterben wird und nicht ich.

»Es ist ein Wunder, es ist ein Wunder«, wiederholt Mama mit bebenden Lippen.

Nein, es ist kein Wunder, es ist die Angst, eine unmenschliche Angst; sie hatte sich verrechnet…

Als ich das Knattern des Maschinengewehrs vom Hügel hörte, wurde mir übel; ich glaubte, ich müsse mich übergeben. Stets werde ich das Gesicht dieser Frau vor mir sehen. Ich wollte das nicht. Es war mein Platz, eine andere starb für mich. Ergab das einen Sinn? Am Ende aber konnte auch ich heute oder morgen oder übermorgen umgebracht werden.

Die Reihen setzten sich in Bewegung.

»Komm, gehen wir zur Arbeit. Es ist nicht deine Schuld, Kind«, sagte Mama sanft, »und auch nicht die Schuld derer, die geflohen sind. Es ist die Schuld eines Wahnsinnigen.«

Auf dem ganzen Weg zur Arbeit sprach Mama auf eine Weise zu mir, wie sie es nie zuvor getan hatte.

»Vorläufig leben wir, aber auch für uns kommt die Zeit.« In ihr war ebenfalls etwas zerbrochen. »Denk jetzt nicht mehr daran, dich trifft keine Schuld.«

Das war das Allermerkwürdigste, denn früher war immer ich

schuld, wenn etwas nicht so gewesen war, wie es sein sollte, egal, was ich getan hatte.
*»Achtung!«* Wir gehen zurArbeit. Die Sonne steigt als schöner roter Ball auf. Ich schäme mich, doch die Freude, daß ich verschont worden bin, ist größer.

Die Arbeit geht uns heute nicht von der Hand, ich bin hungrig und todmüde. In der Mittagspause leide ich Höllenqualen. Im ganzen Lager hat sich bereits herumgesprochen, daß ich durch Zufall am Leben geblieben bin. Sie kommen, schauen, fragen. Ich esse langsam und stecke die Nase fast in die Schüssel, um nur nicht antworten zu müssen.
Und wieder macht eine Frau Mama Vorwürfe:
»Ich habe gesagt, du sollst sie ins Kinderhaus geben, sie hätte nicht gesehen, was passiert ist, aber du…«
»Jede macht mit ihrem Kind, was sie für richtig hält.« Mama wird allmählich wütend. »Ich mische mich bei anderen auch nicht ein!«
Glücklicherweise ist die Mittagspause zu Ende. Das Abwaschwasser, das sie uns zu essen gegeben haben, hat unseren Hunger nur noch verstärkt. Aber was soll es – ich habe Hunger, weil ich lebe!
In der Latrinenbaracke wusch ich mein Gesicht. Es tat weh. Doch selbst dieser Schmerz wurde durch Freude überwogen. Kurz nach der Mittagspause fuhren drei Lastwagen auf den Hügel; wieder ein Erschießungstransport. Diesmal wurden die Autos von SS-Leuten dicht umstellt. Die Menschen sprangen einzeln von den Lastwagen. Sie waren nicht, wie üblich, zu zweit aneinander gefesselt. Auf ihren Gesichtern sah man deutlich Spuren frischen Bluts. Einer, der von einem Kameraden gestützt wurde, trug kein Hemd, sein Rücken war entsetzlich zugerichtet, und die Finger, die offenbar aus den Gelenken gerissen worden waren, baumelten schlaff herunter, als würden sie jeden Moment abfallen; sie bluteten stark.
Ich hatte geglaubt, daß mich nichts mehr erschüttern könnte. Wieder einmal hatte ich mich geirrt. Ich tat zwar, als würde ich

nähen, doch in Wirklichkeit konnte ich den Blick nicht von diesen unglückseligen, armen, blutig geschlagenen und wehrlosen Menschen abwenden. Als letzter stieg ein Priester in einer Soutane vom Lastwagen. Mit gesenktem Kopf stand er in der Reihe, und der Wind zerzauste seine grauen, langen Haare. Die SS-Schergen trieben mit ihren Bajonetten die Menschen zur Grube. Ein blutig geschlagener Mann, dem offenbar jeder Schritt Schmerzen bereitete, stöhnte laut auf. Der Priester, der wie aus dem Schlaf erwachte, legte einen Arm um ihn und hielt ihn fest. Er blickte zum Himmel auf, drohte mit der Faust und rief:
»Menschen! Es existiert nichts! Es gibt keinen Gott!«
Sie stürzten sich auf ihn und zerrten ihn zur Grube. Dann fielen wie üblich mehrere Schüsse, und die Autos mit den Deutschen fuhren davon. Sie lachten.
Nach dieser Exekution waren wir außerordentlich niedergeschlagen. Abends in der Baracke wurde viel darüber geredet. Ich hörte eine Frau sagen, daß man besser selbst Schluß mache, da sie uns ja ohnehin liquidierten. Eine andere erzählte, Hitler habe angeblich gesagt, wenn man ihm nach 1944 auch nur einen einzigen Juden in den von den Deutschen besetzten Gebieten zeige, würde er, Adolf Hitler persönlich, auf ihn zugehen und ihm die Hand geben. Bei solchen Nachrichten verringert sich unsere Hoffnung zu überleben immer mehr. Ich bewundere jene, die der Optimismus und der Vorsatz, anderen Menschen Halt zu geben, nicht verlassen hat.

Wieder lassen sie sich etwas Neues einfallen. Einige Baracken werden mit Drahtverhauen von den anderen abgetrennt; das ›*Polenlager*‹ entsteht. Schupke hat zu Papa, der ihm Bericht erstattet, gesagt: »Ordnung muß sein, es darf nicht zur ›*Rassenschande*‹ kommen.« Onkel Grünberg ist von Göth wieder geschlagen worden, diesmal, weil der Kommandant der Meinung war, seine Arbeit komme zu langsam voran.
Vielleicht ist die menschliche Natur ja so beschaffen, daß einem die Vergangenheit immer besser vorkommt, als die Ge-

genwart. Nachdem uns erst der Winter das Fürchten gelehrt hat, halten wir jetzt, im Sommer, die Hitze kaum aus. Das stundenlange Stehen in der grellen Sonne auf dem Appellplatz ist entsetzlich anstrengend, noch schlimmer aber sind die Nächte. Abgesehen von dem furchtbaren Gestank wimmelt es hier überall von Wanzen, von den Läusen gar nicht zu reden, denen die Hitze offenbar sehr gefällt. Die Wanzen krabbeln nicht, sondern fliegen. Ich bin für die Insekten das, was der Honig für die Bienen ist. Einmal habe ich mir sogar einen armseligen Witz abgequält und zu Mama gesagt, die gerade versuchte, das Ungeziefer aus meinen Lumpen zu klopfen, wie gut es wäre, wenn diese Mistviecher wenigstens soviel Kraft hätten, mich in die Lüfte zu heben und über die Stacheldrähte hinweg in die Freiheit zu tragen. Aber nicht einmal damit konnte ich Mama zum Lächeln bringen.

Die Außenkommandos haben gestreifte Sachen zum Anziehen erhalten, und wo sie nicht reichten, hat man während des Appells gelbe und rote Streifen auf die Kleider der Häftlinge gemalt. Nun sehen sie aus, als wären sie beim Zirkus. Den Männern haben sie einen sogenannten ›Läusepfad‹ geschoren, wie sie das nennen. Sie haben ihnen vom Stirnansatz bis zum Nacken über den ganzen Kopf einen geraden Streifen Haar ausrasiert; diese ›Frisur‹ macht, kombiniert mit den bunten Streifen, einen erniedrigend komischen Eindruck. Wir Frauen haben keine Vor- und Nachnamen mehr, wir sind Nummern. Sie haben uns befohlen, in Brusthöhe einen Stoffetzen mit der Nummer auf unsere Kleider aufzunähen. Dennoch sind sie zu dem Schluß gekommen, daß diese Kennzeichnung nicht genügt, und nun geht das Gerücht um, man wolle uns tätowieren. Ich fürchte mich sehr vor dem Tätowieren. Bislang machen sie es nur bei jenen, die außerhalb des Lagers zur Arbeit gehen. Die Leute schöpfen wieder Hoffnung und sagen, wenn sie uns kennzeichnen, so bedeutet das, daß sie uns nicht liquidieren oder wenigstens nicht so bald. Im übrigen werden die Deut-

schen an den Fronten inzwischen zurückgeschlagen. Vielleicht überleben wir ja.
Alle diese Maßnahmen sollen die Flucht aus dem Lager erschweren. Wachturm steht neben Wachturm, zu fliehen ist beinahe unmöglich. Nachts fegt das Licht der Scheinwerfer über das Lager, die zwei Reihen Draht stehen unter Starkstrom. Ich denke, daß einer den anderen bewacht, denn wenn jemand flieht, wird sofort ›dezimiert‹. Ich habe gehört, daß es keine Fluchtorte und keine funktionierende Organisation gibt, die den Flüchtenden zu Hilfe kommen könnte. Die Juden haben keine Möglichkeit unterzutauchen, die Polen haben Angst sie zu verstecken, da ihnen dafür die Todesstrafe droht.
Es kommt vor, daß ich vom Essen, von der Freiheit, von zu Hause träume. Von Wanzen und Läusen halb aufgefressen, wache ich auf und fange an zu weinen, nicht wegen der Läuse, sondern weil es nur ein Traum war.

Die Deutschen haben befohlen, sämtliche Wertsachen aus Gold, allen Schmuck und die Eheringe abzugeben. Mama hat ihren Trauring und den einzigen anderen Ring, den sie hatte durchschmuggeln können, in die Latrine geworfen. Viele Frauen haben das genauso gemacht. Wenn das den Deutschen zu Ohren kommt, müssen wir bestimmt in der Kloake wühlen.
Im Lager gibt es weniger Spitzel als im Ghetto. Selbst die, die gern etwas besser leben würden, glauben nicht mehr daran, daß Denunziation hilft, das eigene Leben zu retten. Es gibt genügend Beispiele dafür, daß sich die Deutschen derjenigen schnell entledigen, die zuviel wissen.
Adam ist noch immer im Außenkommando. Wenigstens hungert er dort nicht, denn die Kollegen in der Fabrik, die sich frei bewegen können, geben ihm immer etwas zu essen. Auch er hat diesen Läusepfad in seiner üppigen schwarzen Mähne, aber er ist so schön, fast zu schön für einen Mann, daß ihn selbst dieser ausrasierte Streifen auf dem Kopf nicht häßlich machen kann. Sonntags, wenn Ruhe ist und wir auf eine Stunde hinausgehen dürfen, ist Adam manchmal von einem ganzen Schwarm

Mädchen umringt, doch bildet er sich nicht das Geringste darauf ein, vielleicht weiß er nicht einmal, wie gut er aussieht.

Inzwischen gehe ich furchtbar gerne zur Latrine. Ich kann es selbst nicht glauben, wenn ich daran denke, wie ich mich am Anfang angestellt habe. In der Latrinenbaracke sind wir beinahe ungezwungen. Hier werden wir nicht beaufsichtigt, folglich findet ein reger Tauschhandel statt: ein Stück Brot gegen eine Zigarette, eine Unterhose gegen Socken.

Ich habe bereits erwähnt, daß Amon Göth es auf Onkel Grünberg abgesehen hat. Heute war mein Onkel eine Weile bei uns. »Das ist wohl das Ende«, sagte er verzweifelt. »Göth hat mir einen vollkommen unrealistischen Termin für die Beendigung des Baus der Wachkaserne für die SS-Männer gesetzt, deren Zahl noch verstärkt werden soll. Selbst wenn die Leute mit der größtmöglichen Aufopferung arbeiten, können sie es nicht schaffen. Er läßt mich aufhängen, ich kann nicht mehr.«

Der Kommandant jedoch erweist sich als viel heimtückischer. Er tut meinem Onkel nichts, stattdessen läßt er meine Tante und meine Cousine Ziuta als Geiseln einsperren. Er legt eine Frist von vierundzwanzig Stunden fest. Wenn bis dahin nicht alles fertig ist, wird er beide vor allen Leuten hängen lassen. Mein Onkel wird fast wahnsinnig. Sehr viele Männer haben sich freiwillig zur Arbeit gemeldet, und dennoch ist es ausgeschlossen, daß sie es schaffen.

Der Vorgesetzte meines Onkels ist ein SS-Mann, der Architekt Huth. Er ist freundlich und völlig harmlos. Er ist zu Amon Göth gegangen und hat ihm erklärt, in so kurzer Zeit könne dieser Auftrag unmöglich ausgeführt werden; er hat ihn um eine Verlängerung der Frist gebeten. Als er nach mehreren Stunden zurückkommt, hat er lediglich vierundzwanzig Stunden Aufschub erlangt. Es gibt keinerlei Möglichkeit, eine Nachricht in den Bunker zu schicken, in den man meine Tante und meine Cousine gesperrt hat. Bestimmt hoffen sie, daß die Leute meinem Onkel helfen werden, denn alle Lagerinsassen schätzen ihn sehr. Mängel bei der Arbeit hat er stets auf seine Kappe genommen. Wenn die Deutschen einen Arbeiter dabei erwischten, wie er verbotenerweise eine Ruhepause machte, sagte mein Onkel, er habe es erlaubt. Natürlich wurde er dann bestraft, unentwegt wurde er mißhandelt.

Bauleiter Huth soll meinem Onkel sogar vorgeschlagen haben, sich zwei Stunden lang in der Baracke auszuruhen, weil er sonst nicht durchhalten werde, nachdem er doch schon so lange keine Pause mehr gemacht habe. Doch er ist nicht darauf eingegangen. Papa hat erzählt, Onkel Grünberg habe ein Schlückchen geklauten Wodka getrunken. Er hat sonst nie getrunken, da er herzkrank ist.

Wir haben Angst um ihn. Nachts ist Papa gekommen, ich hörte, wie er Mama nach einem Lappen für einen Verband gefragt hat. In der Nacht sei Göth auf dem Bau erschienen und habe den Onkel furchtbar zugerichtet. Als der Kommandant den auf dem Boden Liegenden mit Fußtritten traktierte, soll Bauleiter Huth gesagt haben, er könne Grünberg später immer noch fertigmachen, jetzt sei der Bau das Vordringlichste. Offenbar konnte er damit Göth überzeugen, denn dieser ließ von dem Augenblick an seine Wut an anderen aus; unterwegs hat er zwei Personen erschossen.

Ich saß da und schwieg, ich wollte Mama nicht mit Fragen belästigen, aber ständig mußte ich über diese seltsame Gestalt in SS-Uniform nachdenken, die so anders war als die anderen. Warum schutzte Bauleiter Huth Onkel Grunberg? Warum schlug er ihn nicht, wie Göth es tat? Warum ging er an den Häftlingen vorüber, als sähe er sie nicht? Ich fand keine Antwort auf all diese Fragen.

»Mama, warum hilft Huth dem Onkel? Warum schlägt er ihn nicht?«

»Frag nicht so viel«, sagte Mama, »das Leben von Onkel, Tante und Ziuta hängt am seidenen Faden, und du fragst...«

»Aber, Mama,« sagte ich, »ich habe doch auch Angst um sie, ich liebe sie doch auch. Sag mir doch, was es mit dem Bauleiter auf sich hat.«

Jetzt begann Mama zu erzählen:

»Vor dem Krieg brachte dein Onkel viele herrliche Geschenke aus dem Ausland mit, für dich eine wunderschöne, bewegliche Puppe, hübsche Schühchen, die einzigen, die du nicht auf der Stelle kaputt gemacht hast, weil sie vom Onkel waren. Erinnerst du dich?« Jetzt lebte sie selbst auf.
»Oh ja, ja, ich erinnere mich genau!«
»Dein Onkel war 1937 in Paris auf einem Architektenkongreß. Dort lernte er den Bauleiter Huth kennen, und sie wurden beinahe Freunde. Er lud ihn sogar nach Krakau ein«, sagte sie versonnen. »Und dann haben sie sich tatsächlich in Krakau getroffen: Dein Onkel als Häftling und Huth als Aufseher...«
»Er wird ihn und die Tante und Ziuta retten!«
»Nein, Stella. Sie müssen so tun, als hätten sie sich nie zuvor gesehen.«
»Er kann sie von hier wegbringen!« Ich war begeistert.
Doch Mama sagte resigniert:
»Du solltest erwachsener sein, Kind.«
Ziuta und meine Tante wurden freigelassen; dank der Hilfe der Arbeiter gelang es dem Onkel, die Wachkaserne rechtzeitig fertigzustellen. Ich war über das Aussehen meiner Tante erschüttert. Im Laufe weniger Tage war sie völlig ergraut. Strahlend, wenngleich mit vielen Verbänden, lief mein Onkel herum. Durch übermenschliche Arbeit hatte er die beiden ihm liebsten Menschen gerettet.

Heute haben wir Nachtschicht. Man spürt eine Unruhe, deren Grund niemand kennt, aber sie ist da. Es ist eine schöne, laue Nacht, die Deutschen streifen durch das Lager. Immer wieder geht einer langsam, sehr langsam durch die Baracke; er weiß, wie sehr wir diesen langsamen Gang fürchten. Unser Arbeits-Kapo Ignac Kleiner sagt, er habe soeben, als er von der Latrine kam, Göth mit einem Hund vorbeigehen sehen, er habe sich bestimmt nicht getäuscht. Das ist keine gute Nachricht, denn jeder nächtliche Spaziergang des Kommandanten fordert ein Opfer. Kleiner geht zwischen den Tischen auf und ab und treibt uns zur Eile an. Er gönnt uns keine Ruhe.

Wir haben das Gefühl, jemand beobachtet uns durch das Fenster. Die Atmosphäre ist beängstigend. Plötzlich fällt ein Schuß, wohl in der Bürstenbinderei. Unsere Maschinen rattern wie wild.
Seit Stunden habe ich mich nicht mehr aufgerichtet, die Schultern tun mir weh, ich nähe Knöpfe an die verhaßten deutschen Uniformen.
Die Zehnergruppen stellen sich bei der Latrine an. Ich habe mich gemeinsam mit Halinka gemeldet. Bestimmt hat sie eine Zigarette. Gelegentlich gelingt es mir, auch Adam eine abzuluchsen. Mama weiß längst, daß ich rauche. Sie sagt nichts, und manchmal gebe ich ihr eine Zigarette ab.
Kleiners Stellvertreter führt uns zur Latrine. Vom Hügel schrecklicher Gestank. Ich habe nicht bemerkt, daß heute ein Transport gekommen ist, offenbar habe ich den ganzen Tag fest geschlafen und deshalb keine Schüsse gehört. Jemand bewacht die Leichen oder vielmehr die Zähne der Leichen. Kurz bevor sie verbrannt werden, erscheinen die ›Leichenzahnärzte‹; hin und wieder finden sie unter einer Zahnkrone sogar einen Brillanten.

Ich komme aus der Latrinenbaracke. Eine stille Sommernacht, das Herz klopft schneller vor lauter Verlangen nach Freiheit. Über dem Lager bewegen sich die Scheinwerfer der Wachtürme wie Irrlichter. Es ist so still, daß Gesprächsfetzen von dort oben bis zu uns gelangen. Ach, diese Träume von Freiheit. Oftmals kann ich mir gar nicht mehr vorstellen, wie sie aussieht.
Gegen Ende der Woche, in der wir Nachtschicht haben, sind wir völlig erschöpft. Am Tag kann man nicht länger als drei oder vier Stunden schlafen, aber fest schläft man auch nicht. Die Putzfrauen machen Lärm in den Baracken, dann wieder ertönt die Trompete zur Mittagspause. Der einzige Vorteil des Schlafs am Tage: das Ungeziefer setzt einem nicht so furchtbar zu.
Nach dem Appell erfahren wir, daß jener vereinzelte Schuß in der vergangenen Nacht dem Leben des Kapos Mundek Bloch

ein Ende gesetzt hat. Er soll sich für einen Augenblick zu einer der Arbeiterinnen gesetzt und ein paar Worte mit ihr gewechselt haben. Kleiner hatte also Göth tatsächlich gesehen!
Nach dem Mittagssignal der Trompete wollen wir, wenn möglich, noch ein bißchen schlafen. Doch heute gönnt man uns keinen Schlaf. Ein junger OD-Mann stürzt herein und unterhält sich sehr aufgeregt mit Mama. Ich höre, wie er zusammenhanglos über Adam spricht und nach Papa fragt.
»Nun sag schon, worum geht es! Adam ist zur Arbeit im Außenkommando«, sagt Mama gereizt.
»Man hat sie zurückgebracht, man muß sie retten. Ich war unten am Tor, sie brachten eine Gruppe aus der Stadt... Die Wachposten meldeten, daß sie sie auf den Hügel... Ich hab Adam gesehen... Mietek Finkelstein ist auch dabei... Ich hab ihm gesagt, er soll versuchen, Zeit zu gewinnen, dort ist Zygmunts Sohn...«
Der junge Mann mit der OD-Mütze steht hilflos da und weint. Mama weint nicht, sie zieht sich hastig an.
»Ich laß dich nicht im Stich, mein Sohn«, murmelt sie vor sich hin.
Auch ich ziehe mich an, kann jedoch keinen klaren Gedanken fassen.
»Wie sollen wir ihm helfen«, frage ich sie.
Mama starrt durch mich hindurch.
»Ich habe dir einmal gesagt, daß ich mich von keinem von euch trennen werde, ich gehe zu ihm, und du...«, sie machte eine lange Pause. »Bleib, mein Kind, vielleicht schaffst du es ja.«
Erst jetzt wird mir bewußt, was Mama im Sinn hat. Auch wir sollen sterben. Ich will nicht sterben, aber ich will auch nicht bleiben. Die Frauen beobachten uns und horchen.
»Du wirst nirgendwohin gehen!« Die Blockälteste packt Mama am Arm, doch sie reißt sich los. Die Blockälteste schlägt ihr ins Gesicht. Ich lausche, ob auf dem Hügel geschossen wird. Wird mein geliebter, schöner Bruder tatsächlich bald tot sein? Werden sie in seinem Mund nach Gold suchen?
»Wir müssen gehen!« Jetzt bin auch ich wütend.

Jemand faßt mich um die Schulter, es ist mein Onkel Grünberg. Leise erklärt er Mama etwas, aber ich kann mich nicht konzentrieren, ich sehe Adam vor mir, ich sehe ihn dort auf dem Hügel, mit wehendem Haar und dem ausrasierten ›Läusepfad‹.

»Sei vernünftig, Tusia! Für das Äußerste bleibt immer noch Zeit«, sagt mein Onkel. »Göth ist nicht da, er ist mit dem Auto in die Stadt gefahren. Ich war bei Bauleiter Huth, er versteht sich gut mit Untersturmführer Neuschel, und der vertritt Göth heute. Zygmunt ist dort, alle stehen vor der Wachstube, vorläufig gehen sie nicht auf den Hügel. Das ist schon etwas. Du kannst bloß Schaden anrichten. Zygmunt ist äußerst klug vorgegangen, er hat nichts davon gesagt, daß sein Sohn dort ist. Hauptscharführer Schupke ist ebenfalls dort, Zygmunt arbeitet unter seiner Aufsicht und Schupke mag ihn. Man muß die ganze Gruppe retten. Adam hat gesagt, daß er ohne seine Kollegen keinen Schritt tut.«

»Hast du mit ihm geredet, Onkel?«

»Ja, ganz kurz, er ist guten Mutes. Stellt euch vor, die Wachposten wollten sie auf eigene Faust auf den Hügel bringen! Hauptsache, Huth ist geschickt genug, Neuschel davon zu überzeugen, daß sie nicht mit seiner Unterstützung rechnen können. Vielleicht gelingt es.«

Mama ist schon wieder vernünftiger.

»Du sagst, sie sind nicht auf den Hügel gegangen?«

»Ich gebe dir mein Wort!«

Mama sinkt auf die Pritsche.

»Und du kannst hier bleiben, Onkel«, frage ich.

»Ja, dort braucht man mich jetzt nicht.«

Ich nehme an, daß Papa ihn darum gebeten hat, auf uns aufzupassen.

Sehr lange, so kommt es uns jedenfalls vor, sitzen wir da und warten auf Nachricht über das Schicksal von Adams Gruppe. Leidenschaftlich reden die Frauen auf Mama ein und versuchen sie zu überzeugen, daß alles gut wird, daß die Leute helfen, und daß es manchmal doch so etwas wie Gerechtigkeit gibt auf der Welt. Schließlich kommt jemand von unten herauf und sagt, die

Sache sei erledigt. Er berichtet, daß die ganze Gruppe für einen Monat zum Strafkommando käme und jeder von ihnen fünfundzwanzig Schläge auf den Hintern kriegen würde. Jetzt, wo die Todesstrafe abgewendet ist, kommt mir diese Prügelstrafe grauenhaft vor. Sie wird gleich bei der Wachstube vollzogen. Noch immer wissen wir nicht, aus welchem Grund die SS-Leute die Gruppe während der Arbeitszeit zum Erschießen abgeholt haben. Endlich kommt Papa, er ist zu Tode erschöpft. Erregt und glücklich zugleich erzählt er, diese Wirrköpfe hätten einen SS-Mann verprügelt, nachdem dieser einen alten Juden gequält hatte, der in ihrer Gruppe, die sich ansonsten ausschließlich aus jungen Burschen zusammensetzt, arbeitet.
»Denen geht es zu gut«, sagt Papa, »sie haben den Sinn für die Wirklichkeit verloren.«
»Wo ist Adam«, fragt Mama.
»Er liegt mit einem kalten Umschlag auf dem Hintern auf seiner Pritsche.«
»Wie soll er morgen bloß arbeiten?« jammert Mama.
»Hauptsache, er lebt«, tröstet sie Papa. »Ein Hintern ist nicht aus Glas, der wird wieder heil.«

Immer weniger Gruppen arbeiten außerhalb des Lagers; immer mehr werden abtransportiert.
Adam und Emil haben Arbeit in der ›Metallbaracke‹ erhalten. Ihren Kapo nennen alle den ›Mongolen‹. Von Anfang an hatte er eine Abneigung gegen meinen Bruder, und jetzt läuft Adam, fast wie ein Ebenbild Onkel Grünbergs, von schweren Mißhandlungen gezeichnet, herum. Wo immer der ›Mongole‹ ihn erwischen kann, schlägt er völlig grundlos zu; er schlägt mit dem Gewehrkolben, mit dem Knüppel, mit einer Eisenstange. Emil behauptet, daß es immer schlimmere Formen annimmt, und daß der ›Mongole‹ Adam offenbar totschlagen will und nur noch auf die entsprechende Gelegenheit wartet. Er muß unbedingt zu einer anderen Arbeit eingeteilt werden.
Die Frauen sind in Panik, denn die Deutschen bauen, wie man hört, ein ›Bordell‹. Wenn sie davon reden, verändert sich ihr

Gesichtsausdruck. Auf dem Weg zur Arbeit deuten sie auf eine ausnehmend große, im Bau befindliche Baracke, die auf der rechten Seite entsteht. Warum flüstern sie bloß?
Bei der Arbeit wird wieder getuschelt.
»Ob sie dafür unsere Frauen nehmen?«
»Sicher nicht.«
»Wer weiß? Für die sind wir zwar dreckige Juden, aber zu ihrem Vergnügen nehmen sie unsere Mädchen schon.«
Seit langem erschien mir nichts mehr so geheimnisvoll wie dieses Haus. Was hat es damit nur auf sich? Ich frage Mama danach, aber sie kann es mir nicht richtig erklären. Erst auf dem Weg zur Latrine erfahre ich von Halinka mehr darüber. Ich bin jetzt so neugierig auf diese Frauen, daß ich ihren Einzug kaum erwarten kann.
Wie man hört, sind die Frauen bereits angekommen, allerdings dürfen sie nicht aus dem Haus, wenn der Appell stattfindet oder wenn wir uns zur Arbeit begeben. Man hat die Baracke mit Draht eingezäunt, von anderen Baracken unterscheidet sie sich ansonsten nur durch einige Blumenbeete.
Auch der erste Transport für das ›Polenlager‹ ist inzwischen eingetroffen. Bei diesen Häftlingen handelt es sich um ein jungvermähltes Paar, um das Orchester und die Hochzeitsgäste. Ich bin äußerst gespannt auf diese ›anderen‹ Häftlinge, vielleicht kommt man nach dem Abendappell etwas näher an sie heran. Ich gehe mit Halinka hin. Es klappt, sie werden nur von einem OD-Mann bewacht. Da ist tatsächlich die Braut im langen, weißen Kleid, der junge Ehemann, eine Menge Hochzeitsgäste und ein Zigeunerorchester. Leute aus dem Lager geben ihnen Brot, sie haben ja ihre Zuteilung noch nicht erhalten. Die einen sind verstört, die anderen lachen und behaupten, sie hätten keine Ahnung, weshalb man sie mitgenommen habe; mit Sicherheit werde man sie bald wieder freilassen.

Im Lager wird es immer enger. *›Zugänge‹* treffen ein. Auch das *›Polenlager‹* füllt sich mit Menschen, die man bei Razzien festgenommen oder einfach von der Straße weg verhaftet hat.

Diese neuen Häftlinge unterscheiden sich von uns dadurch, daß auf ihrer Brust neben der Nummer ein Stoffetzen mit einem großen ›P‹ aufgenäht ist und daß sie außerdem etwas besser behandelt werden als wir. Unsere Leute, die in allem etwas Positives sehen wollen, sagen, daß ein gemischtes Lager gut sei. Wieder einmal trügt die Hoffnung, statt dessen wird es schlimmer. Wir bekommen neue Kapos, deutsche Verbrecher mit einem ›V‹ auf der Brust. Uns werden deutsche Aufseherinnen zugeteilt. Daß eine große Veränderung bevorsteht, ist offenbar, die Verfolger werden immer zahlreicher.
Auf dem Appellplatz hat man einen großen Galgen errichtet. Im ganzen Lager fürchtet man sich, denn jeder weiß, daß sich, hat man erst einen Galgen aufgestellt, bald auch ein Grund finden wird, ihn zu benutzen. Der Galgen lenkt die Blicke auf sich; groß, bedrohlich und herausfordernd steht er da, man muß einfach hinsehen.

Die erste Maßnahme der neuen Aufseherinnen besteht darin, das Tragen von Büstenhaltern unter Androhung der Todesstrafe zu verbieten. Die Frauen in den Baracken erfinden die unmöglichsten Sachen, so versetzten sie etwa den Verschluß und plazieren ihn unter der Achselhöhle. Die Preise für Nadel und Faden steigen und sind schon höher als der Zigarettenpreis: für eine Portion Brot – ein Meter Faden, für eine Portion Margarine – eine Nadel; selbst das Ausleihen einer Nadel kostet etwas. Sämtliche Tauschgeschäfte werden in der Latrine bei unserer Frau Weber, der Aufsichtsperson, abgewickelt.
Das Leben im Frauenlager ist schwer geworden, viel schwerer, als es bisher war. Die Aufseherinnen geistern wie Gespenster herum, und obwohl es nur acht sind, hat man den Eindruck, als wimmelt es nur so von ihnen.
Morgens vor dem Appell sehe ich zu, wie Mama sich anzieht; selbstverständlich trägt sie einen Büstenhalter. Ich bitte sie, ihn wieder auszuziehen.
»Laß mich in Ruhe! Misch dich nicht in meine Angelegenheiten ein.«

»Und wer sagt unentwegt zu mir, was ich tun und was ich lassen soll«, frage ich sie.

Sie sieht mich an und streicht mir über den Kopf. Mir wird leichter ums Herz. Sie legt den Büstenhalter weg.

Der Appell zieht sich hin, es regnet, wir sind völlig durchnäßt, die Aufseherinnen haben Pelerinen. Noch weiß ich nicht, welchen Rang sie haben, aber ist das wichtig? Engel sind sie bestimmt nicht. Sonst hätte man sie nicht hergeholt. Die Deutschen gehen zwischen den Reihen hindurch und betasten die Rücken der weiblichen Häftlinge.

Nachdem wir lange gestanden sind, zerren sie eine der Frauen in die Mitte des Platzes, prügeln und treten sie auf dem Weg dorthin. Sie haben ihr Opfer gefunden.

Wir werden gleichgültig, jede sorgt sich im Rahmen ihrer bescheidenen Möglichkeiten um ihre eigene Haut. Während der Mittagspause sieht Papa bei uns herein. Unsere Begegnungen werden immer seltener. Ich bin neugierig zu wissen, was mit jener Frau passierte, die einen Büstenhalter trug.

»Hat man sie schon erschossen?« erkundige ich mich.

»Nein, sie sitzt im Bunker, beim Abendappell wird man sie zur Schau stellen. Vielleicht kann man sie später im Strafkommando unterbringen. Chilowicz verhandelt gerade mit der Oberaufseherin, aber die ist ein harter Brocken.«

Hin und wieder gelingt es Papa, von seinem Vorgesetzten etwas Brot zu bekommen. Hätte ich nachgedacht, wäre ich ganz bestimmt nicht mit der Frage herausgeplatzt: »Hast du kein Brot, Papa, ich habe Hunger.«

Noch bevor er antworten kann, sagt Mama:

»Denkst du eigentlich, nur du hast Hunger? Alle haben Hunger!«

»Tusia! Sei nicht zu streng zu ihr…«, sagt Papa.

»Glaubst du, daß es mir nicht das Herz zerreißt? Ich weiß auch so, daß sie hungrig ist, warum wirft sie es mir noch vor?«

Ich kann es mir nicht verzeihen. Weshalb habe ich nach Brot gefragt, obwohl ich nicht hungriger bin als gestern oder vorgestern? Es ist mir peinlich. Immer wieder habe ich mir geschworen, den Mund nicht unnötig aufzumachen, und nun habe ich mich wieder daneben benommen.

Die Trompete bläst zum Abendappell. In der Mitte des Platzes, nicht weit vom Galgen entfernt, hat man eine Art Empore aus Steinen errichtet. Dort steht vornübergebeugt die ›Betrügerin‹ mit entblößtem Oberkörper; ihre hängenden Brüste sind mit roter Lackfarbe bemalt und müssen entsetzlich schmerzen. Eine Aufseherin steht neben ihr. Immer wieder schlägt sie mit der Peitsche fast gelangweilt auf die Frau ein, damit diese sich nicht allzuweit vorbeugt; für einen Augenblick steht sie wieder aufrecht.

Alle Gruppen müssen an ihr vorbeimarschieren, erst dann stellen wir uns an unserem Platz auf. Einer der Deutschen spricht von einer leichten Strafe, die eine Frau ereilt habe, die sich nicht an ein Verbot habe halten wollen; für Disziplinlosigkeit gebe es eigentlich nur eine gerechte Strafe: den Tod. Doch auf dem Gnadenweg würde sie morgen ins Strafkommando geschickt.

Er bellte noch andere Dinge, aber ich achtete nicht mehr darauf. Ich mußte nur immer daran denken, daß mir noch zwei Nachtschichten bevorstehen, und ich nicht mehr die Kraft habe, während der ganzen Nacht die Augen offenzuhalten und auf das ›*Zeks, zeks*‹ zu achten.

Ein paar Tage lang herrscht trügerische Ruhe, und wieder geraten die Menschen in Panik, weil sie nicht glauben können, daß man uns eine Atempause gönnt. Während der Mittagspause stürmt Onkel Grünberg herein, ein Auge ist fast nicht mehr zu sehen, weil es grün und blau geschlagen ist. Er ist ein Opfer von Amon Göths ›Boxkünsten‹ geworden.

Er gibt Mama eine Zigarette und sagt im gleichen Atemzug: »Es wird einen großen Transport geben, wohin er geht, weiß ich nicht, vermutlich nach Bełżec und Treblinka, ich weiß nicht, ob nur Männer oder auch Frauen dorthin geschickt werden.« Dann geht er wieder.

Abends kommt Papa und bestätigt diese Nachricht. Auch er

weiß nichts Genaues. Die Listen wurden von den Deutschen erstellt und befinden sich bei Amon Göth; niemand hat sie gesehen.
Heute stehen wir lange auf dem Appellplatz, wir wissen, daß etwas im Anzug ist. Am Pult des Rapportführers herrscht reges Hin und Her. Die Blockältesten treten in Begleitung eines Kapos nacheinander an den Tisch und nehmen Zettel entgegen. Sie lesen Namen und Nummern aus der Liste vor. Diejenigen, die aufgerufen werden, stellen sich auf der gegenüberliegenden Seite des Platzes auf. Seit mindestens sieben Stunden stehen wir da, hin und wieder hört man ein leises Schluchzen, wenn eine Frau ihren Mann, ihren Sohn oder Bruder erkennt, aber die Aufseherinnen passen auf, daß keine es wagt, lauter zu weinen. Mama ist aufs höchste gespannt. Ich weiß, daß sie um Adam und um Onkel Ignac zittert. Auch ich habe Angst um die beiden, werde aber immer stumpfsinniger und gleichgültiger. Die stärkste Empfindung vermittelt mir mein hungriger Magen. Diesmal müssen nur Männer mit, doch es ist klar, daß auch wir Frauen bald an die Reihe kommen.
Der von SS-Leuten bewachte Männertransport setzt sich in Bewegung. Wir gehen zur Arbeit.
Der Kapo Ignac Kleiner kommt an unseren Tisch.
»Zygmunt läßt dir bestellen, daß Adam hier ist«, sagt er zu Mama.
»Und weißt du nichts von meinem Bruder? Und von Zygmunts Bruder?«
»Nein. Ich weiß nur, daß Adam noch hier ist.«
Papa hat sich nicht mit uns verständigen können, bestimmt muß er seine Rapporte schreiben, über die, die fort sind, und die, die geblieben sind.

Neuerdings müssen wir nach dem Appell, angetrieben von Kapos und Aufseherinnen, im Dauerlauf Holzbalken vom einen Ende des Lagers zum anderen schleppen, nur um sie anderntags wieder zurückzutragen. Die Balken sind schwer. Papa kommt, ich höre ihn sagen, daß sein Halbbruder und

Mamas Bruder mit dem Transport weg sind. Es tut mir leid, aber ich lege mich auf die Pritsche. Ich will bloß schlafen, so erschöpft bin ich.
»Wach endlich auf«, ich spüre, wie Mama mich wachrüttelt.
»Ich bin doch gerade erst eingeschlafen«, sage ich noch, obwohl ich nicht mehr auf der Pritsche liege, sondern bereits auf den Beinen bin.
Daß ich, wenngleich schwankend, im Stehen schlafen kann, ist für Mama eine große Qual.
Auf dem Weg zum Appell erzählt sie mir, daß es Papa nicht gelungen ist, seinen und ihren Bruder aus dem Transport zu holen.

Es wird Winter, wieder versinken wir im Schlamm, aus dem die Füße zu ziehen immer schwerer wird, weil wir statt Schuhen jetzt Holzschuhe, sogenannte ›Holländer‹, tragen. Man kann darin kaum gehen; bleibt beim Appell der Schuh im Dreck stecken, so muß man erst den Fuß und hinterher mit den Händen den Schuh herausziehen. Ein Außenkommando gibt es nicht mehr, stattdessen eine Fabrik, in der Juden kaserniert sind. Darüber wird viel geredet. Es ist die *Emailwarenfabrik*. Ihr Direktor heißt Oskar Schindler und ist ein angesehener, recht sonderbarer Nazi. Man hört, daß bei ihm die Juden nicht geschlagen werden und besseres Essen bekommen. Jeder versucht, bei ihm zu arbeiten, doch es können nur ein paar Hundert beschäftigt werden. Man erzählt sich, dieser Schindler habe seinen Leuten versprochen, ihnen das Leben zu retten. Wie das gehen soll, weiß keiner.
Dieser Winter setzt uns besonders hart zu, wir haben nichts als die gestreifte Häftlingskleidung, die keinen Schutz vor Kälte und Wind bietet. Wir frieren, die Nässe dringt uns bis auf die Haut, wir können unsere Kleider nicht wechseln. Abends sind die Sachen naß, morgens sind sie feucht.
Ich leide an einer chronischen Blasenentzündung. Mama hat die Blockälteste darum gebeten, uns das unterste Bett zuzuteilen. Pausenlos muß ich pinkeln, sogar im Schlaf; solange wir oben

schliefen, haben sich die Frauen unter uns darüber aufgeregt. Unser Strohsack stinkt grauenvoll, es gibt keine Möglichkeit, ihn zu trocknen. Ich stinke auch, doch ich kann nicht an mich halten. Frau Doktor Löw hat Mama eine Arznei genannt, die mir helfen könnte, doch wie soll man sie besorgen? Es gibt eine Gruppe aus dem ›*Polenlager*‹, die noch aus dem Lager herauskommt. Mama hat Onkel Grünberg darum gebeten, die Arznei hereinschmuggeln zu lassen, doch bisher ist es nicht gelungen. Die Leute haben Angst, denn die Gruppen, die nach ›*außen*‹ gehen, werden äußerst gründlich durchsucht. Daß ich stinke, ist mir jetzt völlig egal, wären nur nicht diese ständigen Schmerzen…

Beim Appell können wir uns nicht gegenseitig wärmen, weil wir auf Armeslänge voneinander getrennt stehen. Die Aufseherinnen passen auf, daß wir nicht zu dicht nebeneinander stehen. Bei jeder falschen Bewegung erfolgt jetzt nicht nur ein Peitschenhieb, sondern man wird blutig geschlagen.

Es ist nicht zu fassen, aber Onkel Grünberg konnte über Bauleiter Huth die Arznei für mich besorgen. Er sagt, ohne den Bauleiter hätte ihn Göth längst umgebracht. Außer um den Lagerbau, kümmert sich der Bauleiter eigentlich um nichts. Mein Onkel sagt, daß sich der Bauleiter, wenn zwischen ihnen so etwas wie ein Gespräch entsteht, sich stets mit den Worten: »Ich bin nur ein Ingenieur« rechtfertigt.

Dezember 1943. Die letzte Gruppe aus dem Ghetto kam bei uns an; außer Spira und seiner Familie soll niemand zurückgeblieben sein. Frau Rottersmann überbrachte mir Grüße von Bubi, der mit der ganzen Familie nach Ungarn gereist ist. Sie mußte Malinka ins Kinderhaus geben und ist mit den Nerven ziemlich fertig, aber alle haben ihr erklärt, daß ›Tatele‹ Koch so gut zu den Kindern sei, daß sie ihre Eltern nach ein paar Tagen vergessen. Man macht sich Gedanken darüber, warum die Familie Spira im Ghetto geblieben ist. Keiner hat geglaubt, daß man sie zur Belohnung für Spiras Spitzeldienste nach Deutschland bringen wird, wie er sich gebrüstet hatte.

Am Abend nach der Ankunft der letzten Gruppe aus dem Ghetto stürmte Papa herein:
»Kommt, schaut euch das große Feuer auf dem Hügel an.«
Zwar hatten wir die Schüsse gehört, aber nicht sonderlich viele; man achtete kaum mehr darauf. Wir gingen vor die Baracke und sahen ein großes Feuer.
»Was ist passiert?«
»Das ist Simche Spira auf seiner Sonderreise. Da hat er nun den Spitzellohn, den er verdient hat.«
»Dieses Feuer bedauere ich nicht«, sagte jemand, »leid tut mir nur der liebe Junge, der so naiv war, die Spira-Tochter zu heiraten.«

Ich weiß nicht, wie wir den Winter überstanden haben. Wir leben immer noch; viele Transporte sind abgegangen, viele Transporte sind angekommen, neue Mordgehilfen wie etwa die ›V‹-Kapos sind dazugekommen, und die muß man jetzt am meisten fürchten. Das Gedächtnis fängt an, mir Streiche zu spielen. Während der Appelle denke ich gern an vergangene Zeiten; natürlich ziehe ich die guten vor, doch gerade an die kann ich mich kaum noch erinnern. Ich überlege, wie weit mein Gedächtnis zurückreicht. Mir scheint, bis zur Flucht 1939, das ist fast vier Jahre her; wenige Jahre, die mir wie eine Ewigkeit vorkommen.
»In welche Klasse würde ich jetzt gehen«, frage ich Mama, die mit mir beim Appell steht.
»In welche Klasse? Du wärst schon im Gymnasium.«
»Wahrscheinlich kann ich nicht einmal mehr schreiben.«
Mama läßt sich auf kein Gespräch ein. Sie wird immer schweigsamer und wirkt völlig entkräftet, oft drängt sie mir eine Hälfte ihrer Brotration auf. Wenn ich das Brot nicht nehmen will, sehe ich Tränen in ihren Augen.

Der heutige Appell ist schnell zu Ende. Wir marschieren an Göths Villa vorbei, wobei wir uns darum bemühen, mit unseren Holzschuhen so leise wir möglich aufzutreten, damit er bloß

nicht ans Fenster tritt. Bei den Arbeitsplätzen wird geflüstert: *»Zeks, zeks, awojdym!«* Ich weiß nicht, was das bedeutet, bloß, daß es sich dabei um eine Warnung handelt (*Vorsicht, an die Arbeit!* Anm. d. Übers.)
Sie kommen! »Achtung!« hören wir von der Tür her. Die Arbeit geht uns nur so von der Hand. Keine Ahnung, wer da kommt. Ich höre langsame Schritte. Sie machen Halt, setzen ihren Weg fort, gehen an uns vorbei. Mein Herz scheint stillzustehen. Es ist Amon Göth mit zwei Hunden, Alf und Rolf; auf dem Kopf trägt er seine Offiziersmütze, ein schlechtes Zeichen. Neben ihm schreitet Hujar mit dem schrumpeligen Puterhals, das kleine, dicke Gegenstück zu Landstorfer. Wohlwissend, daß wir den Atem anhalten, gehen sie ganz langsam. Ich ersticke beinahe.
Sie sind wieder weg. Sie sind weggegangen und nichts ist passiert, was nicht weniger beunruhigend ist – Amon Göth mit der Offiziersmütze und mit seinen Hunden, und kein einziger Hieb, kein einziger Schuß! Bis zur Mittagspause horchen wir angestrengt. Die Erfahrung hat uns gelehrt, daß wir in solchen Fällen noch mit besonderen Grausamkeiten zu rechnen haben.
Am nächsten Morgen weckt uns die Trompete mit einem ungewohnten Signal. Es bedeutet: die Lebenden zum Appell, die Toten, auf dem Papier, zum Tisch des Rapportführers.

»Der wievielte ist heute«, frage ich Mama, während ich schlaftrunken neben ihr hertripple.
»Ich glaube, es ist der vierzehnte Mai. Ein schöner Morgen. Heute wird es warm werden.«
Wir stellen uns auf. Ringsum Flüstern, Mutmaßungen. Dezimierung? Transport? Ist jemand geflohen? SS-Männer marschieren auf dem Appellplatz auf, zweihundert, vielleicht fünfhundert, so viele waren es noch nie. Sie kreisen uns ein, wir sind entsetzt: Wird man uns alle erschießen? Wieder geschieht etwas, wovon wir keine Ahnung haben, weder Chilowicz noch Mietek Pemper, der als Stenograph des Kommandanten arbeitet, wissen Näheres. Es ist kein Geheimnis mehr – es wird eine

Liquidierung geben. Aber ob alle liquidiert werden...? Auf dem Appellplatz stehen sämtliche Insassen des Lagers einschließlich der Mannschaft: Aufseherinnen, ›V‹-Kapos, OD-Männer, die ›Würdenträger‹, Amon Göth und seine Hunde. Die SS-Leute haben uns mit entsicherten Gewehren eng umstellt. Die Aufseherinnen reden und lachen, als befänden sie sich außerhalb des Lagers.

*»Eins, zwei, drei«*, Lautsprecherprobe. Kein Zweifel, etwas Schreckliches bahnt sich an. Sollte dieser Tag im Mai 1944 der letzte Tag unseres Lebens sein? Wachposten mit Hunden und entsicherten Karabinern nehmen in gleichmäßigen Abständen Aufstellung. Die ganze Gefolgschaft fährt auf den Appellplatz. Einige erkenne ich, erinnere mich sogar an ihre Namen. An der Spitze Amon Göth, Hauptscharführer Müller, Landstorfer. Amon Göth steigt auf ein Podium, das für seine Rede vorbereitet wurde. Ansprache. In einiger Entfernung, auf der befestigten Straße, die aus dem Lager führt, sind zwei Lastwagen mit herabgelassenen Planen vorgefahren.

Es herrscht eine beklemmende Stille, die Sonne beginnt zu brennen. Die Oberaufseherin und ihre acht mit Peitschen bewaffneten Aufseherinnen stehen steif und lauernd da, als könnten sie nur mit Mühe den Enthusiasmus bändigen, der sie erfüllt. Die Peitschen in ihren Händen bewegen sich unablässig, wie Lebewesen.

Die Atmosphäre ist so gespannt, daß niemand wagt, den Kopf zu drehen, obwohl Schritte zu hören sind. Das sind die Kinder aus dem Kinderhaus, die da marschieren, geführt von ›Tatele‹ Koch. Er führt sie in ordentlichen Fünferreihen zum Appellplatz. Alles Blut ist aus seinem Gesicht gewichen. Er geht mit seiner Gruppe ans Pult, an dem die ›Herren‹ sitzen. Ich weiß nicht, wieviele Kinder es sind, hundert, vielleicht mehr. Man hört, wie ›Tatele‹ mit gebrochener Stimme Göth Meldung erstattet. Der winkt mit der Peitsche ab, als wolle er zu verstehen geben, daß das jetzt unwichtig sei. Achtlos wirft er das Dokument, das Koch ihm übergeben hat, aufs Pult, ohne auch nur einen Blick darauf zu werfen. Mit der Peitsche winkt er die

Lastwagen herbei, die sofort dicht an die diszipliniert und reglos dastehenden Kinder heranfahren.
Der ganze Platz gerät in Bewegung. Väter und Mütter schluchzen. Mehrere Deutsche springen von den Lastwagen. Aus den Kehlen der Kinder, die bislang still wie Puppen und starr vor Entsetzen dastanden, dringen flehentliche Schreie. Jetzt werden die Kinder von den Schergen zu den Lastwagen getrieben. Sie schreien um Hilfe: »Mama, Mamele, Papa, Tatele! Helft mir! Ich will nicht, ich habe Angst, holt mich hier weg!«
Ein ganz kleines Kind versucht, auf allen Vieren zu fliehen. Eine Aufseherin drischt mit der Peitsche auf das Kind ein, als hätte sie nur auf diesen Augenblick gewartet. Teilnahmslos packt sie es bei den Händchen und wirft den kleinen Körper wie einen Sack auf die Ladefläche.
Es ist nicht zu ertragen. Der ganze Appellplatz heult auf, die Peitschen sausen nieder, die Hunde bellen. Ich bedecke Gesicht und Ohren mit den Händen. Heftig reißt Mama sie mir wieder herunter. Wieder stehe ich aufrecht da, am ganzen Leib zitternd. Ich schaue in das Gesicht meiner Mutter. Sie starrt wie eine Blinde vor sich hin, ohne jeden Ausdruck. In diesem Moment erklingt aus dem Lautsprecher Walzermusik: »Mama, komm zurück.« Gleichzeitig fahren die Lastwagen zum Lagertor. Die Kinder schreien gellend, versuchen die Lautsprecher zu übertönen. Aus den sich langsam entfernenden Lastwagen strecken sich verzweifelt Händchen heraus.
Die Frauen werfen sich auf die Erde, zerfetzen ihre Kleider, reißen sich die Haare aus, zerkratzen ihre Gesichter, einige kriechen zum Pult, wo Amon Göth sitzt. Dort werden sie von den Aufseherinnen und Kapos mit Peitschenhieben empfangen und wieder in die Reihen zurückgejagt.
Die Lastwagen mit den Kindern sind bereits hinter dem Tor verschwunden. Das Heulen hört nicht auf. Der Ring, den die SS-Männer und ihre kläffenden Hunde bilden, wird enger. Die Musik spielt noch immer. Peitschenhiebe pfeifen durch die Luft. Bis zu diesem Augenblick ist noch kein einziger Schuß gefallen.

Umringt von seinem vergnügten Gefolge, sitzt Göth ungerührt hinter seinem Pult. Mit gleichgültiger, gelangweilter Miene erteilt er Hujar einen Befehl. Dann setzten sich die ›Herren‹ in ihre Autos und fahren davon.
Wir stehen noch immer da, es gibt keinen Befehl abzutreten. Einige Mütter kriechen bis dicht an die Postenkette und flehen, man möge sie erschießen. Die Aufseherinnen traktieren sie mit Fußtritten, reißen sie an den Haaren und peitschen sie in die Reihen zurück.
Die Sonne brennt unbarmherzig. Wir stehen schon seit vielen Stunden. Meine Kehle und mein Mund sind wie ausgedörrt, aber ich zittere, als herrsche eisiger Frost. Ich denke – wie kommt es, daß man noch denken kann? – ich denke, wie hellsichtig war meine Mama doch, wieviele böse Worte hat sie über sich ergehen lassen müssen, daß sie mich quäle, weil sie mich mit den Erwachsenen arbeiten lasse, obwohl ich doch eines dieser Kinder sein könnte, die nur ganz selten einmal zum Appell müssen. Mama scheint meine Gedanken zu erraten. Manchmal berührt sie mich, als wollte sie sich vergewissern, daß ich noch neben ihr stehe. Meine Beine schmerzen. Ein Flüstern geht durch die Reihen: »Ignac Kleiner ist verrückt geworden, Ignac Kleiner lacht irre. Sie haben seinen geliebten, kleinen Marek mitgenommen. Sie prügeln Ignac, doch er lacht und lacht.« Stumpf und gleichgültig stehe ich da, die Dämmerung bricht herein, das Heulen läßt nicht nach. Das Gefühl der Abstumpfung hilft mir auszuhalten. Es dringt nur wenig bis zu mir durch. Erst als Mama mich berührt, merke ich, daß sich die Reihen in Richtung Baracken in Bewegung setzen. Die ersten Schritte bereiten mir starke Muskelschmerzen. Trinken und mich hinsetzen, das ist es, was ich mir wünsche. Ich bin nicht so dreist, mich zu beklagen, ich lebe ja, ich kann gehen.
Im Block angelangt, erwache ich allmählich aus meiner Apathie. Irgendetwas geht vor. Die Frauen sind erregt. Ich horche aufmerksam. Zwei Kinder sollen sich in der Latrine versteckt haben. Man hat sie herausgezogen, sie wären im Kot fast erstickt. Welche Kinder sind es, von welchen Müttern? Die

Latrine ist gedrängt voll. Wachsam schleichen die Aufseherinnen durchs Gelände, wie Gespenster geistern sie zwischen den Baracken herum. Bei einem der Kinder soll es sich um Jerzyk Spira handeln, der etwa zehn Jahre alt ist, das andere Kind ist Juluś Cinz. Die Frauen überlegen hin und her, wie man diese Kinder aus der Latrine herausschmuggeln, sie waschen, mit frischen Kleidern versorgen und wo man sie sicher verstecken kann. Bis morgen müssen sie dort bleiben. Unsere Frau Weber, die für die Latrine zuständig ist, soll ihnen zu essen geben und aufpassen, daß niemand sie zu Gesicht bekommt. Zum Glück nähert sich keine der Aufseherinnen der Latrine, da von dort ein entsetzlicher Gestank ausgeht. Sie machen einen weiten Bogen um diesen Ort. Heute gibt es nichts zu essen. Meine vorausschauende Mama drückt mir das Stück Brot in die Hand, das sie von einem Tag auf den anderen stets als eiserne Ration aufbewahrt. Ich versuche ihr zu erklären, daß ich ganz und gar nicht hungrig bin. Sie sieht mich auf eine Art und Weise an, daß mir nichts anderes bleibt, als nach dem feuchten Brot zu greifen und mich auf der Pritsche zu verstecken, damit sie nicht sieht, wie gierig ich es hinunterschlinge.

Ich weiß nicht, ob ich geschlafen habe, mir ist, als hätte ich geträumt, aber es ist kein Traum; die Trompete, die den Appell ankündigt, ist zu hören. Die Blockältesten toben. Die Aufseherinnen prügeln, treiben uns aus den Baracken. Die Frauen schleppen sich in schweren Holzpantinen vorwärts, abgestumpft und unter Schmerzen. Und wieder stellen wir uns in Fünferreihen auf und marschieren auf den Appellplatz. Die Sonne geht als großer, roter Ball unter. Wir haben unseren Lageraberglauben: Geht die Sonne blutrot unter, wird der Tag auch blutig enden. Doch gibt es bei uns überhaupt andere Tage?

Ich sah die Kinder, die man abtransportiert hatte, vor mir und hoffte, daß man sie nicht umbringen würde. Vielleicht, dachte ich mir, gab es irgendein Sonderlager für Kinder, doch im Grunde wußte ich genau, daß ich mir etwas vormachte.

Wir stellten uns in unserer Reihe auf. Mama wiederholte immer

wieder: »Wenn du leben willst – dann steh, wenn man dir zu stehen befiehlt; sitz, wenn man dir zu sitzen befiehlt; schweig, wenn man dir zu schweigen befiehlt.«
Ich wußte nicht, wann sie begonnen hatte, sich diese Lagerphilosophie zu eigen zu machen. Sie hatte sich sehr verändert. Stets war sie aufbrausend und ungeduldig gewesen, nun war sie still und nachdenklich, und ihr sorgenvoller Blick folgte mir überall hin. Ihr Gesicht hellte sich auf, wenn Adam erschien. Mein Bruder war ein Mann geworden. Er war größer und ernsthafter als früher. In jenen kurzen Augenblicken, in denen wir uns sahen, sprach keiner. Schweigend und sorgenvoll schauten wir uns an und fragten uns ängstlich, ob wir uns wohl noch einmal sehen würden.

Wir stehen da, Wachposten umstellen uns, zwar weniger dicht als am Morgen, doch genauso stumm und bedrohlich. Geflüster, Vermutungen. Ein neuer Transport?
Nein, diesmal ist es etwas völlig anderes. Von der Krankenstube schleppen sich die Patienten, allen voran der einst stattliche Revierälteste Doktor Gross, der nun gealtert ist und gebeugt geht. Ein Spezialkommando für die Exekution marschiert auf, alle sind mit Karabinern bewaffnet. Ein Wagen fährt bis vors Pult, der Chefarzt Doktor Blancke steigt aus. Angetrunken, laut und in allerbester Stimmung kommen Hujar, Landstorfer, Müller und die ›V‹-Kapos angerannt und schwingen ihre Peitschen. Doktor Gross geht zum Pult, gibt die Liste ab und stellt sich dann neben die Kranken. Die Schwerkranken liegen auf Bahren, die von den Kräftigeren getragen werden. Landstorfer bedeutet Gross mit der Peitsche, er solle sich zurückziehen. Im selben Augenblick fallen die Männer des Spezialkommandos wie wilde Tiere über die Kranken her. Unter Gebrüll, mit Peitschenhieben und Kolbenschlägen treiben sie eine Gruppe auf den Hügel zu. Sie können kaum gehen, stolpern immer wieder, der Weg steigt an, sie gehen mit erhobenen Köpfen und schauen gen Himmel, als erwarteten sie von dort Hilfe oder gar ein Wunder. Auf die, die auf den Bahren

liegen, werden Schüsse abgefeuert. Die Tragen werden fallengelassen, seltsam verdrehte Körper bleiben liegen.
Auf einmal ertönt ein Geräusch, das Gemurmel in den Reihen schwillt an. Was ist das? Es wird gebetet. Die Menschen beten für die, die gleich sterben werden. Sie glauben, daß ihnen das auf ihrem letzten Weg hilft. Nichts kann ihnen helfen, schluchze ich lautlos, nichts. Es gibt nichts. Weder dort oben, noch hier unten. Nichts! Nichts! Mama, die fürchtet, daß ich gleich einen Schluckauf bekomme oder zu zittern anfange, drückt meinen Arm so fest, daß es schmerzt. Es hilft, ich beruhige mich. Keine Serien von Schüssen wie sonst. Es wird einzeln geschossen. Die Mörder haben sich komplett eingefunden: Jeder kommt zu seinem ›Vergnügen‹. Die Schüsse verstummen, wir dürfen abtreten und in die Blöcke zurückmarschieren. Diejenigen, die bis heute privilegiert waren, leben nun nicht mehr, weder die Kinder noch die Kranken, die im Lagerspital ebenfalls bessere Lebensbedingungen hatten.
Ich denke an Papas Besuch vor einigen Tagen, als er mir ein Stück Brot brachte. Das tut er oft. Er behauptet immer, er habe eine Zusatzration erhalten. Dabei sieht er so elend aus, genau wie Mama spart er sich das Brot vom Mund ab, um es mir oder Adam zu geben. Ich habe mir geschworen, kein Brot mehr anzunehmen, weder von Mama noch von Papa. Bei seinem letzten Besuch, als Papa mit dem Brot kam, hat er zu Mama gesagt, ich sähe so erschöpft aus und es wäre gut, wenn man mich für einige Tage in der Krankenstube unterbringen könnte, wo er Ärzte kannte. Mama fand das keinen guten Einfall, und Papa kam nicht mehr darauf zurück.
Wiluś Rosners Trompete ertönt; es ist, als schluchze sie. Ich schaue mich um, ob jemand weint. Ringsherum nur graue Gesichter, leblos und mit dem einzigen Ausdruck hoffnungsloser Verzweiflung.
Der folgende Tag bringt nichts Neues. Wie üblich fahren ein paar kleinere Lastautos Leute zum Erschießen auf den Hügel. Während der Arbeit weht Gesang zu uns herüber: »Noch ist Polen nicht verloren...« Schüsse krachen.

Bei den nächsten Transporten wird nicht mehr gesungen. Man hat den Menschen die Münder mit Heftpflastern zugeklebt. Man hört nur die Schüsse.

Ins Lager kommen häufig wichtige Kommissionen. Die einen sagen, man wolle bei uns ein Krematorium errichten. Andere wiederum behaupten, das sei unmöglich, es würde sich nicht lohnen. Bis Auschwitz ist es nicht weit, und in den dortigen Gaskammern soll es ja Platz genug für alle geben. Früher, als ich noch nichts davon wußte, daß Menschen vergast werden, hatte ich am meisten Angst davor, erhängt zu werden. Wenn die Erwachsenen jetzt darüber reden, daß man Menschen im Gas umbringt, was einen langsamen Tod zur Folge hat, bekomme ich Erstickungsanfälle.
Seit dem Verschwinden der Kinder hat Mama viel durchzumachen. Viele Frauen werfen ihr böse Blicke zu, Mama sieht das, paßt auf, unternimmt alles, um mich möglichst unsichtbar zu machen. Ich darf mit niemandem reden, muß auf der Pritsche sitzen und soll mich nicht einmischen. Eines Nachts träume ich von einer Gaskammer und schreie im Schlaf. Mama schlägt mich, dann umarmt sie mich und beginnt zu weinen. Nichts ist schlimmer, als sie weinen zu sehen. Manchmal geschieht es, daß eine der Frauen, deren Kinder man weggebracht hat, zu mir kommt. Wortlos legt sie ein Stück Brot auf die Pritsche, das sie bestimmt für ihr Kind beiseite gelegt hatte. Zunächst bleibt es mir im Halse stecken. Doch schließlich schlinge ich es hastig hinunter, für den Fall, daß sie es sich anders überlegt.

Wir haben *›Zugänge‹*, Transporte aus Ungarn, aus der Tschechoslowakei, anscheinend sogar aus Rußland. Es herrscht ein Chaos, das nichts Gutes verheißt. Laut spricht man davon, daß es Deportationen geben wird, denn das Lager platzt aus allen Nähten.
Tagsüber steht der Erschießungshügel in Flammen. Sie verbrennen die Leichen, über dem Lager hängt der grauenvolle, unverwechselbare Gestank, der alles durchdringt. Kein Vogel

ist zu sehen. Einmal habe ich Mama darauf aufmerksam gemacht, und ihre Antwort lautete: »Die Vögel spüren den Tod.«
Doktor Blancke fährt auf dem Appellplatz vor. Es gibt also eine Selektion. Aber wie? Wohin? Wird an Ort und Stelle Schluß gemacht, wie mit den Kranken? Mama beugt sich zu mir herunter und flüstert:
»Hör genau zu, denk dran, denk dran«, wiederholt sie mit Nachdruck, »falls…«
Ich spüre, daß sie nicht sprechen kann. Die Aufseherinnen schreiten die Reihen ab, bewachen die Stille und warten auf ein Opfer.
»Denk dran«, wiederholt Mama nach einer Weile, »bleib stehen, wenn sie mich rausholen, schließ die Augen und rühr dich nicht.«
Es läuft mir eiskalt über den ganzen Körper. Nie habe ich den Gedanken an mich herangelassen, daß dergleichen passieren könnte. Natürlich kann es passieren, denn was kümmert es die, daß Mama und ich ein Ganzes sind.
»Und wenn sie mich herausholen, dann bleibst du stehen«, flüstere ich.
»Rede keinen Unsinn«, zischt Mama. Sie spielt die Starke, wie immer, wenn sie sich fürchtet.
Jetzt fällt mir ein, daß in den letzten Tagen auch von Transporten nach Stutthof, Flossenbürg und anderswohin gesprochen wurde. Sie sollen Frauen abtransportiert und im Meer ertränkt haben.

Einmal bin ich am Meer gewesen in… Mühsam krame ich aus dem Gedächtnis den Namen des Ortes hervor: Es war in Hel. Wasser, soweit das Auge reichte, und dort, wo Wasser und Himmel ineinander übergingen, mußte wohl das Ende der Welt sein. Tante Grünberg und Ziuta begleiteten uns. Oft bekam ich den Hintern voll, denn statt artig Sandtörtchen zu backen, rannte ich immerzu ins Wasser. Ich wollte unbedingt zu der Stelle gelangen, wo die Welt zu Ende war. Mama schrie, mit diesem wilden Kind wolle sie nie mehr irgendwohin fahren,

dies sei die reinste Qual. Dann traf Onkel Grünberg ein. Um mich vor Schlägen zu bewahren, tobte er tagelang mit mir am Strand herum. Ihm allein verdanke ich es wohl, daß ich damals das Meer nicht haßte, an dessen Ende man mich nicht gehen ließ. Wie lange ist das her.
Die Aufseherinnen schleichen langsam und träge zwischen den Reihen entlang. Das ist das Bedrohlichste. Sie halten harmlos wirkende, gewöhnliche Spazierstöckchen in den Händen. Damit ziehen sie die Frauen wie Marionetten am Hals aus den Reihen und zerren sie zum Pult, wo Doktor Blancke breitbeinig auf einem Stuhl sitzt. Dort muß man sich blitzschnell ausziehen und wieder strammstehen. Ich merke, daß er die Frauen gar nicht ansieht; egal, ob sie alt oder jung sind, er befiehlt ihnen mit einer Bewegung seiner Peitsche, auf die andere Seite zu gehen. Die Aufseherinnen können sich das Vergnügen nicht versagen, sich erneut ihrer Spazierstöcke zu bedienen und die abgefertigten Frauen mit Peitschenhieben zur Eile anzutreiben. In den Reihen wächst die Panik. Keine von uns durchschaut das System, nach dem die Aufseherinnen ihre Wahl treffen. Mama ist in größter Sorge und schiebt mich hastig hinter sich. Bisher habe ich immer vor ihr gestanden, so daß sie mich im Auge behalten konnte. Jedesmal, wenn ich im Stehen einschlief oder unruhig zu werden begann, rief sie mich mit einer Berührung zur Ordnung. Jetzt befinde ich mich plötzlich hinter Mama.
Mit lautlosem Gang schleicht die Aufseherin Orłowska die Reihe entlang; wir nennen sie ›Mannweib‹, weil sie aussieht, wie ein Kerl. Die Selektion geht weiter. Bei unserem Block hören sie auf. Die Männer stehen stramm und recken ihre Hälse. Sie halten Ausschau, ob sich in der Gruppe der Ausgesonderten ihre Ehefrauen, Schwestern, Töchter befinden. Die Gruppe der abgeführten Frauen vergrößert sich rasch, Peitschen sausen nieder, Kapos und Aufseherinnen haben Mühe, die Ordnung aufrecht zu erhalten. Die Frauen rufen nach ihren Männern, Söhnen und Brüdern, sie rufen: »Lebt wohl!« Ein einzelner Schuß fällt dort, wo die vor Entsetzen halb wahnsinnigen Frauen stehen.

Ich zittere am ganzen Körper und habe wieder Schluckauf. Es hilft nichts, daß mich Mama am Ärmel zieht. Die nunmehr zu fünft angetretene Gruppe verschwindet in Richtung Lagertor. Man atmet auf. Sie wird nicht auf den Erschießungshügel gebracht, vielleicht gelingt es diesen Frauen zu überleben. Sie entfernen sich immer mehr. Auf dem Appellplatz herrscht Grabesstille. Das Tor hat sich wieder geschlossen.
Wir stehen da. Umringt von Aufseherinnen sitzt Doktor Blancke am Pult. Gelächter. Sie lachen wie toll. Eine Aufseherin zieht eine andere mit dem Spazierstock am Hals, wie sie das eben noch mit den Frauen gemacht haben, sie schütten sich aus vor Lachen. Apathisch und starr stehe ich da und habe das Gefühl, Opfer einer schrecklichen Demütigung, nur noch von Hilflosigkeit und Angst beherrscht zu sein. Ein einziger Gedanke pocht hartnäckig in meinem Schädel: Heute die, morgen vielleicht wir. Unsere sonst so ruhige Blockälteste tobt und treibt uns auf geradem Weg in die Baracken; wir dürfen nicht einmal zur Latrine gehen. Sie ist wütend und flucht. Bis morgen muß sie zwei Listen erstellen; eine mit den Nummern jener Frauen, die geblieben sind und eine mit den Nummern jener Frauen, die abtransportiert wurden.

Man hat die Kinder, die sich während der Liquidierung in der Latrine versteckt hatten, in der Krankenstube untergebracht. Kein allzu sicherer Ort, doch dorthin gehen unsere Peiniger, die panische Angst vor Ansteckungen haben, nur selten.
Viel Kummer bereiten die Zugänge aus Ungarn. Nicht nur, daß man sich mit ihnen nicht verständigen kann, sie haben außerdem Schwierigkeiten, sich an das Lagerleben anzupassen. Sie haben die ›Umschulung‹ in den Ghettos nicht durchgemacht, sie kennen nicht die schrittweise Erniedrigung eines Menschen. So beschließen sie zum Beispiel, zur Zeit der Blocksperre zur Latrine zu gehen. Die Blockälteste will sie nicht hinauslassen, sie widersetzen sich und verlassen die Baracke, so daß einige von ihnen umgebracht werden oder Prügel beziehen. Oft geht es mir durch den Sinn, daß Bubis Familie die

Flucht wohl nichts genützt hat, da sie auch Ungarinnen zu uns bringen.

Ich bin völlig verlaust, es ist, als sei meine Haut zusammen mit den Läusen in Bewegung; weder kann ich ruhig schlafen, noch arbeiten, noch beim Appell stillstehen. Das kommt bestimmt von den elenden Uniformen, die wir ausbessern müssen. Ich bin wütend darüber, daß ich so viele Läuse habe, gleichzeitig freue ich mich, daß die deutschen Mörder irgendwo an der Front ebenfalls darunter zu leiden haben.
Die Essensportionen werden immer kleiner. Fortwährend Kämpfe mit Mama. Früher hatte sie immer so getan, als sei das Stück Brot, das wir erhalten, zu groß für sie. Jetzt versucht sie es mit der Suppe. Widerwillig stochert sie in der Schüssel herum und behauptet, daß sie diesen Fraß auf keinen Fall essen könne. Oft kann ich der Versuchung widerstehen. Dann sage ich: »Ich bringe es heute auch nicht fertig, gib sie doch jemand anderem, Mama«, und versuche dabei, gleichgültig zu wirken.
Mama sieht mich forschend an. Dann führt sie, die genauso hungrig ist wie ich, seufzend den Löffel zu den Lippen.

Seit man die Kinder abtransportiert hat, läßt Mama mich nicht mehr alleine zur Latrine gehen. In der Latrine traf ich mich immer mit meinen Freundinnen; dort konnten wir sogar herumalbern und lachen. Tatsächlich vergaßen wir für Augenblicke, wo wir waren. Und jetzt begleitet sie mich zur Latrine. Wenn wir nicht bei der Arbeit sind, sondern uns im Block aufhalten, scheucht sie mich in die Baracke. Wenn man sich, wie das gelegentlich der Fall ist, nicht hinlegen darf, muß ich mich im hintersten Winkel unserer Pritsche verstecken und mucksmäuschenstill sein. Manchmal habe ich den Eindruck, daß sie sich – wie früher – über mich ärgert. Einmal habe ich sie danach gefragt. Mit Tränen in den Augen sah sie mich an, antwortete, daß das doch gar nicht wahr sei und umarmte mich heftig. Ich sorge mich um sie; es wäre mir viel lieber, wenn sie sich über mich ärgern würde.

Heute fuhr wieder ein Lastwagen auf den Hügel. Alle, die heruntersprangen, hatten, wie es in letzter Zeit üblich ist, mit Heftpflastern zugeklebte Münder. Sie mußten ihre ausgezogene Kleidung ordentlich aufeinanderlegen und sich vor ihrem Grab aufstellen. Diesmal gehörten zwei Kinder zum Transport, ein kleiner, etwa zwölf Jahre alter Junge und ein Mädchen, das nicht viel älter war als vier. Der Junge entkleidete sich sehr schnell als erster, dann zog er das Mädchen aus. Die Kleine fest in den Armen, ihr Köpfchen an seinen Bauch gedrückt, stand er vor dem Grab. In den letzten Sekunden ihres Lebens stehen alle aufrecht. Die Schultern des Jungen zuckten heftig.
In solchen Augenblicken rattern die Maschinen in der Arbeitsbaracke in wahnwitzigem Tempo. Eine Maschinengewehrsalve. Einer der Mörder schreitet den Graben entlang, und es folgen vereinzelte Schüsse; er tötet jene, die nicht tödlich getroffen wurden. Dann steigen die Deutschen wie immer lachend und in bester Stimmung in die Lastwagen.
Ich frage mich, ob diese Menschen, denn Menschen sind sie schließlich – sie haben Köpfe, Arme, Beine – wohl Familie haben. Besitzen sie die Fähigkeit zu leiden, zu lieben, sich zu fürchten? Den Tag werde ich vermutlich nicht erleben, daß mir jemand darauf eine Antwort zu geben vermag. Ich kann diesen schrecklichen Haß auf uns alle, die wir eingesperrt und wehrlos sind, nicht verstehen. Stets habe ich den Jungen mit der Kleinen in den Armen vor Augen. Alles in mir wird zur Klage, zu laut- und tränenlosem Weinen. Auch weinen ist verboten.
Der wehmütige Klang von Wiluś Rosners Trompete ruft zur Mittagspause. Ich will nichts essen. Ich würge, als müßte ich mich übergeben, und denke, daß diese inneren Krämpfe mich wohl immer wieder, bis an mein Ende, heimsuchen werden. Welches Ende? Und wann? Ich stelle mich bei der Latrine an, Halinka flüstert mir zu, sie habe einen Zigarettenstummel. Und schon habe ich beschlossen, diesen Stummel Mama zu geben. Zew, Halinkas Liebster, arbeitet in der Küche, die die ›V‹-Kapos versorgt. Dadurch kann er ihr des öfteren eine Zigarette oder sogar ein paar gekochte Kartoffeln zustecken, und stets

teilt Halinka mit mir. Ich weiß nicht, wie sie das schafft, jedenfalls benimmt sie sich so, als wäre ihr überhaupt nicht bewußt, daß jede Minute unsere letzte sein könnte. Sie schmiedet Zukunftspläne: Wenn wir aus dem Lager kommen, heiratet sie Zew und fährt mit ihm für immer nach Amerika. Vor dem Krieg besaß ihr Vater ein großes Restaurant in Bielitz, und er soll eine Menge Geld bei Bekannten hinterlegt haben.
Als wir wieder im Block sind, setze ich mich sofort in eine Ecke der Pritsche. Ich höre, wie die Frauen sich aufgeregt darüber unterhalten, daß man uns nach und nach abtransportieren und das Lager allmählich auflösen wird, während die Kämpfe an den verschiedenen Fronten immer heftiger werden.

Es kam eine Zeit strengster Lagersperren. Nach den Appellen durfte man nicht mehr einzeln zur Latrine gehen, nach der Arbeit durfte man sich zwischen den Baracken nicht mehr frei bewegen. Bedauerlicherweise sind wir nicht mit Ziuta und meiner Tante zusammen in einer Baracke. Einige Frauen aus unseren Blocks sind sehr nett. Seit geraumer Zeit belegt Rózia Kornhauser die Pritsche neben uns. Vor ein paar Monaten kam sie mit einem Transport aus dem Gefängnis Montelupi. Ich weiß nicht, durch welches Wunder es gelang, ein Dutzend Personen daraus zu retten: eine davon war Rózia. Sie hängt sehr an Mama und teilt mit ihr das Brot. Beide haben beschlossen, für die Kleine, das heißt also für mich, noch vor dem Winter Unterhosen zu besorgen. So etwas läßt sich nur über diejenigen organisieren, die beim Aussortieren der Kleider der Ermordeten arbeiten, und das wiederum nur gegen Brot. Manchmal würde ich am liebsten zu ihnen sagen, sie sollen damit aufhören und ihre Hungerportionen selbst aufessen, da wir ja ohnehin nicht überleben werden. Aber ich fürchte mich, den Mund aufzumachen, denn vermutlich denken sie genauso.
Mit Papa und Adam haben wir fast keinen Kontakt mehr. Das Frauenlager ist dicht mit Drahtverhauen umzäunt. Nur einige OD-Männer haben Zutritt. Papa ist auch beim OD, aber in untergeordneter Stellung, seine Arbeit besteht darin, Rapporte

darüber zu verfertigen, wieviele Transporte eintreffen und wieviele abgehen und wieviele Menschen gestorben sind. Es geht das Gerücht, er schmuggle manchmal Lebende auf die Liste der Toten.

Mietek Pemper, Göths Stenograph, erzählt Papa oft, natürlich unter dem Siegel der Verschwiegenheit, von geplanten Transporten. Wenn die Deutschen davon erführen, brächten sie ihn um. Pemper muß äußerst vorsichtig sein. Er ist der einzige, der mit allen Lagerdokumenten unmittelbar in Berührung kommt.

Ignac Kleiner hat nach dem Abtransport seines Söhnchens Marek das seelische Gleichgewicht nicht wiedererlangt. Er soll einen SS-Mann angegriffen, ihm das Bajonett entrissen und ihn damit verwundet haben; ich kenne den Hergang der Ereignisse nicht genau, jedenfalls hat ihn der SS-Mann erschossen. Ich nehme an, daß Ignac Kleiner genau das wollte.

Hanka Kleiner hat all die Tragödien scheinbar leichter ertragen. Schon früher wurde darüber geredet, daß sie in Emek Langer verliebt sei und ihr Mann darunter leide. Emek ist ein OD-Mann, der keinem etwas zuleide tut; er ist groß und plump. Hanka wohnt zwei Pritschen von uns entfernt, ist hübsch und sehr freundlich. Doch mache ich stets einen Bogen um sie. Die Arroganz, mit der ich Menschen begegne, die ich, aus welchen Gründen auch immer, nicht mag, ist mir selbst in dieser Hölle nicht abhanden gekommen. Manchmal weist mich Mama zurecht, so dürfe man sich nicht benehmen, wenn man unter Menschen lebt. Ich soll schon früher so gewesen sein, und wenn ich mich auch noch so sehr bemühen würde: Ich kann oder will nicht anders.

›*Zählappelle*‹ finden nun fast jeden Tag statt. Beim Trompetensignal muß man sich binnen unvorstellbar kurzer Zeit auf dem Appellplatz einfinden. Beim Rennen sind die Holzschuhe hinderlich, die einem von den Füßen rutschen; manch eine greift nach einem fremden Holzschuh, und man rennt dann in zwei rechten oder zwei linken Schuhen herum. Hauptsache, man ist rechtzeitig da, ohne die Peitsche des Kapos oder der Aufseherin gespürt zu haben. Am schlimmsten sind die Appelle nach der Nachtschicht. Mama kriegt mich kaum wach und schüttelt mich. Manchmal laufe ich schlaftrunken ohne Pantinen hinaus, und Mama rennt mit meinen Pantinen in der Hand hinter mir her.

Gestern hatten wir Nachtschicht. Ich bin halb bewußtlos, renne, umringt von einer Menge Frauen, die mich von allen Seiten schubsen und stoßen, zum Zählappell. Am Ende stehen wir alle in schnurgeraden Reihen wie gut gedrillte Soldaten da. Ich sehe mich um. Im Lager habe ich gelernt, die Blicke schweifen zu lassen, ohne den Kopf zu bewegen. Wenn sich eine Aufseherin nähert, muß man ausdruckslos vor sich hin glotzen, die Augen sollen nichts sehen, aber auch nicht geschlossen sein. Es läßt sich nicht vorhersagen, für welchen Gesichtsausdruck man mit der Peitsche geschlagen wird.

Diesmal stehen zwei Tische mitten auf dem Appellplatz. In mir wächst die Angst. An einen Tisch bin ich gewöhnt, zwei Tische sind vielleicht Vorboten einer neuen großen Bedrohung. Ich sehe Doktor Gross und die anderen jüdischen Ärzte aus dem Revier. Ich vermute, daß man die beiden Kinder im Krankenrevier entdeckt und denunziert hat. Doktor Blancke, der in letzter Zeit immer häufiger auf dem Appellplatz zu sehen ist, fährt vor. Was wird heute passieren? Ich friere und zittere. Mama hat mich hinter sich geschoben, sie fürchtet, daß ich mich nicht werde beherrschen können, da ich völlig erschöpft bin und nicht genug geschlafen habe.

Ein Flüstern geht durch die Reihen. Ohne den Kopf zu wenden, sagt Mama:

»Hör auf, verdammt nochmal, man tätowiert die, die nach außen gehen, mehr nicht.«

In unserem Block leben zwei Ärztinnen: Doktor Ilse Filipowska und Doktor Matylda Löw. Manchmal schaut Mietek Penner vorbei, um seine Mutter und seine beiden Schwestern zu besuchen. Er ist beim OD, ein fröhlicher, gutmütiger Kerl. Hin und wieder bringt er im Kochgeschirr ein bißchen Schnaps mit, der im Lager als wertvolle Medizin gilt. Lachend erzählt Mietek, er sei stiller Teilhaber im Geschäft eines jener trinkfreudigen Deutschen; er hat sich einen Schlüssel zu dessen Schrank nachgemacht. Einmal hat Doktor Löw Mieteks Schwester Wanda darum gebeten, mir hin und wieder ein paar Tropfen Schnaps abzugeben, da »die Kleine immer weniger Widerstandskräfte hat und man irgendetwas dagegen unternehmen muß.« Ich kann nicht behaupten, daß es mir geschmeckt hat, aber in kritischen Momenten hilft es tatsächlich.

Beinahe täglich kommen neue *›Zugänge‹*, es wird immer enger, Kapos und Aufseherinnen werden immer rabiater und greifen noch öfter zur Peitsche als bisher. Mama sitzt schweigend, mit gesenktem Kopf auf der Pritsche.

»Mama, was ist denn? Bist du krank«, frage ich sie abends und berühre sacht ihre Hand.

Sie spricht mehr zu sich selbst: »Ich habe nichts. Damals, als du im Ghetto die Masern hattest, hat mir Doktor Schwarz versprochen, er würde mir Zyankali besorgen. Er hat mich betrogen, betrogen!« schreit sie. »Ich kann nicht mehr! Dann wäre es jetzt zu Ende mit dir und mit mir!«

Ich weiß, daß Zyankali ein äußerst schnell wirkendes Gift ist. Schon im Ghetto habe ich gehört, daß sich ganze Familien damit vergiftet haben. Ich bin bestürzt. Was geht nur in Mama vor! Ich kann nicht sprechen, ich kann mich nicht rühren.

Doktor Löw tritt an unsere Pritsche, aber ich höre nicht, was sie zu Mama sagt. Sie hat ein winziges Blechgeschirr mit Schnaps bei sich und zwingt Mama, ein Schlückchen davon zu trinken. Sie sitzt lange bei ihr und redet auf sie ein. Danach umarmt mich Mama verzweifelt, und ich weine und weine und kann mich nicht beherrschen. Ich traue mich nicht, in ihr trauriges Gesicht, in diese erloschenen Augen zu blicken, aus denen jede Freude verschwunden ist. Soviel Liebes möchte ich ihr sagen, sie trösten, aber meine Kehle ist wie zugeschnürt.

Nachts kann ich lange nicht einschlafen. Ich höre ihr Lachen von einst und erinnere mich daran, daß man von Mama sagte: »Tusias Augen lachen sogar dann, wenn sie ernst ist.« Ich nehme mir fest vor, Halinka meine Brotration zu geben, damit

Zew für Mama eine ganze Zigarette beschafft. Etwas Gescheiteres fällt mir nicht ein; was auch?

Der Sommer 1944 geht zu Ende. Nur selten ist der Himmel bewölkt, und es fällt kein Regen. Weit weg hinter den Drahtzäunen sieht man grüne Bäume und ein einsames graues Häuschen, das meinen Blick beharrlich auf sich zieht. Dort ist die Freiheit. Welch fremdes, unwirkliches Wort: Freiheit. Wie mag sie aussehen? Meine Phantasie hilft mir nicht weiter, ich kann mir die Freiheit so wenig wie den Tod vorstellen, der in jeder Sekunde auf uns lauert. Völlige Leere, Angst, Magenkrämpfe vor lauter Angst und Hunger, und wenn wir im Winter noch leben, wird die Kälte das ihre dazutun.
Die frommen Einfaltspinsel beten und beten; bei der Arbeit legen sie weiße Schals um; die Mörder, die nur darauf gewartet haben, schießen auf sie durchs Fenster.
»Mit diesem Unsinn beschleunigen sie doch ihren eigenen Tod. Wozu? Für nichts!«
Mama gibt mir zur Antwort:
»Sei still, Kind, auf diese Weise fällt es ihnen vermutlich leichter zu leben und leichter zu sterben. Ich mache mir Vorwürfe, daß wir dich nicht religiös erzogen haben, daß du nicht weißt, wie man betet.«
Ich bin erstaunt.
»Betest du denn, Mama?«
Sie wendet den Kopf ab.

Wir arbeiten an den verlausten Uniformen. Die Kapos, die in die Baracke stürmen, führen sich brutal auf. Grundlos schlagen sie mit Knüppeln auf die Arbeitenden ein. Manchmal zerren sie eine Frau in die Mitte des Raums, werfen einen Berg schmutziger deutscher Uniformen vor sie hin und befehlen ihr, unter Schlägen und Fußtritten, eine davon zwischen die Zähne zu nehmen und auf allen Vieren irgendwohin zu bringen. Dabei verspotten sie ihr Opfer in gebrochenem Polnisch: »Tragen,

Hure, heilige Kleidung, du nicht wert, Heiligkeit anfassen mit jüdische Dreckhände!« Die Kapos, die solche Vergnügungen veranstalten, sind meist angetrunken; überhaupt sind sie ständig angetrunken.

Erst vor kurzem habe ich erfahren, daß es im Warschauer Ghetto einen Aufstand gegeben hat. Während ich die verlausten Hosen wende, muß ich immer wieder daran denken, wie sehr ich diese Verbrecheruniformen, die wir ausbessern, hasse. Freude erfüllt mich, wenn mir ein Kleidungsstück, zum Beispiel ein Uniformhemd, in die Hände gelangt, das steif ist von Blut. Ich sehe es mir gründlich an und versuche, anhand der Blutspuren zu folgern, ob der Mörder überlebt haben könnte oder nicht. Mama weiß nicht, warum ich stets in dem Haufen herumwühle und nach Hemden suche. Nur einmal hat sie gesagt:

»Warum suchst du dir immer die Hemden heraus, Stella? An den Hosen ist weniger dran, die sind leichter auszubessern.«

»Nein, die Hemden sind mir lieber, an ihnen kann man sehen, wieviele Deutsche uns nun kein Unrecht mehr antun können.«

Ich kann nicht aufhören, über den Aufstand im Warschauer Ghetto nachzudenken. So gerne würde ich schießen, wenigstens einen einzigen Deutschen umbringen! Irgendjemand hat erzählt, dort hätten sogar Kinder gekämpft. Warum geschieht hier nichts? Sind die Juden dort anders als hier?

*»Achtung! Alles antreten!«* Ich komme wieder zu mir. Die Trompete ertönt. Ich springe auf. Schon Mittag? Nein. In Reihen und unter Aufsicht marschieren wir los. Sie führen uns auf den Platz zwischen dem Männer- und dem Frauenlager. Von weitem ist eine mächtige Gestalt auf einem Pferd zu erkennen: Es ist der Kommandant Amon Göth. Neben ihm stehen zwei Häftlinge und halten eine riesige Leinwand hoch, auf der etwas steht. Jeder Block hält auf der Höhe des Kommandanten an, bleibt einen Moment stehen und geht dann weiter. Ich habe keine Ahnung, was das soll. Jedenfalls hat es keinen solchen Vorbeimarsch gegeben, seit wir im Lager sind. Der Kapo bleibt stehen, brüllt: *»Aaachtung! Augen links!«* Gut

gedrillt blickt unsere Gruppe zu Amon Göth und den Häftlingen mit der Leinwand. Satzfetzen dringen bis zu mir: daß bei mangelnder Disziplin oder Auflehnung jeder genauso umkommen werde. Wie erstarrt stehe ich da. Verstehe nicht. Kralle die Fingernägel in meine Handflächen. Vor uns liegen die kerzengerade ausgerichteten Körper von Wilk Chilowicz, seiner Frau, Finkelstein und einigen anderen. Sie sind es tatsächlich. Tot. Ich kann den Blick nicht von den Fliegen abwenden, die in die offenen Münder und Nasenlöcher der Leichen krabbeln. Göths Worte dröhnen mir in den Ohren, und ich stehe wie angewurzelt da. Mama versetzt mir einen Stoß, wir gehen weiter.
Ich kann nicht verstehen, warum Chilowicz. Einige haben ihn zwar gehaßt, doch er war nicht schlecht zu uns. Unter Geschrei trieb er die Leute mit seiner Peitsche an, aber ich habe nie gesehen, daß er, anders als Finkelstein, irgendjemanden geschlagen hätte. Er schrie, brüllte und fuchtelte mit der Peitsche herum, dennoch soll er sehr um uns besorgt gewesen sein. Ich habe gehört, er habe auf Schleichwegen massenhaft Leckereien, Cognac, Dauerwurst aufgetrieben, und das alles nur für Amon Göth. ›Ente‹, seine Frau, ging im Frauenlager manchmal brutal vor, nannte uns ständig: »Ihr Płaszów-Huren«, als wäre nicht auch sie eine von uns. Unter Chilowicz hatten wir es jedenfalls leichter als unter Simche Spira im Ghetto.
Jetzt führt man uns auf den Appellplatz. Der Galgen steht bereit, um sein Opfer zu empfangen. Wer wird es diesmal sein?
»Denk daran: wenn du Schluckauf bekommst oder zu zittern anfängst«, flüstert Mama, »bekommst du in der Baracke eine Tracht Prügel von mir.«
Ich zittere schon jetzt, flüstere aber zurück:
»Ich werde nicht zittern, mir ist das alles längst egal.« Aber das stimmt nicht.
Amon Göth sitzt immer noch hoch zu Roß. Erst jetzt bemerke ich, daß er seine Offiziersmütze trägt. Göth und die anderen Mörder nehmen um den Galgen herum Aufstellung. Kapos schleppen einen grauenvoll zugerichteten Menschen herbei, während ein zweiter Mann mit auf dem Rücken gefesselten

Händen aus eigener Kraft gehen kann. Ich zwinkere ein paar Mal und kann meinen Augen nicht trauen. Der, der dort ohne fremde Hilfe geht, ist Adaś Sztab. Der hübsche, hochgewachsene Adaś Sztab, der mit unserem Adam zur Schule ging und bislang Pfleger der geliebten Hunde des Kommandanten war. Alf und Rolf sind gefährliche Tiere, die man dazu abgerichtet hat, Menschen anzufallen. Einmal soll Göth versucht haben, die Hunde auf Adaś zu hetzen. Schon damals wollte er ihn erschießen, doch Majola, Göths Geliebte, hatte sich für ihn eingesetzt und ihm das Leben gerettet.
Jetzt steht dieser hübsche Junge unter dem Galgen. Ich schließe die Augen. Ich werde nicht zusehen, wie Adaś stirbt. Ich habe ihn gut gekannt. Er und mein Bruder haben mich manchmal in den Park mitgenommen, damit ich herumtoben konnte. Ich sehe ihn vor mir, wie er mir den Ball zuwirft und höre seine Stimme: »Stella, wenn du nicht fängst, bist du eine Niete.« Und ihn wollen sie aufhängen? Warum, weswegen?
Es brennt entsetzlich, es tut weh; die Aufseherin hat mich mit der Peitsche geschlagen. Sie steht da und sieht mich böse an. Ich fasse mir nicht ans Gesicht, wenn ich es täte, würde sie wieder zuschlagen. Ich reiße die Augen auf: Sie hängen. Adaś und der andere baumeln am Galgen. Ich habe den Eindruck, daß Adaś' Körper zuckt.
Amon Göth redet und redet, es sei eine Verschwörung gewesen und sämtliche Unruhestifter würden auf diese oder auf noch härtere Weise bestraft. Lange halte ich es bestimmt nicht mehr aus, gleich muß ich mich erbrechen. Mama zerrt von hinten an mir. Jetzt wäre ich gerne gestorben. Es ist genug.
Mama und Doktor Löw schleppen mich zur Baracke. Ich habe Kiefersperre und habe mir die Zunge blutig gebissen. Jemand schlägt mir ins Gesicht. Über mir stehen Doktor Ilse Filipowska, Matylda Löw und Wanda Penner. Gewaltsam öffnen sie meinen Mund und flößen mir etwas Schnaps ein. Mama spricht mit Frau Doktor Löw. Sie sagt, sie hält das nicht mehr länger aus, daß sich ein vierzehnjähriges Mädchen nicht beherrschen kann. Ilse gibt mir mit einem kleinen Löffel noch ein Schlückchen

Schnaps zu trinken, hält mich fest und redet in ihrem gebrochenem Polnisch mit mir. Ihr Polnisch ist so komisch wie jenes, das Bubi sprach. Ilse ist Deutsche, keine Jüdin. Sie ist mit ihrem Mann hierher gekommen, der die Welt für sie war. Sie wollte bei ihm sein, mit ihm zusammen sterben. Und jetzt ist sie allein.
»Er ist tot, Kind, er ist tot, und ich lebe und weiß nicht, wozu.«
Ich schluchze in ihren Armen, und sie spricht weiter.
»Er hat Fußball gespielt«, sage ich nach einer Weile unter Tränen.
»Ich weiß, Kind, alle Jungen haben Fußball gespielt.«
Eine von der Nachbarpritsche tritt hinzu.
»Macht sie schon wieder Ärger«, fragt sie böse. »Wegen der gehen wir noch alle ins Strafkommando, man sieht doch, daß sie keine sechzehn ist.«
Eine zweite gesellt sich dazu und beginnt zu keifen:
»Diese Verrückte gehört endlich in einen anderen Block. Ständig hat man Ärger mit ihr, mal schafft sie es nicht zum Appell, mal verliert sie ihre Schuhe und hält die Reihe auf, dann pißt sie auf die Pritsche, und ihr Strohsack stinkt.«
Man möchte meinen, daß sich die Frauen in dieser elenden Situation miteinander solidarisieren, in Wirklichkeit aber ist nur Haß in ihnen. Ich fühle, wie Ilse ihre Arme sinken läßt. Wie versteinert steht sie da; auch Mama, Doktor Löw und Wanda bewegen sich nicht. Das Grüppchen Frauen ist aufgebracht. Sie reißen Wanda Penner das kleine Blechgefäß mit dem Schnaps aus der Hand. Mitten in die Gruppe der Frauen hinein stürmt die Blockälteste und schreit:
»Marsch, auf eure Pritschen, ihr verlausten Huren, sonst melde ich euch fürs Strafkommando! Was wollt ihr von dem Kind? Was wollt ihr denn? Ich habe meines verloren und räche mich auch nicht, nur weil ein anderes noch lebt.«
Das hilft, die Frauen zerstreuen sich.
Was soll ich denn nur tun? Ich mache ins Bett, das stimmt, aber ich bin schon lange still und friedlich. Warum gibt es sogar unter unseren Frauen soviel Haß und Bosheit? Frau Löw, Frau Filipowska und Wanda sitzen auf unserer Pritsche. Ich starre

auf den Fußboden. »Mein Kind«, sagt Mama, »vergiß, was sie gesagt haben, es sind die Nerven, jeder reagiert auf seine Weise. Leg dich hin und versuche zu schlafen.«
»Morgen wechseln wir den Strohsack. Es lohnt sich nicht, sich über dieses dumme Gerede aufzuregen«, fügt Frau Löw scheinbar fröhlich hinzu.
»Danke, Entschuldigung«, stammle ich.
»Wofür denn, du bist doch nicht schuld.«
Ich liege auf der Pritsche und kann nicht einschlafen. Verschiedene Ereignisse aus der Vergangenheit gehen mir durch den Kopf. Ich erinnere mich, wie Mama mich einmal mit zum Zirkus in Błonie mitnahm. Tante Tusia, Ziuta und noch andere Bekannte mit Kindern begleiteten uns. Er fing vielversprechend an. Ein geschminkter Mann betrat die Arena, der ebenso närrisch angezogen war wie unsere Männer im Lager hier. Er schlug Purzelbäume und machte Faxen. Dann erschien ein Dompteur mit einem Stock in der Hand, der die Tiere zu Kunststücken zwang. Hündchen mußten durch Reifen springen und auf zwei Pfoten gehen. Ich erinnere mich, daß ich mich nicht beherrschen konnte. Ich fing an zu schreien, man solle aufhören, die Tiere zu quälen. Natürlich gab es ein furchtbares Durcheinander, Mama schleppte mich nach draußen, verabreichte mir ein paar tüchtige Klapse und drohte mir, mich nirgendwohin mehr mitzunehmen. Zum Glück kam meine Tante gleich hinterhergelaufen und nahm mich in Schutz. Onkel und Tante Grünberg haben mich in jenen Zeiten aus vielen Nöten gerettet. An den Abenden nach jenem Zirkusbesuch kam Mania oft, wenn meine Eltern schliefen oder ausgegangen waren, in mein Zimmer, denn ich wachte weinend auf und schrie im Schlaf, daß die Zirkusleute die Tiere quälten. Mama tat so, als bemerkte sie nicht, was in meinem Zimmer vor sich ging.
Mama schob sich zu mir auf die Pritsche.
»Kannst du nicht schlafen, Stella? Versuche es.«
»Ich kann nicht, ich habe an den Zirkus gedacht.«
»An welchen Zirkus?« Staunend setzte sie sich auf.
»An den, den wir mal mit Tante Tusia besucht haben.«

»Ah«, sagte sie gedehnt und legte ihre Hand auf meine Stirn. »Fieber hast du keines.«
»Nein, überhaupt nicht.«
Mama seufzte betrübt und legte sich wieder hin.

Wir drängen uns im Bad, wir sind ja immer mehr. Die sanitären Bedingungen verschlechtern sich zusehends. Mama kämpft mit den Läusen auf meinem Kopf. Einen dichten Kamm zu borgen, ist eine kostspielige Angelegenheit, man muß dafür eine halbe Ration Brot hergeben. Wir hatten einmal einen solchen Kamm, den wir anderen auch ohne Brot ausgeliehen haben, bis man ihn uns schließlich gestohlen hat. Meine Haare sind gräßlich, glanzlos und verlaust. Bei anderen ist es noch schlimmer, ihnen fallen Haare und Zähne aus. Es soll sich dabei um Skorbut handeln. Einige haben Eitergeschwüre, sogenannte ›Phlegmone‹. Den Leuten vom Außenkommando fällt es immer schwerer, Medikamente durchzuschmuggeln, da die Kontrollen an den Toren von Mal zu Mal strenger werden. Wenn sie einen erwischen, wird die gesamte Gruppe auf dem Bock geprügelt, und der ›Verbrecher‹ zum Strafkommando geschickt, wo der Kapo Iwan und sein Helfer Willi Herren über Leben und Tod sind. ›*Mörder*‹, so nennen sie ihn. Als ich Willi zum ersten Mal beim Appell sah, dachte ich, er würde gut zu uns sein. Ein großer, schlanker, blonder Mann mit freundlichem Gesicht, der sich bald als besonders sadistischer Mörder erwies. Unsere Leute sagen, er habe in einem deutschen Gefängnis gesessen, weil er seine Mutter umgebracht hat. Das also sind unsere Kapos, die in den Strafkommandos mit den Häftlingen kurzen Prozeß machen. Wenn Iwan und Willi ihre Gruppe zum Appell führen, müssen die Häftlinge immer etliche Leichen tragen oder Verletzte stützen, die sich nur mit Mühe auf den Beinen halten. Ich habe gesagt, in den Strafkommandos seien sie Herren über Leben und Tod, tatsächlich sind sie die Herren des Todes.
Wir drängen uns also im Bad. Lächerlich ist diese Bezeichnung, die in der Lagersprache ›*Waschraum*‹ heißt. Vor dem Eingang, auf einer Art Flur, muß man sich nackt ausziehen, die Häftlings-

kleidung wird zur Entlausung gegeben, und wir betreten einen kleinen Raum, in dem man dicht nebeneinander steht. Die Blockälteste schöpft uns aus einem Eimer etwas von der stinkenden Schmiere, die angeblich Seife sein soll, in die ausgestreckte Hand. Wir schieben uns in den Raum, an dessen Decke ein paar Öffnungen angebracht sind, die das Wort Brause nicht verdienen, und aus denen lauwarmes, kaltes oder auch brühend heißes Wasser rieselt. Nun beginnt die Schubserei erst richtig, weil jede Frau ein paar Tropfen erhaschen will. Die schmutzigen Körper werden aneinandergerieben und verschmieren den stinkenden Brei. Das ganze Gewühl dauert nicht lange. Sie treiben uns wieder in den Flur zurück, in den nach etwa einer halben Stunde unsere Sachen aus der Entlausung gebracht werden. Die reinste Hölle. Man muß das gestreifte Zeug mit der eigenen Nummer so schnell wie möglich wiederfinden. Die Frauen sind böse, schlagen aufeinander ein, stoßen sich, schubsen sich. Und die Läuse, die nicht vernichtet wurden, beißen wie toll.
Am schlimmsten war es im Winter. Nicht vom Bad erhitzt, sondern vom Kampf um die Suche nach dem eigenen Zeug, wurden wir unverzüglich zum Appellplatz hinausgetrieben, wo wir oft stundenlang herumstehen mußten und entsetzlich froren. So starben auch viele Frauen an den Folgen des Badens. Jedes Mittel war ihnen recht, um uns so schnell wie möglich zu erledigen.

Mama rief mich zu sich auf die Pritsche. Sie gab mir ein herrliches Butterbrot und eine große duftende Birne. Ich staunte sehr, und Mama schien sich zu freuen. Sie teilte das Brot in mehrere Stücke und murmelte dabei: »Das ist für meinen Sohn, das ist für Papa, das ist für die Tante und für Ziuta, und das ist für den Onkel.«
»Mama, wo hast du das her«, fragte ich ganz leise, um niemanden, auf uns aufmerksam zu machen.
»Das ist eine lange Geschichte.«
»Bitte, erzähl sie mir«, sagte ich, während ich das Brot von allen

Seiten betrachtete und mich an seinem Duft nicht sattriechen konnte.

»Nun gut. Hier nebenan, im ›*Polenlager*‹, sitzt ein Bekannter. Ganz am Anfang, als sie dort noch keine Essensration bekamen, ist es Papa von Zeit zu Zeit gelungen, ihm etwas zu geben. Jetzt gehört er zu denen, die noch mit einer Gruppe nach ›*außen*‹ gehen. Schon früher hatte ich einen Brillantring versteckt; ich sagte mir, wenn sie uns abtransportieren, bin ich ihn ohnehin los. Vor kurzem konnte ich mit Onkel Zygmunts Hilfe diesem Polen den Ring geben, damit er ihn gegen ein bißchen Essen umtauscht.«

Ich hatte nicht gewußt, wie mutig Mama sein konnte.

Ich aß das herrliche Butterbrot.

»Aber die Birne teilen wir uns, Mama.«

»Ich kann Birnen nicht ausstehen.«

Ich saß in meinem Winkel auf der Pritsche und war selig. Nur schade, daß die Birne so schnell kleiner wurde. Der Saft rann mir übers Kinn, von dem ich jedes Tröpfchen mit dem Finger auftupfte und dann ableckte. Nie mehr werde ich eine so herrliche Birne essen.

Seit undenklichen Zeiten endlich wieder satt, jedenfalls beinahe, konnte ich bald einschlafen. Ein wunderbarer Zustand, ohne Hungerkrämpfe. Im Halbschlaf dachte ich an meine gute Mama, und wie abscheulich es von mir gewesen war, ihr einmal gewünscht zu haben, sie möge unter die Straßenbahn kommen.

Wir stehen lange beim Appell, man flüstert, es werde einen Transport geben. Alle stehen auf dem Appellplatz, sämtliche Aufseherinnen, Kapos, ›Herren‹. Die Aufseherinnen und Kapos fangen an, zwischen den Reihen der Frauen hindurch zu spazieren. Ohne Liste trennen sie einen Teil des Blocks ab. Sie treiben die einen unter Zuhilfenahme ihrer Peitschen auf den Weg zum Ausgangstor. Ich merke, daß die Aussonderung völlig willkürlich erfolgt, hier die Hälfte eines Blocks, dort ein Viertel, wie es ihnen gerade in den Sinn kommt. Ich wage nicht

einmal davon zu träumen, daß sie unseren Block verschonen. Hauptsache, wir bleiben zusammen, Hauptsache, sie trennen uns nicht. Jetzt ist das entsetzliche Gebrüll ganz nah. *»Abmarsch, schnell!«* Wir setzen uns in Bewegung. Ich und Mama und eine Gruppe anderer Frauen marschieren in Richtung Hauptstraße, zum Transport. Zu welchem? Wohin? Auschwitz, Treblinka, Bergen-Belsen, Oranienburg? Oder bringen sie uns gleich um?
Ich versuche, Papa oder Adam auszumachen, aber ich habe nicht den Mut, mich umzuschauen, ich will vor meinem Tod nicht geschlagen, nicht mißhandelt werden. Eine lange Schlange erstreckt sich vor uns, alle stehen in Fünferreihen. Niemand weint, niemand ruft. Ich will nicht sterben! Du Närrin, wer will das schon, sage ich zu mir selbst. Wer will schon sterben?
Mama verhält sich merkwürdig, unablässig stammelt sie: »Zusammen, Hauptsache zusammen.«
»Wir sind doch zusammen, Mama, wir gehen zusammen«, flüstere ich.
Ihr Blick ist voll Entsetzen! Ich wage es kaum zu denken: Es ist der Blick einer Wahnsinnigen... Krampfhaft hält sie meine Hand.
Ein Flüstern geht durch die Reihen. Dann das Geschrei der Bewacher, die unseren Abschnitt begleiten. Ich bemühe mich, nicht hinzuhören, dennoch höre ich es ganz deutlich:
»Grünberg, Berta! Grünberg, Rósa! Müller, Berta! Müller, Stella!«
*»Antreten, looos!«* bellen die wütenden Aufseherinnen.
Wir sind schon beim Ausgangstor. Ich sehe, wie sich meine Tante und Ziuta aus der Reihe lösen. Mama ist geistesabwesend, diesmal nehme ich sie bei der Hand, ich bin doch nicht verrückt, ich habe unseren Namen ganz deutlich gehört. Eine Aufseherin bedeutet uns mit der Peitsche, aus der Reihe zu treten. Das Herz klopft mir bis zum Hals, ich ersticke fast. Es ist unvorstellbar schwer, den Appellplatz zu überqueren, weil man von feindlichen Blicken durchbohrt wird. Wenn ich doch bloß nicht stolpern und endlich in der Reihe stehen würde.

Meine Tante und Ziuta stehen schon an ihrem Platz. Und endlich auch Mama und ich.
Von weitem sehe ich Onkel Grünberg, der neben Bauleiter Huth steht; auch Neuschel und andere hohe Tiere sind da. Bestimmt hat uns mein so oft mißhandelter Onkel aus dem Transport herausholen lassen. Wieviel Mut hatte er aufbringen müssen. Wir stehen mit anderen Häftlingen aus unserem Block, der sich um die Hälfte verringert hat, in einer Reihe. Der für die Frauen bestimmte Teil des Appellplatzes ist leerer geworden. Wohl die Hälfte der Frauen ist weg. Das Tor hat sich hinter ihnen geschlossen, es ist, als hätte es sie hier niemals gegeben.

Zurück in der Baracke sehen wir nach, wen sie mitgenommen haben. Mehr oder weniger wußte man, in welcher Reihenfolge wir uns bei den Appellen aufstellten, doch bei dieser Überrumpelung – von dem Transport hatte nicht einmal Mietek Pemper gewußt – hatten wir jede Orientierung verloren.
Mama umarmt Rózia Kornhauser, Wanda, Frau Löw und Ilse. Zärtlich berühren sie mich, alle reden durcheinander.
»Wir dachten, jetzt ist es aus mit euch, aber dann haben wir gesehen, wie Grünberg zu Bauleiter Huth gegangen ist. Wir haben das beobachtet und die Luft angehalten. Huth ist zu Müller und Schupke gegangen, und zusammen gingen sie zu Göth. Wir sahen den Transport zum Tor marschieren«, wieder reden sie alle zur gleichen Zeit, »wir sahen, wie Göth mit der Peitsche gegen seine Stiefelschäfte schlug, wie er es immer tut, wenn er überlegt. Na und dann, was weiter war, wißt ihr selbst.«
Unsere Leidensgenossinnen freuten sich von Herzen. Sogar die Blockälteste kam und sagte zu Mama:
»Komm, ich geb dir einen sauberen Strohsack für Stella.«
Mama setzte sich hin, stützte den Kopf auf, aber ihre Freude war verflogen.
»Was hast du, Tusia, freust du dich nicht, daß wir noch zusammen sind«, fragen die Frauen.
»Ich freue mich, aber ich fürchte, daß mein Schwager Zygmunt schwer dafür büßen muß.«

»Es ging doch nicht nur um euch, seine Frau Tusia und Ziuta waren auch in dem Transport.«
»Ich weiß. Aber Göth wird nicht vergessen, daß sich Zygmunt an Huth gewandt hat. Bei der nächsten Gelegenheit wird er ihn peinigen. Er ist doch schon so schrecklich zugerichtet. Ihr wißt, wie er Göth nach einer dieser Prügelorgien auf dem Appellplatz darum gebeten hat, ihn endlich zu erschießen; und der hat mit der Peitsche geknallt und gesagt: ›Oh nein, noch nicht, Grünberg, noch brauche ich dich.‹ Ihr habt ja gesehen, wie er immer aussieht.«
»Tusia, sorge dich nicht, dein Schwager ist tapfer, vielleicht hat er das Schlimmste schon überstanden.«
Wir wissen nicht, wieviele Frauen fortgegangen sind. Die einen sprechen von sechstausend, andere von dreitausend. Morgen werden wir die traurige Wahrheit wissen, zumindest die richtige Zahl, das Ziel ihrer Reise werden wir wohl niemals in Erfahrung bringen. Viele Frauen kramen in den verlassenen Pritschen herum. Vielleicht ist irgendwo ein Stück Brot versteckt?
»Was sucht ihr da?« schreit die Blockälteste. Sie reißt Hanka etwas aus der Hand. Die beiden streiten sich darum und Hanka erklärt, daß es ihrem ›Kindele‹ gehörte. Die Blockälteste kriegt einen Koller und schlägt Hanka ins Gesicht. Frau Löw und Frau Filipowska mischen sich ein und versuchen, die Blockälteste zu beruhigen. Diese schreit:
»Ich habe genug von dieser Kinderei. Die hat immer mehr Brot als ihr. Was kann ich dafür, daß ihr Wurm nicht groß geworden ist?«
Hanka weint bitterlich.

In der vergangenen Nacht gab es Alarm, die Sirenen heulten wie zu Beginn des Krieges. Alle Herzen schlugen freudig erregt, irgendetwas geschieht, endlich geschieht etwas. Die Scheinwerfer auf den Wachtürmen waren ausgeschaltet, überall herrschte völlige Dunkelheit. Mit angehaltenem Atem lauschten wir auf Flugzeuge. Doch nichts durchbrach die Stille.

Morgens auf dem Appellplatz ein schreckliches Durcheinander. Einige Männer sollen während des Alarms, als die Scheinwerfer ausgeschaltet waren, geflohen sein. Wir sind zu Tode erschreckt. Sie lassen uns nicht zur Arbeit gehen. Zum einen herrscht Freude, weil jemandem die Flucht gelungen ist, zum anderen das Entsetzen vor dem, was sie mit uns, vor allem aber mit den Männern machen werden. In unserer Reihe wird geflüstert: »Wenn sie es bloß schaffen!« Das sagen vor allem die, deren Männer und Söhne schon abtransportiert wurden oder umgekommen sind. Andere verfluchen sie, da sie so viel Leid und Tod heraufbeschwören.
Wie lange kann man um den anderen fürchten? So lange, bis man wahnsinnig geworden ist. Gestern waren Papa und Adam dem Wahnsinn nahe, heute sind es wir, Mama und ich.
Ich weiß, Mama fürchtet um Adam. Seit er nicht mehr draußen, sondern hier arbeitet, wird er ständig geschlagen. Iwan, der Kapo, hat es auf ihn abgesehen. Eines Tages hat er ihn mit einem schweren Gegenstand auf den Kopf geschlagen und hätte ihn gewiß getötet, wenn sich nicht ein anderer Kapo eingemischt hätte.
Niemand weiß, warum Iwan Adam so haßt, vielleicht weil er so hübsch und Iwan, den sie den ›Mongolen‹ nennen, so häßlich ist. Mit Hilfe von Mietek Pemper und anderen ist es endlich gelungen, Adam eine andere Arbeit zu verschaffen.
Was wird im nächsten Augenblick geschehen? Dezimierung? Prügel auf dem Bock? Das wäre nicht das Schlimmste. Vielleicht ist keiner aus dem Block geflüchtet, in dem Papa und Adam untergebracht sind. Aber werden nicht alle zur Verantwortung gezogen? Ich verscheuche die quälenden Gedanken. Immer wieder laufen die äußerst erregten Wachmänner zum Pult, bei dem sich unsere Peiniger versammelt haben. Sie entfernen sich wieder, kommen zurück, blicken in Richtung Haupttor. Wonach halten sie Ausschau? Vielleicht kommen *›Zugänge‹*. Könnte ich doch nur aufhören zu denken, und wenn es nur für einen Augenblick wäre.
Sechs SS-Männer springen von den Lastwagen, die auf dem

Appellplatz vorgefahren sind. Sie stoßen zwei schwerverletzte Männer herunter, als ob sie Säcke wären. Sie liegen auf der Erde, die ausrasierten Streifen sind auf ihren Köpfen zu erkennen, sie unternehmen nicht einmal den Versuch aufzustehen. Amon Göth streift weiße Handschuhe über, und die grauenvolle Vorstellung beginnt. Mehrmals schlägt er lässig auf die Liegenden ein. Die Kapos zerren an den Häftlingen, bis sie sich schwankend erheben. Ein Schlag, und sie fallen wieder hin. Einer der beiden kriecht auf dem Bauch bis zu Göths Füßen, man hört ihn darum bitten, man möge ihn erschießen. Göth und sein Gefolge brechen in Gelächter aus. Sie biegen sich vor Lachen, toben, das ist kein menschliches Lachen mehr, sie müssen verrückt sein, aber selbst Irre lachen nicht so.

Vorsichtig sehe ich mich um. Beim Galgen steht niemand, hängen wird man sie also nicht.

Amon Göth hat nach seinen Helfern gerufen, die sofort auf ihre Motorräder gestiegen und davongefahren sind. Einige Zeit ist vergangen. Wieder Geflüster. Auf dem Appellplatz ist ein SS-Mann erschienen, der die beiden Pferde von Amon Göth am Zügel hält. Ein zweiter bringt Alf und Rolf, die Hunde. Sie laufen auf ihren Herrn zu. Zärtlich klopft er ihnen auf den Rücken und deutet mit der Peitsche auf die verletzten Männer. Den Hunden sträubt sich das Fell, dann stürzen sie sich auf die beiden.

Dann werden die Häftlinge von SS-Männern an die Pferde gebunden. Amon Göth besteigt das eine, Hujar das andere. Was folgt, ist reiner Wahnsinn. Sie galoppieren im Kreis um den Appellplatz. Die Männer, die von den Pferden fortgerissen werden, heulen auf, während die wildgewordenen Hunde sich immer wieder auf sie stürzen und Fetzen Fleisch aus ihren Körpern reißen. Als sie am Pult vorbeigaloppieren, werden die Hunde von den Deutschen mit viel Geschrei noch angespornt. Ich kneife meine Augen fest zusammen. Es ist mir egal, ob sie mich schlagen oder nicht. Ich höre zwei vereinzelte Schüsse. Man hat sie umgebracht, obwohl man sich kaum vorstellen kann, daß sie nach solchen Qualen überhaupt noch gelebt haben. Ich zittere nicht, habe keinen Schluckauf, ich will nicht leben. Hier jedoch fragt keiner danach, ob man will oder nicht. Wer leben will, stirbt und wer tot zu sein wünscht, muß leben.

*»Abtreten!«* Wir machen kehrt und marschieren zu den Baracken. Wie gewöhnlich lasse ich mich im hintersten Winkel unserer Pritsche nieder. Der ganze Block hüllt sich in dumpfes, hoffnungsloses Schweigen. Wanda nähert sich mit ihrem Blechnapf.

»Tusia, möchtest du ein Schlückchen Schnaps für Stella haben?«

»Stella, trink«, sagt Mama.

»Nein.«

»Was hast du?«

»Nichts.«

Ich sehe, daß es ihr schwerfällt, überhaupt mit mir zu sprechen. Wie kann man leben, denke ich, wenn ringsherum nur Mörder sind? Menschen als Mörder, Hunde als Mörder, Pferde als Mörder? Wäre auch ich imstande, dorthin zu gehen, wo jetzt die Mörder sitzen, und einfach Menschen zu töten? Ich glaube, ja. Ich verliere den Verstand. Der Kopf will mir vor Schmerz schier platzen. Ilse Filipowska kommt zu mir.

»Hast du Kopfschmerzen, Stella?«

Ich habe gar nicht gemerkt, daß ich meinen Kopf halte.

»Nein! Nein!« schreie ich. »Laßt mich in Ruhe, ich habe keine Schmerzen, ich komme allein zurecht!«

»Weine dich aus, Kind.«

»Ich bin kein Kind mehr, ich weine nicht, ich werde nie mehr weinen, ich bringe sie um!« Ich weine so heftig, daß ich glaube, in Stücke gerissen zu werden.

Mit leiser, besänftigender Stimme redet Ilse auf mich ein: »Nach dem Krieg werden alle gut sein, sie werden lächeln, keiner wird dem anderen Leid zufügen, es wird keine bösen Menschen mehr geben...«

Sie streicht über meinen verlausten Kopf und sagt: »Der Krieg wird bald zu Ende sein.«

Mama sitzt mir gegenüber und staunt darüber, daß Ilse wieder einmal so leicht mit mir fertig wird.
Ich selbst konnte es kaum glauben, wie beruhigend sie auf mich wirkte. Doktor Löw, Wanda, Rózia und Mama saßen da, schauten zu und waren still geworden. Wie kommt es, daß ein Mensch so viel Böses tut, während ein anderer es versteht, jemanden zu besänftigen, fast zu betören, wie das Ilse mit mir gelang? Eben noch war ich Zeuge eines bestialischen Mordes gewesen. War es tatsächlich möglich, daß die schlechten Menschen verschwanden und allein die guten zurückblieben? Und würden die mörderischen Hunde wieder zahm und freundlich werden? Ich konnte nicht einschlafen, weil ich nicht begriff, wie man so wunderbare Wesen zum Töten abrichten konnte.

Als ich klein war, machte ich mich zur Verzweiflung aller, auch Manias, an jeden Hund heran und streichelte ihn, ohne daß ich jemals gebissen worden wäre. Ich konnte mich nicht daran erinnern, aber Mama hatte mir erzählt, wie wir, als ich vier war, zur Großmutter aufs Land fuhren. Dort gab es einen riesigen Schäferhund namens Lord, der keine Kinder mochte – und mich schon gar nicht. Ich pirschte mich an seine Hütte heran und aß seine Schüssel leer. Nie tat er mir etwas, er saß nur da und knurrte, während ich versuchte, ihn dazu zu bringen, sein Mahl mit mir zu teilen. Einmal kroch ich in Lords Hütte und schlief darin ein. Diese Geschichte hat man mir oft erzählt. Großpapa besaß in der Nähe einen Fischteich: sie trommelten das ganze Dorf zusammen und warfen Netze aus, weil sie glaubten, ich sei ins Wasser gerollt (damals war ich ein dickes Kind) und ertrunken. Mama wurde ohnmächtig, und man mußte den Arzt kommen lassen. Großpapa schlug Knechte und Mägde, weil sie nicht gut genug auf mich aufgepaßt hätten. Schließlich bemerkte einer der Onkel, daß Lord vor seiner Hütte winselte. Als sie ihn gerade losketten wollten, damit auch er nach mir suchte, stellte mein Onkel fest, daß ich, vollgeschmiert mit Lords Futter, friedlich in der Hütte schlief. Nur schwach erin-

nere ich mich an das, was dann geschah: Großpapa schloß sich mit mir in einem Zimmer ein und verabreichte mir mit dem Riemen eine so saftige Tracht Prügel, daß mir Großmama Umschläge auf den Popo machen und ich tagelang auf dem Bauch schlafen mußte. Später dann machte mein Großvater aus einer langen Schnur eine Leine, mit der er mich am Zaun oder an einem Baum festband.
Vielleicht war es gut, daß dieser Großpapa so jung starb. Ich war damals fünf.

Am Morgen stürmte Onkel Grünberg in die Arbeitsbaracke und fragte unseren Kapo, ob er mit seiner Schwägerin ein paar Worte wechseln dürfe, die Sache sei sehr dringend, jemand sollte Schmiere stehen. Natürlich wies ihn der Kapo nicht ab, denn wie alle anderen liebte und achtete auch er den Onkel, dessen Gesicht wie üblich blaue Flecken aufwies und dessen Augen verschwollen waren. Mir kam es vor, als unterhielten sie sich eine Ewigkeit. Unruhig und neugierig, was mein Onkel wohl Wichtiges mitzuteilen habe, blieb ich nicht lange auf meinem Platz sitzen. Eine der Frauen sagte sogar:
»Sitz still, Stella, du lenkst die Aufmerksamkeit auf dich, wenn du den Hals wie eine Gans reckst.«
Sie sprachen lange miteinander, bis Wiluś Rosners Mittagstrompete ertönte. Schließlich tauchen sie hinter einem Kleiderstapel auf. Mein Onkel gab mir beim Hinausgehen einen Kuß, Mama hatte rote Flecken im Gesicht.
»Komm, wir gehen zur Latrine, Mama. Was hat denn der Onkel gesagt? Was ist passiert?« Neugier und Unruhe hatten meinen Hunger betäubt.
»Frag nicht«, sagte Mama, »ich muß unbedingt mit Papa Kontakt aufnehmen.« Ihr Blick war unruhig. Ich gab mich nicht geschlagen.
»Ist etwas mit Adam oder mit Papa passiert? Oder vielleicht mit der Tante? Mit Ziuta?«
»Laß mich nachdenken, Kind, in meinem Kopf ist ein einziges Durcheinander.«

Mein unbändiges Naturell meldete sich.
»Aber ich habe schließlich auch ein Recht, es zu wissen.«
»Ja, ja, du hast ja recht, ich werde dir alles erzählen, aber nicht jetzt, sei ruhig, es ist nichts Schlimmes passiert.«
Einträchtig gingen wir zur Latrine, und sie ließ mich sogar an ihrer Zigarette ziehen. Den Rest des Tages arbeitete Mama wie in Trance. Auf dem Weg zum Abendappell sagte sie zu Mietek Penners Schwester: »Wenn du Mietek siehst, Wanda, sag ihm, daß mein Mann irgendwie Kontakt mit mir aufnehmen muß, es ist sehr wichtig.«
Und ich wußte immer noch nichts.
Nach dem Appell ließen uns die Aufseherinnen nicht in die Blöcke zurückgehen, sondern befahlen uns, Balken und Bretter von einem Ende des Lagers zum anderen zu tragen, bevor wir im Laufschritt, unter Peitschenhieben und Gebrüll, in die Baracken zurückkehren durften. Das war nicht die erste Schikane.
Endlich waren wir wieder im Block. Mama lief bei der Pritsche auf und ab wie ein Tier im Käfig. Dabei seufzte sie: »Er kommt nicht, er ist nicht gerissen genug.«
»Mama, wenn dieses Geheimnis auch mich betrifft, dann sag es mir, Mama, bitte, ich bin kein Kind mehr.«
»Ja, es betrifft dich. Mir platzt der Kopf. Ich habe keine Ahnung, worum es genau geht. Wie auch immer, wir müssen dem Onkel vertrauen, er will nur das Beste. Aber wie soll man hier sicher sein, daß das Gute nicht das Schlechte ist?«
Papa kam nicht. Mama hielt es nicht mehr aus und begann zu sprechen. Sie wußte nicht, wie sie anfangen sollte. Endlich sagte sie:
»Sie werden das Lager Płaszów liquidieren, verstehst du? Transporte. Einer nach dem anderen. Sie werden alle Menschen liquidieren.«
»Sie werden uns also umbringen?«
»Sei still«, befahl sie ungeduldig.
Beide drehten wir unsere noch immer unberührte Brotration in den Händen.

»Du hast doch von diesem Emaillierwerk in Zabłocie gehört, in dem eine bestimmte Gruppe Juden kaserniert ist. Der Besitzer, oder weiß der Teufel, wer er ist, ist ein SS-Mann, ein gewisser Oskar Schindler. Sie erstellen eine Liste, und dieser Schindler bemüht sich um die Erlaubnis, seine Juden zu einer Waffenfabrik in der Tschechoslowakei abzutransportieren. Der Onkel hat mir erzählt, das Lager dort heiße Brünnlitz.«
»Und warum bist du dann so nervös?«
»Warum? Warum? Weil Göth deinen Onkel, deine Tante und Ziuta nicht weggehen lassen will, darum. Dein Onkel bleibt bis zur völligen Liquidierung, und du weißt, was sie mit den Leuten nach der Liquidierung machen. Er will von jeder nur möglichen Protektion Gebrauch machen, um uns auf Schindlers Liste unterzubringen. Die Zahl der Plätze ist begrenzt. Und wer weiß, ob es sich dabei nicht um eine Falle handelt. Warum sollte ein SS-Mann Juden retten wollen?«
Als Mama endlich alles losgeworden war, was sie auf dem Herzen hatte, begann auch ich zu grübeln. Ich vertraute jedoch dem Onkel grenzenlos, er liebte uns genauso wie meine Tante und Ziuta.
»Ach, Mama, erinnerst du dich, wie nett die Holzingers waren, als du dort gearbeitet hast? Das waren doch auch Deutsche.«
»Das war doch etwas völlig anderes.«
»Du hast selbst gesagt, daß sie uns aus dem Ghetto holen und verstecken wollten.«
»Ja, ich weiß, aber wir kannten uns eben.«
»Vielleicht ist dieser Schindler auch so einer.«
»Ach, Kind. Ich muß Papa sehen. Ich muß mich mit ihm beraten.«
An diesem Abend kam Papa nicht. Nachdem wir noch lange miteinander geflüstert hatten, kamen wir endlich zu dem Schluß, daß Onkel Grünberg bestimmt schon mit Papa geredet hatte. Vor dem Einschlafen stellten sich mir noch unendlich viele Fragen. Von wem hatte mein Onkel von den Transporten und dieser Liste gehört? Bestimmt von Mietek Pemper und Bauleiter Huth, bei dem es sich ja auch um einen seltsamen SS-

Mann handelte. Was Mietek Pemper betraf, so hatte der sichere Informationen.
Morgens auf dem Appellplatz gab es zu unserem Erstaunen recht viele *›Zugänge‹* von Männern und Frauen. Es herrschte ein ziemliches Gewühl, doch konnten wir in Erfahrung bringen, daß es Leute aus Tarnów, Bochnia, Trzebinia waren.
Von Tag zu Tag wurde das Durcheinander größer. Transporte gingen irgendwohin ab, dann wieder trafen neue ein. Wir erhielten keine täglichen Essenszuteilungen mehr; man mußte sich die Hungerrationen stets so einteilen, daß für später etwas übrig blieb.
In den Baracken begannen die Diebstähle. Die Frauen versteckten ihr Brot unter den Strohsäcken und scherten sich nicht darum, daß Läuse und Wanzen darüber hinwegmarschierten. Dann kam es zu Schlägereien, für die Diebstähle wurden immer die Neuen von den *›Zugängen‹* verantwortlich gemacht. Manchmal mischte sich die Blockälteste in das Gezänk ein, und das sogar ziemlich brutal.
Man spürte, daß sich die Situation verändert hatte. Immer öfters fuhren deutsche Autos beim Kleidermagazin vor, in dem ganze Berge von Sachen lagerten, die von den *›Zugängen‹* und von den Ermordeten stammten. Völlig willkürlich stopften die Deutschen in die Autos, was ihnen gerade in die Hände fiel, Pelze, Kleider, Schuhe, sogar Bettwäsche von den Ungarn oder Tschechoslowaken. Die Wertgegenstände gingen zu Göth, sie wurden stets unverzüglich in seinem Haus abgeliefert.

Geht der Krieg etwa zu Ende? Unsere Gruppe hält solidarisch zusammen. Wir teilen jedes noch so winzige Stückchen aufgespartes Brot und sprechen uns gegenseitig Mut zu. Wir müssen zusammenhalten, allein das kann uns helfen. Und doch grübele ich insgeheim darüber nach, ob wir tatsächlich eine Chance haben. Eines Tages bringen sie uns auf den Erschiessungshügel und dann ist Schluß. Manchmal wundere ich mich darüber, daß sie es nicht längst getan haben.
In letzter Zeit hat ein einziger Gedanke ganz von mir Besitz

ergriffen: Warum haben sie uns noch nicht liquidiert? Abends setze ich mich zu Ilse auf die Pritsche.
»Ilse, warum liquidieren sie uns nicht? Sie haben doch so viele Male gebrüllt, daß sie uns alle bis zum letzten Juden ausrotten müssen, weil erst dann die Welt sauber und großartig sein wird.«
Ilse fängt an, herzhaft zu lachen: »Wir sind ihr Schutz, ihre Verteidigung. Wenn sie uns alle ausrotten würden, müßten sie an die Front, und das will diese Bande von Drückebergern nicht, und du, mein Kind, solltest ausschließlich daran denken, tapfer und stark zu sein. Für alles kommt die Zeit.«
Viele Arbeitsbaracken wurden bereits aufgegeben. Wir flicken weiterhin verlauste Uniformen. Eines Tages kommt Papa in die Arbeitsbaracke gelaufen und zieht Mama hinter einen Haufen zerrissener Kleider. Sie sprechen nur kurz miteinander. Er bestätigt, daß der Onkel uns auf die Liste für Schindlers Fabrik in Brünnlitz hat setzen lassen können. Er soll zu Papa gesagt haben, dies sei das einzige Fünkchen Hoffnung auf Überleben. Papa erzählt auch, mein Onkel sei guten Mutes. Er rechnet auf die Hilfe Rózias, ihrer früheren Köchin, mit der er, wie durch ein Wunder, die ganze Zeit in Kontakt geblieben ist. Mit Hilfe von Bauleiter Huth soll Rózia die Flucht für meinen Onkel und seine Familie organisieren. Er drängt darauf, daß wir mit dem Transport gehen; ihn läßt Göth ohnehin nicht raus.

Und der schreckliche Tag kam. Es war Mitte Oktober 1944. Ein großer Transport fuhr nach Gross-Rosen ab, dieser Transport umfaßte sämtliche Juden aus Schindlers Emaillierwerk. Abends war Mama vor Verzweiflung fast wahnsinnig.
»Adam, mein Sohn« wiederholte sie immer wieder, »Adam, Zygmunt und all die anderen Gutgläubigen! Ihr feiner Oskar Schindler! Er ist ein Verbrecher und Drückeberger wie alle anderen. Er hat sie zur Vernichtung nach Gross-Rosen geschickt!«
Frau Löw, Ilse und Wanda Penner gaben nicht auf.
»Tusia, nimm doch Vernunft an«, redeten sie ihr zu, »dein

Schwager hatte mit Sicherheit gute Nachrichten, warum hätte er sich sonst so bemüht? Doch nicht, um den Bruder seiner Frau und dessen Sohn in den sicheren Tod zu schicken! Du solltest deinen Schwager Grünberg besser kennen. Vertraust du ihm denn nicht?«

Natka Feigenbaum ging auf Mama zu. Man hatte sie uns erst vor kurzem zusammen mit ihrer Tochter Janeczka, einem ungefähr achtzehnjährigen Mädchen, zugeteilt. Zuvor hatten beide im Emaillierwerk gearbeitet.

»Er ist kein Schuft, Tusia«, sagte sie ziemlich energisch. »Oskar Schindler ist kein Schuft, wir haben von Anfang an bei ihm gearbeitet. Hab Vertrauen. Er holt sie aus Gross-Rosen nach Brünnlitz. Mein Mann und mein Sohn sind ebenfalls mit diesem Transport gefahren.«

»Du glaubst diesem SS-Mann, nur weil sie euch dort nicht geschlagen und aufgehängt haben, Natka? Der Verbrecher kriegt einen Orden dafür, daß es ihm gelungen ist, so viele Menschen auf die sanfte Tour in den Transport zu stecken.«

Alles Zureden half nichts.

»Daß ich Zygmunt auch noch zugeredet habe! Und er, der sonst so klug ist, hat sich ebenfalls einwickeln lassen! Es wäre besser gewesen, wir kämen hier gemeinsam um.«

Resigniert zuckten die Frauen die Achseln, denn zu Mama drang gar nichts mehr durch. Ich war über ihr Verhalten entsetzt. Einige Tage lang benahm sie sich so, als gebe es selbst mich nicht. Ich ließ sie nicht aus den Augen. Ich sah, wie sie sich die Stirn rieb und über etwas nachdachte, doch wußte ich nicht worüber. Das erfüllte mich mit noch größerer Angst. Nach ein paar Tagen besuchte uns der Onkel wieder. Ich hörte, wie Mama, die sich nicht beherrschen konnte, zu ihm sagte:

»Stella und ich bleiben zusammen mit euch hier. Was kommt, das kommt. Die Liste ist ein Betrug!«

»Tusia«, beschwor sie mein Onkel, »er holt sie aus Gross-Rosen heraus, wie kannst du auch nur einen Moment denken, daß ich Zygmunt und Adam… das ist, als ob du mich verdächtigen würdest, meine Tusia und Ziuta in den Tod zu schicken.«

Onkel Grünberg sprach lange mit Mama. Allmählich beruhigte sie sich. Soweit ich zurückdenken konnte, hatte er immer großen Einfluß auf Mama gehabt. Sie kamen wieder hinter dem Kleiderberg hervor. Mein Onkel umarmte mich und drückte mir ein Stück Brot in die Hand.
»Du bist schon ein großes Mädchen, mein kleines Pausbäckchen«, sagte er.
Früher war ich immer wütend geworden, wenn er mich so nannte, jetzt fiel ich ihm um den Hals und schmiegte mich an ihn. Der einst stattliche Mann war ausgemergelt, ein Schatten seiner selbst. Er gab mir noch einen Kuß und verschwand.
Ich wollte zu gerne daran glauben, daß mein Onkel recht hatte. Mama blieb ruhig, als Natka ihr erklärte, Schindler sei kein SS-Mann, sondern nur Parteimitglied und habe vor dem Krieg mit jüdischen Fabrikanten zusammengearbeitet.
»Trotzdem kann er ein Schuft und ein Drückeberger sein.«

Tante Tusia und Ziuta war es gelungen, in unsere Baracke zu kommen. Wie sehr sie sich verändert hatten! Ich liebte meine Cousine und meine Tante sehr (wie ich bereits erwähnt habe, hatten Papa und Onkel den gleichen Vornamen und Tante und Mama auch). Das Haar meiner Tante, die einst sehr hübsch gewesen war, war nun von vielen schneeweißen Haarsträhnen durchzogen, ihr rundes Gesicht (mein Onkel nannte sie Pausbäckchen wie mich) war so winzig wie das eines Kindes geworden, doch immer noch besaß sie viel Anmut. Und Ziuta war nun ein erwachsenes, reizendes Fräulein.
Meine Tante nahm mich auf den Schoß und versuchte, Scherze zu machen. »Wie ist es nur gekommen, meine kleine Nichte, daß du schon fast so groß bist wie ich? Da hängen dir die mageren Beine wie Stöcke herunter, und dabei waren sie vor gar nicht so langer Zeit noch mollig und rund. Ach, wie bist du gewachsen!«
»Tante Tusia«, flüsterte ich ihr ins Ohr, »seid ihr gekommen, um euch zu verabschieden?«
Sie tat, als hätte sie meine Frage nicht gehört.

»Erinnerst du dich noch an Onkels Lieblingslied?« Sie begann zu summen.
Ich wußte noch ganz genau, wie es ging.
»Ja«, seufzte sie, »wir treffen uns wieder in der Bonerowska-Straße. Und du wirst vor dem Klavierunterricht nicht mehr davonlaufen?«
»Nein, nie mehr, ich war damals ja klein und dumm.«
Die Lagersperre näherte sich, die Blockälteste lief bereits ungeduldig hin und her, sagte aber nichts, denn sie kannte die Tante und wußte, daß sie die Frau von Grünberg war. Wir küßten uns wortlos, allen liefen die Tränen übers Gesicht, doch niemand wagte zu fragen, ob dies nun schon der Abschied sei. Wir wußten ohnehin, daß es so war.

In den folgenden Tagen trafen unter Geschrei und Gebrüll neue *›Zugänge‹* ein, fünfhundert bis sechshundert Personen, während Transporte mit etwa tausendfünfhundert Menschen abgingen.
Vom frühen Morgen an spürten, ja wußten wir, daß wir jetzt an der Reihe waren. Die Blockältesten rannten herum, pausenlos zählten die Aufseherinnen die Reihen durch, einige Gruppen waren bereits zur Arbeit abmarschiert, und abmarschiert waren auch alle Männer. Wir standen da, während die Peitschen nur so durch die Luft sausten und die Aufseherinnen sich an uns austobten.
Mama flüsterte: »Ich lasse mich nie und nimmer abtransportieren, sollen sie uns hier erschießen.«
Ich weiß nicht, wie es kam, daß ausgerechnet ich, die sonst immer vor Angst mit den Zähnen klapperte, unter Schluckauf litt und unablässig ermahnt wurde, gerade in der Reihe zu stehen, heute wachsam und angespannt blieb. Ich hatte meine ganze Aufmerksamkeit auf Mama gerichtet, damit sie nicht irgendetwas tat, das schlimme Folgen haben könnte.
Ich höre, wie sie uns abzählen und umgruppieren. Ich bemerke, daß sie viele Fremde in unsere Gruppe integrieren, vielleicht jene aus dem Emaillierwerk? Es dauert viele, sehr viele Stun-

den. In der geballten Faust halte ich ein zerkrümeltes, jetzt schweißgetränktes Stück Brot und schlage mich mit dem Gedanken herum, ob ich es in den Mund stecken soll oder nicht. Dabei würde ich überhaupt keinen Bissen herunterbringen, so ausgetrocknet ist mein Mund.
»Mama, wir marschieren.« Ich mußte sie an der Hand mitziehen.

Wir bewegen uns im Rhythmus der Befehle der Aufseherinnen und des Knallens ihrer Peitschen. Ich habe Angst, mich umzusehen, aber nach dem Geräusch der Holzpantinen zu urteilen, sind wir sehr viele. Am wichtigsten ist mir, daß Mama ganz ruhig geht. Sie wirkt zwar völlig geistesabwesend, aber sie geht. Nach dem Abzählen am Ausgangstor umstellen SS-Männer mit entsicherten Karabinern die Reihen. Ich frage mich, ob sie es nicht selbst lächerlich finden, ihre Waffen auf eine Gruppe elender, schwacher Frauen zu richten, die in ihren schweren Holzschuhen nur mühsam vorwärtskommen. Wir befinden uns außerhalb des Lagergeländes. Ich würde so gerne normale, freie Menschen sehen. Aber es ist menschenleer. Wir gehen, ich habe mir wieder in Erinnerung gerufen, wohin wir gehen. ›Liebste Mania!‹ – ›Was ist denn, Engelchen?‹ – ›Wohin gehen wir?‹ – ›Wir machen eine Fahrt ins Blaue.‹ Ich habe diese Spazierfahrten mit Mania so geliebt. Der Weg ist nicht allzu weit, schon sieht man die Gleise und die Viehwaggons, es ist wohl ein Nebengleis. Alle Waggons stehen da wie offene Rachen, die uns jeden Augenblick verschlingen werden.

Wieder wird gebrüllt und mit Gewehrkolben gestoßen, nur um Chaos und Angst zu erzeugen und aus Freude am Prügeln. Wie soll man dort hineingelangen? Es ist so hoch. Wie stellt man sich am geschicktesten an, damit sie es nicht schaffen, zuzuschlagen, zuzustoßen? Eine hilft der anderen, Hände werden hilfesuchend ausgestreckt. Zu Hunderten drängt man uns in einen einzigen Waggon. Jetzt bin ich dran, Mama zieht mich hinein und ermahnt mich:

»Laß dich nicht nach hinten drücken, dort ist es furchtbar stickig, versuche, an der Wand dicht bei der Tür zu bleiben.«

Unser Waggon ist längst überfüllt, doch werden noch mehr Frauen hineingestoßen. Wir stehen an der offenen Tür.
»Schau mal, Mama, da vorne am Gleis geht eine gut gekleidete Frau mit einer großen Tasche und einem Fuchspelz um die Schultern; sicher eine Deutsche. Ob sie wohl in unserem Luxuszug mitfahren will? Sie hat ganz blonde Locken...«
»Lehn' dich nicht hinaus! Es könnte einer auf den Gedanken kommen, auf jeden zu schießen, der sich hinauslehnt.«
Ich zog mich zurück, doch ließ mir die gut gekleidete Frau keine Ruhe.
»Mama, jetzt unterhält sie sich mit einem Wachmann. Sie fuchtelt mit den Händen. Entweder streiten sie sich oder sie kann kein Deutsch.«
»Stella!« Mama geriet außer sich. »Was geht dich dieses deutsche Weib an?«
Offenbar hatte auch sie inzwischen hingesehen, denn eine Sekunde später sagte sie:
»Nein, das ist unmöglich! Das ist Rózia!«
Doch die Frau, die noch immer gestikulierte, verschwand mit dem Wachmann aus unserem Blickfeld. Mama seufzte:
»Dank deiner Verrücktheiten leide ich selbst bereits an Halluzinationen.«
»Mama! Mama! Die Frau geht Arm in Arm mit dem Wachmann die Waggons entlang. Mama! Das ist wirklich Rózia!«
Rózia hatte uns bereits entdeckt. Ihr Lächeln wirkte gequält, nervös zog sie Brot aus ihrer Tasche, reichte uns Schnapsflaschen hinauf, flüsterte uns zu, daß sie sich vorübergehend einen Hurensohn zum Bräutigam erwählt und ihn bestochen habe. Der Wachmann blickte sich immer wieder nervös um.
»Wo kommst du denn her, Rózia«, fragte Mama.
»Man hat mir einiges erzählt«, sagte Rózia. »Seit einigen Tagen treibe ich mich hier schon in aller Herrgottsfrühe herum.«
»Rózia, beeil dich, wir brauchen Wasser für Stella.«

Rózia faßte den Wachmann unter und sagte: »Komm, Liebling, komm.«
Rózia schaffte es leider nicht mehr, uns Wasser zu bringen. Der Waggon wurde geschlossen.
Ein heftiger Ruck, und der Zug setzte sich in Bewegung. Zunächst wurde ich nach hinten gerissen, dann wieder nach vorn geworfen, bevor das Hin und Her in ein rhythmisches Stampfen überging.
Mit gespielter Fröhlichkeit sagte Rózia Kornhauser:
»Na, dann her mit der Flasche, Tusia, Vergnügen ist Vergnügen, besser man stirbt betrunken.« Sie summte: »Trink, trink, Brüderlein trink...« und reichte mir die offene Flasche.
»Aber Rózia!« sagte Mama entrüstet.
»Gib es auf, dein Kind auf dem Transport nach Auschwitz zu erziehen, Tusia.«
Mama sagte nichts mehr. Ich nahm einen tüchtigen Schluck aus der Flasche. Es schmeckte zwar nicht, aber immerhin war es naß.
Die Frauen überhäuften Mama mit Fragen, wie Rózia auf den Bahnsteig gekommen sei, wie sie hieß, woher sie es wußte. Mama erklärte, daß sie Haushälterin bei den Grünbergs gewesen war und sehr an ihnen hing, und daß es ihr oftmals gelungen war, uns selbst im Lager Dinge zukommen zu lassen.
Obwohl wir eine Menge Flaschen hatten, gab es nicht für alle zu trinken. Ich wurde schläfrig und mußte mal. Es mußte da erledigt werden, wo man gerade stand. Nach kurzer Zeit war der Gestank im Waggon kaum noch auszuhalten. Die Frauen beschlossen, abwechselnd zu stehen und zu sitzen. So machten wir es auch. Wir saßen mitten im Urin und im Kot. Eine der angetrunkenen Frauen stimmte Sabcia Sibners Lagerlied an: ›Hinter Drähten grauer Dunst, Friedhofstore sich erheben‹.
Der Zug blieb oft stehen, wir hielten den Atem an und horchten. Erneuter Halt. Vereinzelte polnische Worte drangen zu uns herein. Eine von uns fing an zu klopfen:
»Wo sind wir, wo fahren wir hin?«
»Nach Auschwitz.«

»Wir brauchen Wasser…«
»Es geht nicht, die Türen sind verplombt, durchs Fenster paßt nichts, es ist zu hoch, und es ist vergittert. Die Deutschen jagen uns wie Ratten, ich würde euch was geben, aber…«
Der Zug setzt sich wieder in Bewegung. Morgengrauen. Die Frauen heben mich hoch, und ich blicke durch das vergitterte Fenster. Nichts, nur Felder, da und dort ein Bauernhof.
Im Rhythmus der Räder pochen und pochen und pochen die Fragen in meinem Kopf. Direkt ins Gas? Vielleicht noch nicht?
Mama hatte Recht gehabt: Wir waren von dem großartigen Judenfreund, dem Nazi Oskar Schindler, grausam betrogen worden.

# *Auschwitz-Birkenau*

Es ist bereits hell, der Zug hält. Hundegebell ganz nah. *»Raus!«* Wir drängen uns vor Angst so nah aneinander, daß im Waggon etwas Platz entsteht. Nach dem verflixten Wodka klebt meine Zunge am ausgetrockneten Gaumen. Daß man kurz vor dem Tod noch Durst haben kann! Ich wünsche mir nichts sehnlicher, als literweise kaltes Wasser. Geräuschvoll werden die Türen aufgerissen. Das Tageslicht blendet uns.
*»Raus!«*
Schnell springen wir herunter, so schnell es nur geht, nur nicht stolpern. Peitschen pfeifen durch die Luft. Obwohl wir uns diszipliniert und vorschriftsmäßig aufstellen, schlagen sie bei jeder Gelegenheit mit Gewehrkolben und Peitschen auf uns ein; Schäferhunde versuchen, nach uns zu schnappen.
Aufs neue müssen wir unter Bewachung geradeaus gehen. Die nasse Erde klebt an unseren Holzschuhen. Wir gehen durch ein Tor mit der Aufschrift *›Arbeit macht frei‹*. Große Bäume, dahinter ein Gebäude oder vielmehr ein Gebäudekomplex, hohe Schornsteine, aus denen Rauch aufsteigt, ein Geruch, der unverwechselbar ist, wenn man ihn einmal gerochen hat. Biegen wir zu den großen Bäumen ab? Einen Augenblick lang halten wir den Atem an. Wir gehen weiter geradeaus, am Krematorium vorbei, zumindest fürs erste.

Wir betreten grauenvolles Elend. Vor den Baracken stehen lebende Leichname mit ausdruckslosen Gesichtern. Keiner blickt uns an. Man sieht einzelne Galgen, sie sind anders als die bei uns in Płaszów.
Unweit eines grauen Gebäudes müssen wir uns aufstellen. Aufseherinnen rücken an. Die erste geht mit stolz erhobenem

Kopf voran, ihr folgen weitere, die auf jede ihrer Bewegungen achten. Es handelt sich demnach um die Lagerkommandantin. Blockälteste und weibliche Kapos mit dicken Stöcken in den Händen rennen herbei.
Wir stehen gerade ausgerichtet, und dennoch hagelt es Schläge, willkürlich, ganz nach Belieben.
»Ihr Płaszów-Huren!« kreischen sie. »Ihr seid in Auschwitz-Birkenau, hier herrscht Ordnung und Gehorsam!«
Es ist so schlimm, wie es schlimmer nicht sein kann. Wirklich nicht? Auch im Ghetto hat man gesagt, schlimmer könne es nicht werden.
Zuerst werden wir gezählt, dann müssen wir unendlich viele Kniebeugen machen. Eine muß zur Strafe wie ein Frosch hüpfen und wird danach fürchterlich mißhandelt. Man zerrt sie zur Seite, vermutlich wird sie nie zurückkommen.
Die Aufseherinnen gehen zwischen den Reihen hindurch und mustern uns gründlich. Es erscheinen der Rapportführer und ein kleiner Lager-Kapo mit vorstehendem Adamsapfel in Begleitung einiger Männer. Einer hält einen Bogen Papier in der Hand. Wieder wird gezählt. Mir ist schon alles egal, ich brauche nur etwas zu trinken, seit gestern, eigentlich seit vorgestern, haben wir keinen Tropfen Wasser mehr erhalten. Frauenskelette gehen an uns vorbei. Sie würdigen uns keines Blickes. Vielleicht wissen sie nicht, ob sie noch leben oder schon tot sind.
Kapos stoßen uns in ein graues Haus mit Eisentüren. Ist es ein Krematorium? Ein Flur, ein Eingang zu einem größeren Raum, hier eine Tür, dort eine Tür, wir wissen nichts; Männer in gestreifter Häftlingskleidung bewegen sich geschäftig hin und her. Die einen sagen, daß es ein Bad sei, die anderen, daß sie Gas einlassen. Eine Frau, die wohl aus Tarnów stammt und eine ziemlich dicke Tochter hat, lallt pausenlos: *»Oj rebojne, oj main kindele!«*
»Mama, warum haut ihr denn niemand eine runter? Man wird ja verrückt von dem ständigen Ojoj.«
»Sei still! Vielleicht hilft es ihr.«

Kaum zu glauben, wieviel Verständnis Mama aufbringt. Die Blockälteste und die Kapofrauen brüllen schon wieder, sie befehlen uns, alles auszuziehen, sogar die Schuhe.
Ich muß erbärmlich ausgesehen haben, denn Ilse nahm allen Mut zusammen und bat für mich um Wasser.
»Wasser? Gleich kriegst du dein Wasser.«
Ich wußte nicht, weshalb sie plötzlich wie verrückt zu lachen begannen. Sie packten Ilse bei den Haaren, wieherten dabei vor Vergnügen und zwangen sie, auf einen Schemel zu knien. Man begann, ihren Kopf und jede andere Stelle, an der Haare wachsen, kahlzuscheren. Dann fischte man einen triefenden Lappen aus einem Eimer und klatschte ihn Ilse mehrmals ins Gesicht und auf den rasierten Kopf.
»Na? Gut so?« Sie lachten.
Auf dem Fußboden wuchs ein Berg aus Haaren. Jetzt war ich dran. Die Prozedur tat entsetzlich weh, denn die Haare wurden einem nicht wegrasiert, sondern ausgerissen. Ich konnte meine Tränen nicht zurückhalten. Die Männer in den gestreiften Häftlingskleidern trieben sich die ganze Zeit in der Nähe herum, und ich schämte mich ein bißchen. Sie sahen nicht weniger bedauernswert aus. Ich war kahlgeschoren und bekam das ›Wasser‹ ebenfalls zu spüren. Man schlug mit dem stinkenden Lappen auf die ausrasierten Stellen. Es brannte, ich wußte nicht wovon, vielleicht war es ›Lysol‹.

Ich stellte mich neben Ilse. Ich konnte und wollte nicht sehen, wie die blonden Haare meiner Mutter auf den Boden fielen. Ilse nahm mich bei der Hand.
»Weine nicht, Liebes, weine nicht, Hauptsache, der Kopf ist noch dran, die Haare wachsen nach. Weißt du, wie hübsch du aussiehst? Du hast einen schönen Kopf, ganz glatt und rund, dazu die großen schwarzen Augen, du siehst aus wie eine Puppe. Weine nicht.«
»Ich will nicht weinen, es kommt von innen.«
»Fühle mal«, sagte Ilse, »was für einen kugelrunden Kopf du hast. Wunderschöne Haare werden nachwachsen.«

»Sind sie mit Mama fertig?« Ich stand mit abgewandtem Gesicht da.
»Ja, da kommt sie schon.«
»Ich habe mir die ganze Zeit gesagt, daß sie uns bestimmt nicht rasieren würden, wenn es ins Gas ginge.« Mama versuchte zu lächeln.
Ich tat, als hörte ich zu und dachte doch nur daran, wie elend sie aussah.
»Erste Gruppe ins Bad!« brüllte jemand.
Man stieß uns in den größeren Raum, ohne uns etwas Seifenähnliches gegeben zu haben. Die Eisentür wurde zugeschoben. Wir standen da und warteten auf Wasser. Nichts. Die Frauen begannen zu toben, und eine schrie:
»Riecht ihr das Gas? Ich ersticke!«
Mama drückte mich so fest an sich, daß ich tatsächlich keine Luft mehr bekam. Ich befreite mich. Ringsum Schreie, ich spürte Hände, die sich in meinen Arm krallten und konnte sie nicht abschütteln. Eine Frau fiel hin und kratzte mir den Schenkel auf.
»Mama! Ilse!« stieß ich hervor. »Es riecht überhaupt nicht nach Gas, wir sind es, die so stinken.«
Ich wollte noch sagen, daß es der Geruch der Lappen sei, doch es gelang mir nicht.
»Hysterische Weiber! Das ist kein Gas! Ruhe!« riefen ein paar energische Stimmen.
Gleich darauf goß man etwas heißes Wasser auf uns herab. Wir traten uns gegenseitig auf die Füße. Jede suchte an der Wand Schutz. Schließlich wurde die Eisentür geöffnet, und man jagte uns nackt nach draußen. Sofort stellten wir uns in einer Reihe auf. Einige sahen entsetzlich aus, waren voll blauer Flecken und zerkratzt. Es nieselte. Wir zitterten. Wir zitterten vor Kälte, Hunger und Durst.
Die Aufseherinnen kamen. Die Ranghöchste, die eine Pelerine trug, betrachtete uns eingehend. Sie rührte uns nicht an, machte lediglich Zeichen mit ihrer Peitsche. Dann stürzten jene auf uns zu, die einen Knüppel hatten, und zerrten die Opfer heraus. Das

war wohl eine Selektion. Bei denen, die man herausgezogen hatte, handelte es sich vorwiegend um ältere, sehr abgemagerte Frauen. Ich stand hinter Mama und blickte auf ihre schlanke, aufrechte Gestalt. Auch Ilse, die größer war als Mama, sah, wie ich mir einbildete, nicht abgezehrt aus.
Die Gruppe war kleiner geworden. Sie trieben uns wieder hinein, um uns etwas zum Anziehen zu geben. Die Männer in den gestreiften Anzügen gaben Häftlingskleidung und Holzpantinen aus. Jede bekam ihre Sachen zugeworfen. Man achtete nicht darauf, ob es zwei linke oder zwei rechte Schuhe waren. Ich machte ein paar Schritte nach vorne.
»Wenn du Unterhosen willst und ein Hemd, dann geh in das Kämmerchen da.« Die beiden Männer lachten.
Ich zögerte, vielleicht wollten sie mir ja tatsächlich etwas Besonderes zum Anziehen geben. Mama, Matylda Löw und Rózia nahmen mich sofort in ihre Mitte.
»Wenn dir so ein Schwein irgendwas verspricht, darfst du niemals mit ihm gehen!«

Die Dämmerung brach herein. Die Blockältesten stellten uns in zwei Gruppen auf. Wir marschierten zu den Baracken. Beim Eingang gab eine der Blockältesten, die einen Knüppel besaß, ein Schüsselchen für jeweils fünf Personen aus, und jede bekam einen Löffel und einen Blechbecher. Die Baracke war schrecklich, hatte keinen Fußboden, von der Decke hing eine Glühbirne, die nicht heller war als eine Kerze (was vielleicht auch besser war), Pritschen ohne Strohsäcke, ein grauer Lappen für zwei Personen, der als Decke dienen mußte. Zwei fluchende Blockälteste, die sich nie von ihren Knüppeln trennten, wiesen uns unseren ›Wohnplatz‹ zu. Ich wünschte mir die untere Pritsche, weil ich wieder Schwierigkeiten mit meiner Blase hatte. Wir bekamen aber den ersten Stock; zum Glück lagen Matylda Löw und Rózia in der Pritsche unter uns.
»Mach dir keine Sorgen«, sagte Rózia scherzhaft, »du darft uns begießen, und später können wir tauschen, wenn du unbedingt willst.«

Mama und ich krochen auf die Pritsche und stellten zu unserem Entsetzen fest, daß sich genau am Kopfende ein kleines Fenster befand, dessen Scheibe eingeschlagen war. Mich fröstelte. Unsere Existenz in Auschwitz-Birkenau begann nicht allzu gut. Später teilte uns die Blockälteste brüllend die Lagervorschriften mit und daß wir ›verlausten Luder‹ noch keine Arbeitszuweisung hätten, was gewiß ein Nachteil war. Schließlich schrie sie mit heiserer Stimme:
»Vier heraustreten, in die Küche, Kaffee holen!«
Rózia Kornhauser sprang auf.
»Rózia«, sagte Frau Löw, »bleib hier, ich bin kräftiger.«
Beinahe fröhlich erwiderte Rózia:
»Nein, ich will mich umhören, vielleicht ist meine Freundin Bronia hier, die auch in Montelupi war.«
Nachdem sie hinausgegangen war, schüttelte Frau Löw traurig den Kopf.
»Arme, naive Rózia, sie glaubt, ihre Bronia habe in dieser Hölle so lange ausgehalten.«
Endlich brachten sie Kessel mit einer kalten, kaffeeähnlichen Flüssigkeit, aber sonst nichts. Dennoch trat ich, als ich mit meinem Becher in der Schlange stand, vor lauter Freude, etwas Nasses in die Kehle zu bekommen, von einem Fuß auf den anderen. Die Stellvertreterin der Blockältesten verteilte die Flüssigkeit. Sie war so gemein, den Becher nicht einmal ganz zu fullen. Ich trank ihn in einem Zug leer und war danach immer noch durstig. Da ich wußte, daß im Kessel etwas übrig war, trat ich vor und fragte schüchtern:
»Könnte ich bitte noch etwas bekommen?«
Verblüfft starrte sie mich an. »Na klar, du lausiges Aas« – und klatschte mir eine Kelle voll ins Gesicht.
Rasch machte ich mich aus dem Staub, um Schlimmerem zu entgehen.
Die Blockältesten warfen uns Lappen zu und ordneten an, mit dem übriggebliebenen Kaffee den Tisch abzuwischen, der sich durch den größten Teil der Baracke zog.
»Und daß er ja glänzt, ihr Płaszów-Säue«, fügten sie hinzu.

So blieb der Kaffee nicht in den Kübeln, sondern wurde über den Tisch gekippt. Sie verschwanden. Wir hatten gleich bemerkt, daß sie einen separaten Raum beim Barackeneingang hatten.

Ich hätte mich so gerne hingelegt, selbst auf die harten Bretter, doch ohne Erlaubnis der Blockältesten war das unmöglich. Kurze Zeit später kamen sie mit Faden und ein paar Nadeln zurück. Wir mußten uns aufstellen. Jede von uns erhielt ein dreieckiges Stückchen Stoff mit Nummer und Davidstern. Es mußte mit wenig Faden gerade und schnell angenäht werden. »Eigentlich ist der Faden viel zu schade für euch«, sagten sie. Woher kam ihr Haß auf uns, waren sie etwa keine Jüdinnen, keine Häftlinge? Doch, Häftlinge waren sie, das sah man.
Am 22. Oktober 1944 erhielt ich die Nummer 76 372.
Nach einiger Zeit begannen die Blockältesten die angenähten Nummern zu begutachten. Bei dieser Gelegenheit erfuhren wir, wozu die in einer Ecke der Baracke aufgeschichteten Ziegelsteine und der Eimer mit dem Ziegelschutt dienten: zur ›Ziegelstrafe‹.
Die ›Ziegelstrafe‹ bestand darin, daß Ziegelschutt verstreut wurde, auf den sich die Betroffene zu knien hatte, wobei sie je einen oder mehrere Ziegelsteine – die Zahl war abhängig von der Art der Verfehlung – in die Höhe halten mußte. Zum ersten Mal wurde diese Strafe für das schlechte Annähen einer Nummer verhängt. Ich war mir damals nicht darüber im klaren, wie bestialisch sie war.

Endlich wurde Nachtruhe angekündigt, und wir durften uns hinlegen. Aus dem Zimmer der Blockältesten drang Gekicher. Obwohl ich völlig erschöpft war, konnte ich nicht einschlafen. Durch die kaputte Scheibe zog es an meinen kahlgeschorenen Kopf. Mama versuchte, ihn mit der Decke zu schützen, aber dann lagen die Füße frei. Uns wurde nicht warm, wir froren entsetzlich – vor Erschöpfung, vor Hunger und aus Angst vor dem nächsten Tag.

Kaum war ich endlich eingeschlafen, als ich jäh von einem Geräusch geweckt wurde. Ich berührte Mama.
»Mußt du mal? Kriech von der Pritsche herunter.«
»Nein, hörst du das Piepsen und das leichte Scharren?«
»Das hast du dir bestimmt bloß eingebildet.«
Doch gleich darauf schreckte Mama hoch und stieß sich den Kopf an der Pritsche über uns an.
»Ich glaube, das sind… ich weiß nicht. Vielleicht Mäuse. Vielleicht Ratten! Rózia! Ilse! Schlaft ihr? Hört ihr das?«
»Ja«, sagte Rózia, »es sind Ratten, sie sind so groß wie Elefanten.«
»Hast du keine Angst?«
»Natürlich habe ich Angst vor Ratten.«
Auf der unteren Pritsche schlugen sie während der ganzen Nacht mit den Holzpantinen auf den Boden. Nun hatten wir eine Plage mehr.

Frühmorgens, es war bestimmt nicht später als fünf, trat die Blockälteste ein und brüllte:
»Aufstehen, ihr faulen Huren, Decken bündig zusammenfalten. Wer es nicht schafft, macht es mit den Zähnen.«
Nach dem nächtlichen Kampf mit den Ratten waren wir erschöpfter als nach dem Transport.
*»Raus! Aufstellen!«*
Darin hatten wir Übung. Sie las die Nummern ab und zählte. Wir standen lange reglos und gerade da und sahen menschliche Schatten zur Arbeit eilen. So standen wir mindestens zwei Stunden im Nieselregen, während unsere Anzüge allmählich durchweicht wurden. Die Aufseherinnen kamen. Die Blockälteste meldete:
»Vollständig erschienen, kein Todesfall.« Nachdem die Aufseherinnen wieder weg waren, schrie sie: »Vier zur Küche!«
Als erste meldete sich wieder Rózia. Immer noch war sie auf der Suche nach Bronia, die doch bestimmt schon längst nicht mehr lebte.
Sie brachten Kaffee und Brot. Endlich ein Stückchen Brot. Es

dauerte lange, bis sie die Behältnisse mit der Brotration und eine Konservendose zu uns herausgebracht hatten. Vorschriftsmässig standen wir mit ausgestreckten Armen da, wie Hampelmänner. Eine der Blockältesten verteilte das Brot, eine andere, die ihr folgte, schöpfte mit bloßen Händen ein kleines bißchen Marmelade aus der Dose. Als ich mein Stückchen Brot bekommen hatte, hielt ich es für die Marmelade hin. Die Blockälteste mit der Dose warf mir einen wütenden Blick zu.

»Du Hure«, zischte sie, und schon klebte mir die Marmelade im Gesicht.

Wir bekamen Kaffee. Ich wischte mir mit ein paar Tropfen das Gesicht ab. Mama war nervös, sie machte sich Sorgen, daß ich auffallen könnte.

Rózia berichtete voller Enthusiasmus, daß sie auch die zweite Schicht in der Küche darum gebeten habe, Bronia ausfindig zu machen; wenn sie sie gefunden hätten, brauchten sie ihr bloß zu sagen, Rózia aus Montelupi suche sie, dann wüßte sie Bescheid.

In dem feuchten Streifenzeug machten sich die krabbelnden Läuse bemerkbar. Es waren ganze Schwärme, und man hätte am liebsten die Kleidung mitsamt der eigenen Haut heruntergerissen.

Damit wir nicht untätig herumsaßen, gaben uns die Blockältesten Besen und befahlen uns, sauber zu machen. Aber was nur, da es hier ja nicht einmal Strohsäcke gab? Später mußten wir vor der Baracke kehren. Auch hier wußte man nicht, was eigentlich. Etwa den Schlamm?

Erst jetzt fiel mir auf, daß vor sämtlichen Baracken nackte Leichen lagen, an denen – oh Gott! – am hellichten Tag riesige Ratten nagten, die sich durch nichts stören ließen, die sich nicht einmal zu verstecken versuchten, wenn jemand vorbeiging. Wie hypnotisiert starrte ich auf diese abstoßende Szene. Ein heftiger Schlag der Blockältesten brachte mich wieder zur Besinnung. Würde es bei dem einen Schlag bleiben? Zwei Warnungen am ersten Tag; ich mußte mich in acht nehmen.

Mittagspause. Eigensinnig bestand Rózia darauf, die Suppe zu

holen. Auf Befehl der Blockältesten mußte sich jeweils eine der Frauen mit einer Schüssel für fünf Portionen am Kessel aufstellen. Wir waren längst an Ungenießbares gewöhnt, doch das, was man hier in die Schüssel kippte, überstieg alle Vorstellungskraft. Übelriechendes Spülwasser, in dem absolut nichts schwamm, nicht das kleinste Stückchen Kartoffel oder Kohlrübe. Wir scharten uns zu fünft um die Schüssel, die Rózia in den Händen hielt. Wir sahen uns an, uns war zum Erbrechen, nur: was hätten wir erbrechen sollen?
»Nun, meine Lieben«, meinte Ilse, »da bleibt uns nichts anderes übrig, als das hinunter zu schlucken, bevor sich die Ratten an uns gütlich tun.«
Wir fanden uns überhaupt nicht zurecht, wir wußten nicht einmal, wo die Latrinen waren.
Während es immer kühler wurde und die stinkenden Streifenklamotten nie wirklich trockneten, brachten wir mehrere grauenhafte Tage und Nächte zu. Wir lernten die Latrine kennen: Keine Löcher, kein Brett, bloß eine dick mit Kot überzogene Stange über einer Kloakengrube. Im selben Raum die sogenannte ›Waschanlage‹. Entlang der Latrine waren Blechrinnen angebracht, in denen dreckiges Wasser floß. Darüber eine Aufschrift: ›Wasser eignet sich nicht zum Trinken, Typhusgefahr.‹ Und selbst um die paar Tropfen Typhuswasser kam es zwischen den Frauen häufig zu Streitigkeiten.
Die hygienischen Bedingungen und unser Aussehen verschlechterten sich zusehends. Es gab keine Möglichkeit, einen Lappen aufzutreiben, um den Körper ein bißchen abzureiben. Wir wurden von eitrigen Ausschlägen befallen. Bei fast jedem Appell fanden Selektionen statt. Da man sich nackt ausziehen mußte, hatten die Frauen mit großen, auffälligen Geschwüren, keine Überlebenschance.

Unsere kleine Gruppe wird allabendlich von Ilse Filipowska und Matylda Löw untersucht. Nur, was könnten sie schon tun, wenn sich herausstellen sollte, daß eine von uns Geschwüre hat. Die Blockältesten peinigen uns. Wegen angeblicher Disziplin-

losigkeit beim Appell bekommen wir eines Tages keinen Kaffee, sie schütten beide Gefäße aus, und wir müssen mit der scheußlichen, aber lebensnotwendigen Flüssigkeit die Baracke wischen.
Rózia geht mit der Starrköpfigkeit einer Besessenen immer wieder in die Küche. Jemand hat ihr erzählt, in der Krankenstube arbeite eine Schreiberin, die Bronia heißt. Wir haben nichts dazu gesagt; es muß ja nicht ›ihre‹ Bronia sein. Rózia behauptet, Bronia werde ganz bestimmt kommen. Ich weiß nicht, was sich Rózia von einem Treffen mit Bronia verspricht. Vielleicht hat sie sich in den Kopf gesetzt, daß wir befreit werden oder bessere Lebensbedingungen bekommen?
Zwischen den Baracken sieht man einen Karren, der entweder von einem Pferd oder von Menschen gezogen wird. Die Leichen, die vor den Baracken liegen, werden aufgesammelt und auf den Karren geworfen. Am nächsten Tag liegen wieder neue Leichen da, und es werden immer mehr. Uns kommt es so vor, als wären es immer dieselben, so ähnlich sehen sich diese verkrümmten menschlichen Überreste, die einst Frauen waren. Eifrig nagen die Ratten an ihnen.

Wir haben jedes Zeitgefühl verloren. Die Sonntage unterscheiden sich nicht von den anderen Tagen. Heute Bad und Entlausung. Zwischen den Blockältesten und den männlichen Kapos stehen die Aufseherinnen und die Lagerkommandantin Mandel. Nachdem die Häftlingskleidung abgelegt ist, muß jede von uns an der Lagerkommandantin vorbeigehen, stehenbleiben und sich einmal um sich selbst drehen. Die Mandel gibt nur von Zeit zu Zeit ein Zeichen mit der Peitsche. Sofort packen die Blockältesten das Opfer und führen es in einen anderen Raum ab. Heute werden nicht nur die mit Geschwüren, sondern auch die mit schlafferen Körpern ausgewählt. Ganz einfach eine gewöhnliche Selektion. Selbst die Frauen, die ruhig und gefaßt hinausgehen, werden mit Knüppeln geschlagen, als wollte man ihnen sagen: ›Denkt nicht, sterben sei schon alles, beim Sterben sollt ihr bis zur letzten Sekunde daran denken, *wo* ihr sterbt.‹

Von unserer engsten Gruppe hat man bisher noch keine geholt. Wie lange noch?

Heute fährt der Wagen mit den verfaulten Abfällen an der Baracke vorbei. Als etwas davon herunterfällt, stürzen sich einige Frauen darauf und essen davon. Frau Löw stöhnt auf: »Davon kriegen sie Typhus!« Ihre Voraussage bewahrheitet sich bald. Nach zwei, drei Tagen beginnt nachts das Gejammer. Wir schwören einen Eid, daß sich keine von uns an dem Abfall vergreifen wird, selbst dann nicht, wenn wir kurz vor dem Verhungern sind. Allerlei Gedanken schwirren mir durch den Kopf. Wo ist der Unterschied, ob man an Abfällen oder an einer anderen Seuche stirbt? Hier stirbt man ohnehin.

Frühmorgens verkünden die Blockältesten:
»Heute kommen die Krankenschwestern aus dem Revier, diejenigen, die einen Verband brauchen oder krank sind, können sich melden. Sie bekommen eine Arznei und Hilfe.«
Tatsächlich erscheinen nach dem Appell zwei Krankenschwestern, ebenfalls Häftlinge. Ihre Köpfe sind gesenkt. Ein paar Frauen stellen sich an. Die Blockältesten gehen zwischen den Reihen hindurch.
»Frauen, die Arznei benötigen, sollen sich anstellen«, sagen sie ausnehmend freundlich zu uns.
Rózia ist es unterdessen gelungen, einer der Krankenschwestern etwas zuzuflüstern. Es geht um Bronia. Die Hilfsbedürftigen marschieren ab. Keine von ihnen wird je zu uns zurückkehren.
In der Nacht erwache ich von meinem eigenen Schluchzen. Ich hatte mir geschworen, nie mehr zu weinen, doch ich habe das Schluchzen nicht unterdrücken können. Ich presse die Hand auf den Mund, um andere Frauen nicht zu wecken.
»Was hast du?« Mama schüttelt mich.
Ich bringe kein Wort heraus. Mein Weinen weckt die Frauen auf der unteren Pritsche.
»Tut dir der Bauch weh? Was fehlt dir«, fragt Frau Löw

sachlich. Sie greift nach meiner Hand und fühlt den Puls.
»Mir tut nichts weh, ich hatte einen Traum, ich habe geträumt, daß ich hier nie mehr herauskomme, daß ich hier sterbe...«
Allmählich beruhige ich mich. Wir liegen auf der Pritsche, und Mama erkundigt sich nach meinem Traum.
»Ich habe geträumt, daß du in einem offenen Waggon ohne Dach weggefahren bist. Und ich lief hinterher in einem Samtkleid. Du hast die Arme ausgestreckt und mir zugerufen, ich solle mich beeilen, und dann hast du versucht, mich zu packen; ich war außer Atem, meine Haare lösten sich auf, und du hast mich an den Haaren auf den Waggon gezogen, aber ich wußte, daß ich keine Haare habe.«
Lange schweigt Mama und sagt dann: »Es war ja nur ein Traum, und wir sind immerhin zusammen gefahren.«

Ein Tag verlief wie der andere, nur die Kälte und der wachsende Hunger ließen uns erkennen, wie es um uns stand. Den Frauen ging es schlecht, viele waren bereits an Lungenentzündung erkrankt. Diejenigen, die sich für die Krankenstube meldeten, kamen nie mehr zu uns zurück. Einmal fragten wir die Krankenschwester, was mit diesen Frauen geschehe, und widerwillig gab sie zur Antwort, sie würden vorübergehend in einem anderen Block untergebracht.
Schrecklich sind die Desinfektionen im Bad. Sie fahren mit stinkenden, beißenden Lappen über unsere Köpfe und über die anderen kahlrasierten Stellen.
Ich beobachtete die Frauen. Bei manchen wurden die Köpfe schon dunkler, die Haare begannen nachzuwachsen. Auf meinem Schädel nicht einmal Flaum...
»Mama, wird mein Kopf auch schon dunkler?«
Aufmerksam betrachtete sie mich.
»Nein«, sagte sie zögernd, aber dann lachte sie sofort: »Du hast dir immer blonde Haare gewünscht, jedesmal, wenn ich dir die Haare wusch, mußte ich dir versprechen, daß sie diesmal nach dem Waschen bestimmt heller sein würden. Vielleicht wachsen dir jetzt blonde Haare nach.«

»Ich war früher unausstehlich, nicht wahr, Mama?«
»Nein, das warst du ganz und gar nicht, du warst nur sehr lebhaft, nicht so ein artiges kleines Mädchen.«
»Und so eines hättest du gewollt?«
»Nein, überhaupt nicht, ich würde dich gegen nichts in der Welt eintauschen. Nur habe ich mich damals nicht bemüht, deinen Charakter und dein Temperament zu verstehen.«
»Und wenn man alles zurückdrehen könnte, wäre es dann anders?«
»Hätte ich meinen heutigen Verstand, dann wäre es wohl anders. Und du? Würdest du Mania mehr lieben als mich?«
Da das eine schwierige Frage war, antwortete ich mit Mamas Worten:
»Hätte ich meinen heutigen Verstand, bestimmt nicht.«
»Du kleiner Schlauberger«, lachte sie. »Ich war so manches Mal eifersüchtig auf Mania.«
Diese Art von Gesprächen führten wir hin und wieder abends auf unserer Pritsche. Sie lenkten uns für eine Weile von den Ratten ab und vertrieben die unguten, düsteren Gedanken.
Eines Tages kamen wieder die Schwestern aus der Krankenstube.
»Ist jemand krank«, fragte eine von ihnen. Und: »Ist unter euch eine Rózia?«
Rózia war sofort bei ihnen. Sie war wie verrückt vor Freude.
»Bronia! Das hat Bronia euch gesagt.«
Ängstlich blickten sich die Krankenschwestern um, ob nicht eine der Blockältesten in der Nähe lauerte. Rózia preßte die Hand auf den Mund, um nicht vor Freude aufzuschreien.
»Sagt mir, wo sie ist, was sie macht.«
»Sie ist Schreiberin im Krankenrevier, beim Chef, eine wichtige Arbeit. Ihr Vorgesetzter ist Dr. Mengele, sehr gefährlich«, bemerkte die eine hastig. »Sie darf nicht hinausgehen, wann sie will.«
Sie drückten Rózia ein recht großes Stück Brot und einen Waschlappen in die Hand.
»Versteck das schnell, sonst nehmen es dir die Blockältesten

wieder weg.« Und schon waren sie verschwunden.
In unserer Gruppe herrschte Feiertagsstimmung. Rózia hatte ihre Bronia also doch wiedergefunden! Für uns alle war das etwas Außergewöhnliches.

Meine Blase ist eine Katastrophe. Es läuft mir einfach so die Beine entlang. Unser Frauengrüppchen hat beschlossen, Brot zusammenzulegen, um es gegen Unterhosen für mich zu tauschen.
Heute muß unsere Gruppe in den *›Kartoffelkeller‹*.
»Endlich tut ihr mal was, ihr faulen Huren«, verkünden die Blockältesten.
Als ob irgendetwas von uns selbst abhinge.
Eine ekelhafte Beschäftigung. Wir wühlen in verfaulten Kartoffeln und Kohlrüben herum, zwischen denen Ratten und Mäuse jagen. Aber immer noch besser, als wieder und wieder vor dem Block strammzustehen. Bei dieser Arbeit kommt es zu einem schrecklichen Zwischenfall. Janina Feigenbaum, die wir alle nur Janeczka nennen, hat offenbar eine Kohlrübe, die weniger verfault war als die anderen, gefunden und ihren Appetit nicht zügeln können. Die Kapofrauen bemerken, daß sie den Mund bewegt. Sie stürzen sich mit Knüppeln auf sie und prügeln auf ihr Opfer ein, als wollten sie es erschlagen. Janeczkas Mutter fleht sie auf Knien an, ihr zu verzeihen, sie würde ihnen auch eine Wochenration Brot abgeben; das hilft. Doch offensichtlich haben sie Janeczka schwer verletzt, auf dem Rückweg muß man sie stützen.

Eine ungewöhnliche Sache. Während des Morgenappells erscheinen der Rapportführer, ein ganzes Heer von Aufseherinnen sowie einige ›hohe Tiere‹. Vor einem von ihnen stehen sie immer wieder stramm, und man hört sie unentwegt sagen: *»Jawohl, Herr Doktor«, »Zu Befehl, Herr Doktor«*. Es liegt nichts Gutes in der Luft. Uns ist bald klar, daß es sich um Doktor Mengele handelt. Aus Erzählungen alter Birkenau-Häftlinge wissen wir, daß er der gewissenloseste aller Mörder ist, daß er eigenhändig grausame Experimente an Häftlingen durchführt und sie danach tötet. Immerzu geht mir durch den Kopf, was ich bisher gehört habe: Sie reißen den Menschen Sehnen aus, um zu prüfen, ob sie danach noch gehen können; sie entfernen Organe...

Es ist furchtbar, wie eine ›Muselmanin‹ auszusehen, und es ist nicht weniger furchtbar, wenn man einigermaßen erträglich aussieht. Um nicht blaß zu wirken, schaben einige Frauen Ziegelsteine ab und schminken sich damit rote Wangen. Bei Tageslicht sehen sie gespenstisch aus.

Mein Herz pocht: Selektion, Selektion! In der Nähe der höheren Chargen stehen vier weibliche Häftlinge aus der ›*Krankenstube*‹ mit weißen Tüchern um den Kopf. Ich spüre instinktiv, daß eine von ihnen Bronia ist; sie hält einen Stoß Aktendeckel unter dem Arm, und jede von uns Eingeweihten bemerkt, daß sie immer wieder dorthin blickt, wo Rózia steht. Lange beraten sie, am Ende zieht der Rapportführer, den wir ›Puter‹ nennen, ein Blatt Papier aus einer Akte und beginnt, Namen zu verlesen, denen die Blockältesten sogleich die Nummern hinzufügen.

Ich zittere am ganzen Leib. Warum verliest er die Namen? Ist das gut oder schlecht? Die Frauen, die aufgerufen wurden, stellen sich sofort in einer zweiten Reihe auf.

»Feigenbaum, Janina!«

Janeczka versucht unter Aufbietung all ihrer Kräfte beim Gehen das Hinken zu verbergen, das ihr von den Schlagen zuruckgeblieben ist.

»Feigenbaum, Natalia!«

Sie lesen Namen um Namen, mustern aufmerksam die Vorbeigehenden.

»Löw, Matylda!«

Ich sehe in der zweiten Reihe schon viele Frauen unserer Gruppe; Frau Grüner mit ihrem ›Kindele‹, Reginka Horowitz mit Niusia.

»Müller, Berta! Müller, Stella!«

Ich habe entsetzliche Angst davor, nicht gerade gehen zu können. Schon stehen wir in der neuen Reihe. Bestimmt ist die mit

dem weißen Tuch, die Rózia gegenübersteht, Bronia. Ihre Blikke treffen sich.
Sie haben unsere zwei Baracken in zwei Gruppen aufgeteilt. Wir marschieren. Wohin? Wieder legt sich das Entsetzen schwer auf meine Brust. Vielleicht wäre es besser gewesen, dort zu bleiben? Was werden sie mit uns tun? Unwillkürlich spähe ich zu den Schornsteinen hinauf, sehe den Rauch, der in den Himmel steigt. Entfernen wir uns oder nicht?
»Stehenbleiben, Gesindel!« Das Gebrüll bringt mich in die Wirklichkeit zurück.
Neue Blockälteste, aber der Stil blieb derselbe, was konnte man auch anderes erwarten? Sie zählten, schlugen mit ihren Stöcken zu, die eine mehr, die andere weniger. Beim Betreten der Baracke bekam auch ich etwas ab. Einen nicht allzu heftigen Stockhieb. Die Blockälteste, die mich geschlagen hatte, und die wir insgeheim nur Bajla nannten, war häßlich und grobschlächtig. Sie schikanierte uns noch mehr, als es die Aufseherinnen taten. Wenn sie durch die Baracke ging, mußte sie immer jemanden schlagen, einfach so. Man teilte uns die Pritschen zu, und diesmal bekamen wir die untere. Es gab sogar Strohsäcke, und es war kein eingeschlagenes Fenster an meinem Kopfende. Ich würde pinkeln können, aber uns würden auch die Ratten heimsuchen. Es hatte sich glücklich gefügt, daß wir uns alle nahestanden. Dazugesellt hatte sich die Mutter von Mietek Pemper, jenem außergewöhnlich anständigen Menschen, der in Płaszów Stenograph bei Göth gewesen war.

Ein Fünkchen Hoffnung glomm in uns auf. Die Frauen aus dem Emaillierwerk konnten es gar nicht oft genug sagen:
»Siehst du, Tusia, trotz deiner Skepsis sind fast alle, die auf der Schindler-Liste waren, noch da. Wir sind zusammen.«
Aber die Blockältesten brachten uns bald in die Wirklichkeit zurück.
»Achtung!« brüllten sie. »Hände runter!«
»Was ist los?« Zur Strafe mußten wir eine Stunde stehen, es gab kein Mittagessen.

Sie gaben für uns fünf Frauen ein Gefäß, einen Löffel und einen Becher aus.
Janeczka konnte kaum gehen, sie klagte über starke Rückenschmerzen. Frau Löw und Ilse hatten sie untersucht und eine Quetschung festgestellt, die abheilen würde, doch wäre ich nicht ich gewesen, wenn ich nicht zufällig gehört hätte, was ich nicht hören sollte: Ilse und Frau Löw unterhielten sich darüber, daß bei Janeczka der Verdacht auf eine ernsthafte Knochenschädigung bestünde, daß sie dagegen aber machtlos seien. Janeczka tat mir sehr leid, sie war so freundlich und still, hatte nie jemandem auch nur die kleinste Unannehmlichkeit bereitet und, im Gegensatz zu mir, niemals ein häßliches Wort in den Mund genommen.
Mama hatte sich sichtlich verändert, die anderen Frauen bemerkten es auch. Sie schöpfte nach unserem Umzug in den neuen Block wieder Hoffnung. Als ich einmal sagte, Bajla gehöre die Fresse poliert, geriet sie außer sich:
»Du bist ordinär! Was soll nur aus dir werden, wenn du jetzt schon so unflätig schimpfst!«
Rózia krümmte sich vor Lachen: »Hört euch das an! Tusia bringt ihrem Kind mal wieder gute Manieren bei. In Auschwitz!«

Nachtfröste setzten ein, bald würde es richtig kalt werden. Vielleicht würden wir noch etwas zum Anziehen bekommen. Es war furchtbar, stundenlang bloß im Häftlingsdrillich herumstehen zu müssen. Tag und Nacht froren wir.
Ich hatte Schmerzen am Oberschenkel. Die Strohsäcke waren zum Alptraum geworden. Sie bewegten sich fast von selbst, so viele Läuse hausten darin.
Wir lagen schon lange auf den Pritschen, mich schüttelte es unentwegt, mir war heiß im Kopf, dennoch zitterte ich.
»Warum zitterst du so? Ist dir kalt?« Mama berührte mich. »Du hast ja Fieber! Wo tut es dir weh?«
»Das Bein tut mir ein bißchen weh, oben am Schenkel.«
Sie rief Ilse und Frau Löw:
»Ich glaube, Stella hat Fieber.«

Sie waren sofort da; ich mußte von der Pritsche heruntersteigen.
»Ja, sie hat Fieber. Vielleicht hat sie sich erkältet.«
»Sie sagt, daß ihr der Oberschenkel weh tut, sie brütet irgendetwas aus«, erklärte Mama.
Sie hatten Angst, sich in der Mitte der Baracke unter das schummerige Licht zu stellen und betasteten den Schenkel.
»Es ist ein Geschwür. Es ist offen und voller Eiter!«
Ich versuchte, sie zu beruhigen.
»Es ist nichts weiter, bei mir heilt immer alles schnell. Stimmt's, Mama?«
»Ja, das stimmt, aber warum hast du nichts gesagt?«
»Was sollte ich denn sagen? Ich dachte, es sind bloß die Läuse.«
Frühmorgens vor dem Appell untersuchten mich die beiden Ärztinnen genauer. Sie waren entsetzt.
»Es ist ein Loch mit Abertausenden von Läusen!«
»Rózia, du mußt Bronia benachrichtigen, wir brauchen unbedingt ein Desinfektionsmittel.«
»Ja, ich will es versuchen, macht es vorläufig mit dem Lappen sauber.« Rózia reichte uns ihren Lappen.
Das Fieber stieg, nur mit Mühe konnte ich bei den Zählappellen geradestehen. Einige Tage vergingen, es gab keine Gelegenheit, sich mit Bronia zu verständigen. Zum Glück kam sie von allein.
Sie und Rózia weinten vor Freude, als sie sich sahen. Bronia wohnte auf dem Gelände der *›Krankenstube‹* und durfte sich nicht ohne Sondergenehmigung von dort entfernen. Sie war Hauptschreiberin und führte Buch über die, mit denen sie ihre Experimente machten. Heute war der Chef nicht da, und so hatte sie kommen können. Für alle Fälle hatte sie irgendwelche Aktendeckel bei sich, immerhin bestand die Gefahr, daß sie auf die Oberaufseherin traf. Sie brachte uns Brot und ein bißchen Margarine.
Rózia schilderte Bronia das Problem: »Du mußt uns helfen, unsere Kleine hat Fieber.« – Ich war nicht viel kleiner als Rózia. »Ein Läusegeschwür am Schenkel. Du mußt dich unbedingt um Desinfektionsmittel bemühen.«

Bronia fuhr sich über die Stirn.
»Ich werde es versuchen, irgendwie werde ich es euch zukommen lassen.« Sie sah mich an. »Wie alt ist sie?«
»Angeblich siebzehn, in Wirklichkeit vierzehn.«
»Paßt gut auf sie auf. Solche wie sie sucht Mengele gern für seine Experimente aus.«
Rózia und sie umarmten sich, und schon war Bronia verschwunden.

Die Frauen hatten lange Brot gespart und dafür schließlich Unterhosen für mich aufgetrieben. Mama hatte sie im Waschraum ins Wasser getaucht und auf ihrem Körper getrocknet, damit ich sie möglichst schnell anziehen konnte. Die Unterhosen halfen nichts. Das Geschwür in der Leistenbeuge hatte inzwischen die Größe einer Birne.
Auch Janeczka und Frau Pemper wurden immer schwächer. Eines Tages erwirkten Ilse, Frau Löw und Wanda Penner im Austausch gegen eine Menge Brot von der Blockältesten für Janeczka, Frau Pemper und mich die Erlaubnis, in der Baracke bleiben zu dürfen. Bajla nahm das Brot. Ich konnte bei den Appellen nicht mehr stehen. Von der sich stetig vergrößernden Wunde gingen jetzt violette Streifen aus. Bronia hatte eine scharfe Flüssigkeit besorgt, die jedoch nichts half.
Wir blieben also in der Baracke. Bajla stürzte herein und brüllte:
»Raus, ihr faulen Huren!«
Unbeholfen begann ich von der Pritsche zu klettern, doch plötzlich stockte mir der Atem, Schläge prasselten auf mich nieder, auf den Rücken, auf den Kopf, überallhin. Ich konnte nicht aufstehen, sie drosch und drosch auf mich ein, ich konnte nicht aufstehen.
»Erschlag mich doch, du Schwein, dir blüht dasselbe«, stöhnte ich, es kam ganz automatisch.
Sie hörte auf. Sie hörte ganz einfach auf, mich zu schlagen! Atemlos sagte sie:
»Kriech aus deinem Nest, du Wurm, sonst ruf ich die Oberaufseherin.«

Ich schleppte mich irgendwie aus der Baracke hinaus. Wir stellten uns auf, die Frauen sahen mich und ahnten, was geschehen war. Es erfolgte die Zählung. Den Appell hielt ich nur deshalb durch, weil die anderen mich festhielten.
Nach unserer Rückkehr berichteten Janeczka und Frau Pemper, wie grausam mich Bajla geprügelt hatte.
»Dafür wird sie büßen.«
Mich interessierte nichts mehr.
In der Nacht halten die Frauen abwechselnd Wache bei mir. Die Ratten haben den Eiter gewittert, in Rudeln jagen sie um die Pritsche herum, sie sind gefährlich und haben selbst vor dem Getrommel der Holzpantinen keine Angst. Sie stellen sich auf die Hinterfüße und geben ein schauerliches, fauchendes Schnauben von sich. Sie sind riesig, oder bilde ich mir nur ein, sie seien gewachsen?
Ich höre laute Geräusche, Lärm. Die Frauen haben Bajla aus ihrem Zimmer gerufen, eine Decke über ihren Kopf geworfen und sie dann mit Holzschuhen fürchterlich verprügelt. Die Blockälteste kam und sagte, sie würde es der Oberaufseherin melden, worauf die Frauen damit drohten, die beiden Blockältesten wegen sexueller Verfehlungen anzuzeigen, weil sich nachts bei ihnen Orgien abspielten.

Ich falle in eine tiefe Bewußtlosigkeit. Immer wieder schrecke ich hoch, bin in Schweiß gebadet und zittere. Man hat mich mit vielen Decken zugedeckt, die anderen müssen mir ihre gegeben haben. In meinen Fieberträumen überschlagen sich viele Begebenheiten aus meiner Kindheit, sie entschwinden, ich kann keine einzige fassen.
Jemand zerrt an mir.
»Bajla!«
»Ist ja gut, mein Kind, wach auf, ich bin es, deine Mama. Ich habe Suppe für dich.«
»Ich kann nicht, ich will schlafen.«
Wieder stößt mich jemand an.
»Stella, trink, deine Mutter ist weg«, sagt Ilse, »Latrinenscheuern,

um für dich diese Suppe zu bekommen. Wenigstens ein paar Schlückchen.«
Ich komme zur Besinnung. Ich will diese Suppe trinken, aber ich rieche den Kot, den Latrinengestank, ich will nicht, daß Mama traurig ist, trinke ein bißchen. Ich muß alles erbrechen. Ich liege da und höre, wie man mit mir spricht. Mir ist alles egal.
»Tusia, es hat keinen Zweck, sich selbst zu belügen«, dringt eine Stimme mal lauter, mal leiser, wie aus einem kaputten Lautsprecher an mein Ohr. »Sie hat eine Infektion, ohne Hilfe stirbt sie bald. Tusia, sie stirbt, sie muß in die Krankenstube.«
Weint meine Mama? Schluchzt meine Mama?
»Dann soll sie hier sterben, in meinen Armen, gleich danach sterbe ich, aber ich gebe sie nicht weg, niemals!«
Warum quälen sie mich, warum lassen sie mich nicht schlafen, sondern zerren dauernd an mir herum?
»Es ist Nacht, laßt mich.« Ich glaube, ich schreie.
»Stella, wir helfen dir. Die Krankenschwestern sind da.«
»Oh, nein!« Ich habe plötzlich einen ganz klaren Kopf. Ilse und Frau Löw heben mich hoch, ich klammere mich an den Strohsack, bloß nicht loslassen, er rettet mich.
»Mama, nein! Mania! Die Ratten fressen mich auf, ich fürchte mich…«
Niemand steht mir bei. Mama steht da, das Gesicht in den Händen vergraben. Irgendwelche Frauen nehmen mich mit, unterwegs sammeln sie kranke Häftlinge aus anderen Baracken ein. Manchmal nimmt mich eine bei der Hand, damit ich nicht zurückbleibe. Ich schaue mich nach Mama um. Warum ist sie nicht bei mir? Bestimmt holt sie mich noch ein.

Wir passieren ein Tor und einen Drahtzaun. Das ist wohl schon die Krankenstube. Ein winziges Zimmer, ein weißer Kittel, aha, ein Deutscher, ein zweiter weißer Kittel, eine Krankenschwester, ein Schreibtisch. Jemand reißt mir den Drillich herunter, die Unterhose. Das große Gesicht mit der Brille sagt:
*»Weg mit der Scheiße!«*
Er spricht von mir. Ich werde hinausgeführt. Zwei Leute öffnen

eine Tür und stoßen mich in einen Raum, der mit Körpern, einem ganzen Berg von Körpern, vollgestopft ist, es stinkt, hin und wieder bewegt sich etwas, aber meist: Nichts. Starre. Reglosigkeit.

Die Tür öffnet sich. Mama? Nein, ein Körper fällt auf mich, drückt mich nieder, etwas läuft aus ihm heraus. Scheiße. Es ist ganz einfach Scheiße geflossen. Ich versuche, mich von dem Körper zu befreien, mich vorzuschieben, ehe ich ersticke. Es gelingt mir nicht, ich werde krampfhaft am Knöchel festgehalten. Ich kämpfe nicht mehr, ich habe keine Kraft mehr. Die Tür geht auf. Ich rolle zusammen mit anderen gekrümmten und verdrehten Leibern hinaus auf den Betonboden des Flurs. Noch immer ist mein Bein umklammert, ich strenge mich an, es zu befreien.

»Schau mal, Stefka«, höre ich eine Stimme sagen. »Warte, ich helfe dir.« Ich werde hochgehoben. »Stefka, reiß die Hand weg, die Leiche hat sich wohl im letzten Augenblick das Bein gegriffen.«

Wer sind diese Frauen? Bringen sie mich gleich um? Sie ziehen einen weiteren Menschen unter dem Leichenhaufen hervor.

»Vielleicht lebt da noch jemand«, stammle ich.

»Misch dich hier nicht ein. Du hast dich vollgeschissen, vorwärts, du wandelnder Typhus.«

Sie führen mich in eine Art Diele.

»Steig in den Zuber dort.«

Ein Zuber, ein großer Zuber, wie zum Wäschewaschen, das Wasser stinkt.

»Mach schon!«

Ich steige in die übelriechende, eiskalte, dreckige Flüssigkeit.

»Setz dich hinein und wasch dich mit dem Lappen ab.« Es juckt am ganzen Körper, genau wie bei der Desinfektion am Kopf.

»Komm schon raus!«

Ich zittere. Sie werfen mir einen Lappen zu, der als Decke dienen soll.

»Und Kleider«, frage ich.

»Kleider?« wiederholen sie erstaunt. »Die brauchst du nicht

mehr. Leg dich hin!« Sie haben mich zu einer Pritsche ohne Strohsack geführt.
»Und weiter«, frage ich. Die beiden zucken zusammen.
»Weiter? Weiter wirst du warten.«
»Auf was?«
»Auf einen Platz«, antworten sie gleichzeitig.
»Und kein Verband?«
»Ein Verband!« Sie wiehern vor Lachen. »Du bist wohl neu hier?«
Sie gehen hinaus. Ich schaue mich um. Auf den Pritschen Frauen mit winzigen Gesichtern, mit riesigen ausdruckslosen Augen. Es schaudert mich. Mir ist, als fühlte ich Hände, ich versuche sie wegzustoßen, ich haue Kinder, weil sie Schmetterlinge fangen, ich kann die Kinder nicht einholen, auf einmal ist Bajla da. Ich rufe Mania um Hilfe, und sie lacht. Ich höre eine Stimme. Manias Stimme? Ist es Mama, die sagt: »Beruhige dich.« Jemand flößt mir behutsam etwas ein. Ich verschlucke mich.
»Ruhig, schluck das hinunter«, sagt eine leise Stimme.
Es ist keine böse Stimme. Ich fühle Hände auf mir. Es sind keine bösen Hände. Lebe ich etwa schon nicht mehr? Sterben war gar nicht so schrecklich.
Wieder diese Stimme:
»Du lebst, du lebst!«
Mühsam öffne ich die Augen.
»Habe ich etwas gesagt?«
»Ja, du hast fast die ganze Zeit phantasiert. Mach die Augen auf und trink das. Vor mir brauchst du keine Angst zu haben.«
Ich schlage die Augen auf. Über mir steht eine Frau mit weißen Haaren, einem jungen Gesicht, guten Augen, in einem weißen Kittel, unter dem die Häftlingskleidung zu sehen ist. Ich starre sie an wie eine Erscheinung.
»Noch ein bißchen.« Sie hält meinen Kopf. »Und schau nicht so. Du kannst mich anfassen, ich bin genauso lebendig wie du.«
»Wo bin ich? Wer bist du? Wie lange bin ich hier?« Ich frage wie in Trance.

»Du warst schwer krank.«
»Wie lange?«
»Du bist seit etwa zwei Wochen hier.«
»Seit zwei Wochen? Und was ist mit meinem Bein?
»Es heilt sehr gut. Versuch jetzt zu schlafen.«
»Wer bist du?«
»Ich bin eine Ärztin. Ein Häftling. Ein unglücklicher Mensch, eine Mutter, die ihr Töchterchen verloren hat, das dir ein bißchen ähnlich war. Vielleicht konnte ich deshalb nicht ruhig zusehen, wie du leidest…« Sie spricht mehr zu sich selbst. Sie weint. »Jetzt mußt du aber schlafen.«
»War meine Mama hier?«
»Deine Mama ist hier im Lager? Hier darf niemand hereinkommen, das ist die Seuchenabteilung. Zum Glück kommen nicht einmal die Aufseherinnen hierher, sie haben Angst vor der Ansteckung.«
»Also wozu hast du mich gerettet? Ich weiß, daß man hier sterben muß.«
Sie erwidert nichts, sie steht nur da und sieht mich voller Verzweiflung an. Vor Erschöpfung schlafe ich wieder ein.

Durch ein Klatschen werde ich geweckt. Ich liege da und horche.
»Was zerrst du denn so? Sie ist doch leicht wie ein Kind.«
Ich drehe langsam den Kopf. Irgendwo habe ich diese Stimme schon einmal gehört. Ich sehe, wie zwei Frauen eine Leiche zur Hintertür schleppen.
»Stefka, geh nach oben, dort ist eine Griechin, die ist sicher auch schon tot.«
Die andere steigt auf die obere Pritsche. »Ja, sie ist tot.«
Wieder fällt ein Körper herunter.
»Genug für heute, morgen gehen wir die übrigen Pritschen durch«, sagt eine der beiden. »Komm, wir gehen.«
Sie bleiben bei mir stehen.
»Keine Ahnung, was unsere Frau Doktor an der findet.«
»Ist doch klar, sie haben ihre Tochter vergast.«

»Anders kommt die von hier doch auch nicht weg.«
»Sie hat keine Fieberträume mehr, dabei wäre es besser für sie, wenn sie bis zum Schluß bewußtlos wäre.«
»Schon gut, Stefka, mir hat sie auch geholfen, vor fast einem Jahr. Als ich die Leichen hinaustrug, hat sie gesagt, ich sei kräftig.«
»Und was denkst du, wie unser Ende aussieht?«
»Vielleicht geschieht ein Wunder…«
»Ach, was!«
Hätten sie dieses Gespräch nicht in unmittelbarer Nähe meiner Pritsche geführt, hätte ich angefangen, vor Verzweiflung zu heulen. Die Stimmen erkenne ich wieder. Es sind die beiden Frauen, die mich zum Waschen in den Zuber gesetzt haben. Ich bin ganz naß, Schweiß läuft mir übers Gesicht, ich will aufstehen und weglaufen. Die Decken behindern mich, ich kann mich nicht von ihnen befreien, ich bin zu schwach. Ich setze mich auf, die ganze Baracke tanzt vor meinen Augen. Die Ärztin kommt herein.
»Du sitzt? Warum bist du nicht zugedeckt? Es ist eiskalt. Warum siehst du mich so merkwürdig an?«
Wie sehr ich sie jetzt hasse! Warum hat sie mich nicht sterben lassen? Es wäre unbemerkt geschehen, und Stefka hätte mich vor die Baracke getragen.
»Was hast du? Tut es noch weh?«
»Warum hast du mich wieder zurückgeholt? Stirbt man bei vollem Bewußtsein etwa leichter?«
»Ich konnte nicht anders, es war stärker als ich.« Sie will mich umarmen, sie weint.
Von der gegenüberliegenden Seite starren mich riesige Augen an, sie sind lebendig und doch wie tot.
»Warum rettest du sie nicht?« Sie wendet den Kopf ab.
»Ich kann nichts für sie tun. Wir bräuchten Stärkungsmittel, und die haben wir nicht. Sie ist aus einem Transport mit Griechinnen. Diese Frauen haben überhaupt keine Widerstandskraft, sie sterben wie die Fliegen.«
»Was hat sie in der Hand? Woran leckt sie?«

»An einer Brotrinde. Essen kann sie sie nicht. Also wird sie mit dieser Brotrinde sterben. Wenn ich ihnen nur helfen könnte... Du mußt dich hinlegen. Es ist kalt. Du bist schwach.«
Mein Zorn verfliegt.
»Wie heißt du?«
»Mira.«
»Und wie... « Ich bringe den Satz nicht zu Ende, doch sie errät meine Gedanken.
»Sie hieß Elzunia, und als sie klein war, nannte sie sich selbst Unia. So ist es geblieben, wir haben sie immer Unia genannt.«

Wie betäubt lag ich da, es stürmten so viele Gedanken auf mich ein, daß mir beinahe der Kopf platzte. Lebte meine Mama noch? War der Transport vielleicht schon weg? Schließlich hatten sie unsere Namen vorgelesen und uns in eine andere Baracke gebracht.
Täglich warf man lebende Leichname in die Krankenbaracke, und einmal am Tag trug man die hinaus, die gestorben waren. Es war still im Raum, es wurde nicht einmal gestöhnt.
Der Schlaf überwältigte mich, doch schreckte ich voller Entsetzen wieder auf. Prüfend fuhr ich mit der Hand über meinen Kopf, nichts, kein Härchen, spiegelblank; aber das war ja nicht mehr wichtig.
Mira kam und brachte mir Brot mit Margarine und heißes Zuckerwasser.
»Woher hast du den Zucker?«
»Den habe ich organisiert; es gibt eine Instandsetzungsgruppe aus dem Polenlager, die schmuggelt. Auch Medikamente.«
Ich aß und trank. Mira zog etwas aus einem Beutel, den sie unter der Häftlingskleidung um den Hals trug.
»Und jetzt schluckst du diese Pille.«
»Ist jetzt Nacht oder Tag? Hier ist es immer dunkel.«
»Es ist Abend. Der Appell ist vorbei. Wie alt bist du, Stella?«
»Vierzehn, äh, siebzehn.«
»Vor mir brauchst du keine Angst zu haben; für so alt hatte ich dich ungefähr geschätzt. Meine Unia wäre jetzt fünfzehn.«

»Und was ist mit deinem Mann? Ist er auch umgekommen?«
»Ich weiß es nicht. Ich hoffe, daß er noch lebt. Wenn ich das nicht glauben würde, hätte ich längst keine Kraft mehr. Sie haben meine Eltern, mich und Unia hierher gebracht. Bis heute weiß ich nicht, warum man mich hat leben lassen, mich und noch etwa fünfzehn Frauen aus diesem Transport. Die meisten sind nun tot, aber ich lebe immer noch. Ich frage mich oft, wozu?« Sie sprach so leise, als redete sie mit sich selbst.
»Mira, du mußt herausfinden, ob der Transport zu Schindler nach Brünnlitz schon weggefahren ist.«
»Welche Nummer hatte deine Baracke?«
»Ich kann mich nicht erinnern, zuerst waren es zwei Baracken, dann haben sie uns verlegt, und dann bin ich krank geworden. Jetzt finde ich mich nicht mehr zurecht. Erkundigst du dich?«
»Ja, ich werde es versuchen, aber jetzt wird geschlafen. Ich mache nur noch die Wunde sauber.«
Mira brachte ein Töpfchen mit Salbe. Sie bewegte sich wie eine Katze und hatte so zarte Hände, daß mir nichts weh tat. Sie berührte den Schenkel mit ihrer Hand.
Ich wollte, daß sie noch bei mir blieb und fing an zu erzählen: »Als ich klein war, hatte ich mich einmal erkältet, und Papa holte mit der Droschke einen Arzt, weil er es für eine Lungenentzündung hielt. Der Doktor war wütend, aber Papa ließ nicht zu, daß er sich ankleidete, sondern legte ihm einfach den Pelz über den Pyjama. Ich erinnere mich noch, wie der Doktor bei uns zu Hause sagte, daß alle Ärzte ins Irrenhaus kämen, wenn es mehrere solcher Eltern gäbe.«
Mira lachte. »Dein Papa hat dich sehr geliebt.«
»Er liebt mich immer noch. Ich bin sicher, daß er noch lebt. Er ist fabelhaft, immer ist er mir beigestanden, wenn ich etwas ausgefressen hatte.«
»Erzähl noch etwas.«
»Mein Bruder Adam hatte Scharlach. Eine Krankenschwester kam, die weiße Handschuhe überstreifte, ehe sie die Klinke berührte und in sein Zimmer trat. Ich war mächtig neidisch, weil sich alles um Adam drehte, und wollte unbedingt auch

Scharlach haben. Deshalb schlich ich mich einmal zu ihm. Sein Gesicht hättest du sehen sollen! Ich warf mich auf ihn und fing an, ihn zu küssen, wo ich ihn doch sonst immer gehauen hatte, und dann mußte er etwas aus dem Becher trinken, den ich danach ableckte, und nun war ich überzeugt, daß ich Scharlach bekäme. Die Krankenschwester kam herein und machte ein Heidenspektakel. Ich bekam eine ordentliche Tracht Prügel, aber kein Scharlach. Und jetzt so viel Aufregung wegen eines gewöhnlichen Beins.« Mira lachte.

Ich konnte nicht einschlafen, Erinnerungen lebten auf, die Sehnsucht nach zu Hause, nach meiner Kindheit. Ich ließ den Blick über die Pritschen schweifen. Nichts als kahlrasierte, einander zwillingshaft ähnliche Köpfe und riesige dunkle Augen, die auf einen Punkt gerichtet waren. Ich konnte den Blick nicht von diesen Augen abwenden.
Nachts wurde ich immer wieder wach. Ich konnte mir nicht darüber klar werden, ob wir Herbst oder schon Winter hatten. Die Glühbirne an der Decke spendete nur spärliches Licht. Ich beschloß, mich von der Decke zu befreien und zur Latrine zu gehen. Ich wußte selbst nicht, was ich eigentlich wollte, aber ich mußte unbedingt aufstehen. Eine ganze Ewigkeit kämpfte ich mit meinen Decken. Erschöpft und verschwitzt hatte ich es am Ende geschafft. Ich versuchte, ein paar Schritte zu machen, aber die Beine versagten mir ihren Dienst. Ich kehrte zur Pritsche zurück. Meine Schwäche brachte mich schier zur Verzweiflung. Wie weit war es bis zur Latrine? Fünf Meter, sechs Meter? Ich mußte es schaffen. Ich legte mir eine Decke um, es fiel mir schwer, ich zitterte. Wieder versuchte ich, ein paar Schritte zu gehen. Schließlich gelangte ich zur Latrine. Zwei Löcher und hoch oben, fast unter der Decke, ein winziges Fenster. Ich stieg auf das Brett, vielleicht konnte ich ja von dort oben erkennen, wo ich mich befand. Aber das Fenster war zu hoch. Völlig verzagt ließ ich mich wieder auf den Sitz fallen und brach in Tränen aus. So fand mich Mira.
»Mädchen, was treibst du denn da? Warum sitzt du hier?

Weshalb weinst du?« Ich kam mir vor wie eine Betrunkene, als sie mich zur Pritsche zurückführte.
»Was ist denn bloß in dich gefahren«, fragte sie und wickelte mich wieder in die Decken ein. »Willst du dir eine Lungenentzündung holen?«
»Ist jemals jemand aus diesem Block weggegangen und nicht ins Gas gekommen oder wie ein Sack durch die Tür dort hinausgeschleppt worden? Dort liegt ein ganzer Berg von Leichen. Wann sammeln sie die ein?«
»Es kommen weniger Transporte. Sie sagen, der Krieg ist bald zu Ende.
»Aber wann holen sie die Leichen ab, und womit transportieren sie sie?«
»Mit Pferdekarren. Du bist so schrecklich aufgeregt, Stella. Vertrau' mir. Ich denke die ganze Zeit darüber nach, wie ich dich von hier wegbringen kann, zumindest auf die normale Station, wo keine Seuchenkranken liegen. Du mußt dich ein bißchen zusammennehmen.«
»Warum machst du dir bloß solche Sorgen um mich?«
»Du weißt ja nicht, wieviel neuen Mut du mir gegeben hast ...«

Der nächste Tag brachte nichts Neues. Stefka und die andere trugen einige Leichen hinaus und warfen ein paar Halbtote auf die Pritschen. Wieder blieben sie bei meiner Pritsche stehen, und wieder stellte ich mich schlafend.
»Schau mal, sie sieht gar nicht wie eine ›Muselmanin‹ aus, ihr Schädel ist zwar spiegelblank, aber lange Wimpern hat sie, und schlafen kann sie auch.«
Oft kam Mira, und immer brachte sie mir etwas mit: eine bessere Suppe, Zuckerwasser, Brot.
»Ich esse doch nicht etwa dein Brot auf? Du bringst mir so viel, daß ich schon gar nicht mehr hungrig bin.«
»Iß ruhig. Und jetzt steh auf und geh allein durch die Baracke.«
Ich ging ein paar Schritte.
»Was ist passiert, Mira? Warum soll ich gehen?«
»Hast du den Namen Bronia schon einmal gehört?«

»Ja, sie ist Rózias Freundin! War sie hier? Was wollte sie? Hatte sie Nachricht von Mama?«
»Sie hat sich erkundigt, in welchem Zustand du bist, euer Transport geht wohl bald.«
»Unser Transport? Sie wollen ohne mich wegfahren? Mama nicht! Ohne mich fährt sie nicht, das weiß ich.«
Ich saß da und wurde von entsetzlichen Gedanken heimgesucht. Vielleicht war der Transport schon weg, und Mira wollte mich bloß schonen.
»Stella«, fragte sie, »kannst du dich an die Lagernummer erinnern, die du an der Häftlingskleidung hattest?«
»Warte, warte«, sagte ich aufgeregt. »Ich versuche es. Ich muß mich erinnern. Ja, es war die Nummer... 76 372.«
»Kluges Mädchen! Weg mit der Decke und beweg dich, so viel du kannst. Ich muß etwas erledigen.«
Sie verschwand. Ich übte wie in Trance. Ich setzte mich, ging herum, während die Ratten zwischen meinen Füßen hin und her liefen, und ich fürchtete mich überhaupt nicht. Ich stieß gegen eine herabhängende Hand, ich berührte sie, sie war lebendig, die Finger bewegten sich leicht. Ich streichelte diese Hand. Mir brach der Schweiß aus, aber ich ging weiter und dachte an nichts, ich ging nur auf und ab. Meine nackten Füße waren eiskalt.
Mira kam herein. »Ich habe nicht gesagt, daß du gehen sollst, bis du umfällst.«
»Es geht immer besser.«
»Husch, rasch unter die Decke, du bist ja der reinste Eiszapfen.«
Ich mußte zwei Tabletten schlucken und sie kümmerte sich um mein Bein.
»Ich habe die Kleider mit der angenähten Nummer«, murmelte sie vor sich hin. »Es wird klappen, es muß klappen!«
»Was muß klappen?«
»Ich weiß es nicht genau, aber es wird klappen, für meine kleine Tochter muß es klappen...«, sagte sie.
Soviel Böses, soviel Haß herrschten ringsherum, und hier gab es so grenzenlose, unvermutete Güte. Wie sollte ich das alles

in meinem kleinen Kopf bloß unterbringen und einordnen? Woher rührte all die Güte und Liebe bei Mira, die vom Schicksal so grausam geschlagen worden war?
»Es wird mir schwer, dich zu verlassen, Mira.« Plötzlich war sie mir ganz nah.

Fast die ganze Nacht taten wir kein Auge zu. Mira lief immer wieder zur Tür. Ich versuchte ihr zu sagen, was ich fühlte, aber sie schien nicht zuzuhören.
»Wartest du auf jemanden?«
»Ja. Bronia müßte noch vor dem Appell kommen. Steh auf, ich will noch einmal nachsehen, ob du nicht irgendwo Ausschlag hast.« Sie untersuchte mich. »Nein, nichts, bloß das Bein. Ich werde dir ein bißchen von der weißen Salbe draufschmieren, die Narbe ist zu groß. Es ist noch geschwollen, vielleicht bist du zuviel herumgelaufen.« Sie war entsetzlich nervös.
»Warum kommt Bronia?«
»Sie muß dich sehen, um zu wissen, ob wir es schaffen, dich ebenfalls in den Transport zu kriegen.«
Mir wurden die Knie weich.
»Der Transport geht heute?«
»Ja, heute. Aber du mußt vollkommen davon überzeugt sein, daß du gesund bist. Du kannst das.«
»Woher kommst du Mira?«
»Aus Lublin, aus dem Ghetto, aus Bełżec.«

Atemlos und verschwitzt, als wäre sie Kilometer gerannt, stürzte Bronia herein. Sie hatte ein schmales weißes Tuch um den Kopf geschlungen und trug eine weiße Schürze über der Sträflingskleidung.
»Zeig sie mir!« Sie betrachtete mich von der Tür aus. »Jesus Maria!« stöhnte sie. »Sie muß nackt vor dem Arzt erscheinen! Nackt, verstehst du. Was ist mit dem Bein? Ausreißen? Verstecken? Ihre Karteikarte habe ich bereits gefälscht. Ich habe die ganze Nacht bei Kerzenlicht danach gesucht. Es steht nun drin, daß sie eine leichte Halsentzündung hatte. Wenn es her-

auskommt, machen sie sie fertig und mich auch.« Den Kopf an den Türrahmen gelegt, stand sie da, todmüde. »Ich habe sie in einem anderen Block eingetragen.«
»Bronia«, sagte Mira, »jetzt haben wir schon so viel getan, also nimm dich zusammen. Ihre Kleider mit der Nummer habe ich bereits zur Kleiderkammer gegeben. Sie wird die Decke an der linken Seite halten, und du wirst ihn ablenken. Wir können nicht mehr zurück, verstehst du?«
»Und was sage ich, wenn sie nach ihren Sachen fragen?«
»Du sagst, daß der Anzug verlaust war. Es ist Zeit, Bronia. Bring sie hinaus, wenigstens in einen anderen Block, gleich werden sie diese Baracke kontrollieren und die Leichen holen.«
Wie angewurzelt stand ich da. Mir taten die beiden Frauen leid, doch ich konnte bloß still dastehen und abwarten. Ich wollte rufen: geht, laßt mich, aber die Hoffnung band mich ans Leben.
»Sie stellen den Transport bereits zusammen«, murmelte Bronia vor sich hin.
»Bronia!« Mira zog sie an der Hand. »Hörst du nicht? Sie sind bereits hinter der Baracke, gleich ist es zu spät!«
»Komm! Geh aufrecht hinter mir her.«
Ich folge ihr, barfuß, in eine Decke gehüllt. Der Boden ist gefroren, ich gehe wie eine Schlafwandlerin. Wichtig ist nur, daß ich hinter ihr bleibe. Ich möchte mich nach Mira umsehen, doch habe ich Angst, aus dem Schritt zu kommen.
»Nicht so schnell, ich komm nicht nach.«
»Du mußt! Wenn er dir befiehlt, die Decke herunterzunehmen, halt sie über die linke Seite und laß sie nicht los. Wenn er dir befiehlt, den Mund aufzumachen, gehorche ihm. Steh gerade und laß dir die Angst nicht anmerken. Wir sind schon da.«
Violette Flocken tanzen vor meinen Augen, eine Million Glokken dröhnen in meinem Kopf, in meinen Ohren, in meinem Herzen. Wir betreten die Diele, Bronia verschwindet hinter der Tür. Eine Aufseherin geht vorbei. In Gedanken sage ich mir: »Geradestehen, nicht wanken!« Gleich werde ich verrückt. Die Tür geht auf. Eine schneidende Stimme:
»Herein!« Es ist Bronias Stimme.

Der Deutsche hinter dem Schreibtisch steht auf und wirkt riesig. Ist es derselbe wie bei der Selektion?
»Decke runter!«
Ich nehme die Decke von den Schultern und halte sie über die linke Seite. Ich sehe ihm direkt in die Augen. Welche Farbe haben seine Augen? Ich habe keine Ahnung. Der Herrscher über Leben und Tod.
»Umdrehen!« Wenn ich mich bloß nicht in der Decke verheddere.
»Zurück! Hals! Mund zu!« All dies in scharfem Ton.
Danach spricht Bronia schnell und ohne zu stocken: »Angelernt, eine Fachkraft, Transport vollzählig, sie ist noch kräftig, brauchbar.«
Ich stehe da wie eine Gipsstatue, kann jeden Augenblick zu Staub zerfallen. Unverwandt blicke ich in sein Gesicht. Mir scheint, daß dieser Herr über Leben und Tod einen etwas erstaunten Gesichtsausdruck hat. Jedenfalls kommt es mir so vor.
»Decke um, raus!« Die Kommandos fallen, als ob Bronia böse wäre, aber bestimmt tut sie bloß so.
Sie nimmt das vom Arzt unterschriebene Papier vom Schreibtisch. Er sieht immer noch ein wenig erstaunt drein, so, als mache er sich über irgendetwas Gedanken. Oder kommt es mir nur so vor?
Wir gehen hinaus. Ob ich es schaffe? Nach einer Weile verlangsamt Bronia den Schritt.
»Es hat geklappt, verstehst du?« Ihre Stimme, ihr Gesicht sind jetzt völlig verändert. »Es hat geklappt«, sagt sie mit gesenkter Stimme. »Halte noch ein bißchen durch, du bist tapfer gewesen. Noch ein Grünschnabel und so tapfer. Jetzt geht es nur noch um die Kleiderkammer und den Rapportführer.«
Mein Gehirn registriert gar nichts mehr. Wir betreten irgendeinen Raum, irgendwelche Frauen reden irgendetwas durcheinander. Ängstlich weiche ich zur Wand zurück. Sie weinen und lachen. Sie kleiden mich an, Unterhose, Hemd, Pullover, Strümpfe, darüber die Häftlingskleidung. Eine bindet mir ein Tuch um den Kopf und wiederholt unentwegt:
»Vergiß Birkenau nicht, vergiß es niemals!«

Bronia wird ungeduldig, treibt sie zur Eile an. Sie schnüren mir die großen Stiefel.
Ich stehe immer noch wie ein Holzklotz da. Bronia nimmt mich bei der Hand, und ich komme zu mir. Hastig bitte ich sie:
»Sag Mira, daß ich sie lieb habe, sag es ihr!«

Wir kommen in eine große Halle.
»Bleib hier stehen.«
Hier sind viele Frauen, und alle weinen. Warum weinen sie, was ist los? Bronia steht lange neben dem Rapportführer, zeigt das Papier vor, spricht mit ihm, offenbar streiten sie sich. Schließlich nimmt er es Bronia aus der Hand. Wird er es zerreißen? Er nimmt ein Heft vom Pult und grölt:
»Müller, Stella! In die Reihe!«
Ich gehe, ich bin angekommen. Sie schieben mich auf einen Platz, jede berührt mich. Ich werde von einer Hand wie von einer Zange gepackt, das Gesicht ist alt, verletzt, die Haut der einen Gesichtshälfte ist fast durchsichtig; ein lebender, verwundeter Körper.
Kapofrauen und Aufseherinnen befehlen uns, in Fünferreihen zu stehen. Ist es wahr? Gleich werde ich auf meiner Pritsche zwischen den sterbenden Griechinnen aufwachen. Doch was ist mit der Hand, die mich nicht losläßt? Wir marschieren bereits.
»Stella, mein Töchterchen, kannst du gehen?«
Ich habe doch kein Fieber, das ist die Stimme meiner Mama! Was haben sie mit ihr gemacht? Ist diese hinfällige, verwundete Frau meine Mama? Ich würde mich so gerne umsehen, ob unsere Frauen noch alle dabei sind, doch fürchte ich, damit ein Unglück herauf zu beschwören. Einige Aufseherinnen und SS-Leute begleiten uns. Ich spüre, daß ich keinen einzigen Schlag aushalten würde, ich bin so schwach. Wie gewöhnlich geht Frau Löw neben uns, vor uns befinden sich Natka Feigenbaum und ihre Tochter. Janeczka versucht, aufrecht zu gehen, ich sehe, was für eine Anstrengung es sie kostet, sie schiebt so eigenartig die Hüfte vor.

Jetzt ist es still, wir gehen wohl am Krematorium vorbei, der Geruch kommt mir noch durchdringender vor als früher. Mich kümmert das Krematorium nicht, ich denke nur daran, aus eigener Kraft vorwärts zu kommen. Ich habe das Gefühl, meine Beine werden kürzer und versinken immer tiefer in der Erde, obwohl der Boden gefroren ist. Wir erreichen das Tor. Also doch! Schindler hat also doch geholfen, oder fahren wir gar nicht dorthin? Ganz gleichgültig, nur nicht hierbleiben, nur weg von hier. Hundegebell, das Nebengleis ist umstellt. Die Aufseherinnen spielen verrückt und treiben uns mit ihren Peitschen an; sie können sich dieses Vergnügen nicht versagen. Ich frage mich, wie ich in den hohen Waggon hineinklettern soll, das Bein tut mir weh. Und wie kommt Janeczka hinauf? Wir werden zu jeweils hundert abgezählt und sind insgesamt dreihundert. Was ist mit den übrigen? Wir waren mindestens anderthalbtausend. Ob die anderen noch leben?
Zum Grübeln bleibt keine Zeit. Man muß sich konzentrieren. Die Waggontüren sind nah. Die Frauen aus unserer Gruppe reagieren schnell, Matylda Löw und Ilse sind schon im Waggon, geschickt ziehen sie die Nachfolgenden hinauf, um nur ja keine Prügel herauszufordern. Janeczka ist bereits oben.
»Beide Hände, Stella.«
Leicht wie ein Vogel fliege ich hinauf, und schon befinde ich mich im Waggon. Mama steht neben mir und hält mich fest an der Hand. Wir sehen uns an, wortlos, als ob wir fürchteten, daß es ein Traum ist, daß wir aufwachen und wieder getrennt sind, sobald ein Wort fällt.
Unser Waggon ist voll, sie schließen die Tür, das ist gut so. Wir warten darauf, daß der Zug anfährt. Hauptsache wir fahren, egal wohin, möglichst weit weg von hier. Der Zug setzt sich in Bewegung, wir stoßen gegeneinander, von Umfallen kann keine Rede sein, wir stehen viel zu dicht gedrängt. Ich in den Armen meiner Mama. Sie schluchzt. Ich habe Angst, sie zu berühren, mich an sie zu schmiegen, sie ist verletzt. Ich habe keine Ahnung, welches Unglück sie getroffen hat, aber daß etwas geschehen ist, ist deutlich zu sehen.

Man hört das eintönige Stampfen der Räder. Der ganze Waggon scheint sich plötzlich zu beleben, immer mehr Stimmen werden laut. Die Frauen überschreien sich, von einer Ecke zur anderen. Nur ich stehe da, an Mama gelehnt, und sage kein Wort.
»Wir fahren bereits, hörst du?« sagt Frau Löw. Ihre Stimme klingt unnatürlich lebhaft. »Wir dachten, daß sie es nicht mehr schafft mit dir.«
»Wer«, frage ich. »Mira?«
»Wieso Mira?« Frau Löw sieht mich verdutzt an.
»Das ist eine lange Geschichte.« Auf einmal werde ich richtig munter. »Tut etwas mit Mamas Gesicht, damit sie keine Infektion kriegt.«
»Womit denn? Wir haben kein Wasser.«
»Zieh mir das Hemd aus, Ilse, ich habe noch ein sauberes darunter, man hat mich frisch eingekleidet. Wischt Mamas Gesicht damit ab.«
»Laß das Hemd gefälligst an«, höre ich Mama sagen.
»Dann reißt ein Stückchen davon ab, bitte!«
Nichts war mir in diesem Augenblick wichtiger, als das verletzte Gesicht meiner Mutter behutsam zu säubern. Ich versuchte selbst, ein Stück vom Hemd abzureißen, doch es gelang mir nicht. Entweder war der Stoff zu fest oder ich war zu schwach.
»Helft mir doch!« Ich fing an zu weinen.
»Ja, ist ja gut.«
»Wer hat Mama denn so geschlagen?«
War meine Mutter verrückt geworden? Den Fetzen meiner Bluse ans Gesicht gepreßt, lachte sie. Ich war überrascht. Ilse, Frau Löw und Rozia lachten verlegen.
»Als wir erfuhren, daß es den Transport geben wird, erklärte deine Mutter, sie werde auf keinen Fall gehen. Fortwährend sagte sie: mein Kind stirbt, ich sterbe auch«, erzählte Rózia. »Wir haben deine Mutter beschwindelt und behauptet, es ginge dir besser«, fügte Ilse hinzu. »Von dir haben wir erst einen Tag vor dem Transport erfahren. Wir beschlossen, auf Tusia aufzu-

passen. Und als der Rapportführer unsere Namen aufrief, wollten wir deine Mutter auf die andere Seite hinüberschubsen. Natürlich versuchte sie zurückzugehen, als ihr Name fiel. Die Frauen schubsten sie etwas zu kräftig, und sie schrammte ihr Gesicht auf dem Beton auf. Daraufhin verpaßte ihr eine Aufseherin noch einen Peitschenhieb. Ja, und dann haben wir uns noch ein bißchen damit herumgeplagt, daß sie in unserer Reihe blieb, bis zu dem Augenblick, als Bronia dich hereinführte.«
»Wie lange war ich weg? Ich habe keine Ahnung.«
»Lange, mehr als zwei Wochen.«
Meine arme, meine alt gewordene Mama.
»Mama, ich ziehe jetzt den Pullover aus, und du ziehst ihn an, ja?« Ich wußte gar nicht, auf welche Weise ich ihr zeigen konnte, wie glücklich ich war.
»Wir sind zusammen, Kind, alles andere ist egal. Sollten wir je aus dieser Hölle herauskommen, wird es für mich nichts Wichtigeres mehr im Leben geben, als dich bei mir zu haben.«
»Nun werdet nicht rührselig, noch sind wir unterwegs, alles übrige wird sich finden. Vorerst fahren wir in ein anderes Lager«, sagte Wanda. »Wir müssen die Reihenfolge festlegen, welche Abteilung sich als erste setzt.«
Mama und ich kauerten uns an eine Wand. Unser Enthusiasmus verwandelte sich in Nachdenklichkeit. Was würde noch geschehen. Waren Papa und Adam noch am Leben?
Vorsichtig umarmte ich Mama, ich wollte ihr verletztes Gesicht nicht berühren.
»Tut es weh?«
»Das ist unwichtig. Schlaf ein bißchen, Stella.«
»Lieber nicht, Mama. Ich muß mich daran gewöhnen, daß das kein Traum ist. Erinnerst du dich noch an das, was ich damals geträumt habe, Mama?«
»Ja, ich denke oft daran: Ich ziehe dich im letzten Augenblick in den Waggon... Dabei hatte ich schon aufgehört, an diese Möglichkeit zu glauben.«

Einmal geht es schnell, dann wieder ganz langsam vorwärts.

Im Wagen stinkt es. Nach vielen Stunden hält der Zug. Stimmen von draußen dringen zu uns herein, nicht polnisch, aber auch nicht deutsch.
»Was ist denn das für eine Sprache« frage ich Rózia.
»Tschechisch, glaube ich.«
»Dann sind wir schon da!« Alle Frauen stehen auf. »Was ist? Fahren wir zurück?«
»Sie haben uns sicher auf ein anderes Gleis gefahren«, sagt Ilse beschwichtigend.
Wieder bleibt der Zug stehen. Absolute Stille, kein Laut, nichts. Nach etwa einer Stunde geht irgendetwas neben dem Waggon vor sich. Wir trommeln gegen die Wände. Das ist riskant, denn draußen könnte ein SS-Mann stehen. Unsere Nerven halten diese Stille nicht länger aus. Nach einiger Zeit hören wir, wie jemand sagt:
*»Ano, ja sem tu.«*
»Hallo! Wo sind wir?«
*»Czeskoslovensko.«*
»Warum fahren wir nicht?«
Keine Lokomotive, soviel verstehen wir.
»Wieso? Wo ist die Lokomotive? Wir sind doch gefahren.«
Die Deutschen haben sie für die Wehrmacht requiriert.
Wir warten lange. Diejenigen, die in Panik geraten, prophezeien, daß sie uns irgendwohin führen und mit uns Schluß machen werden. Ilse und Frau Löw beruhigen sie. Die Frauen beginnen, in einer unverständlichen Sprache zu beten, was ich kaum aushalte.
Der Zug fährt an, er fährt tatsächlich an. Sie haben eine Lokomotive angehängt, und wir fahren, wir fahren tatsächlich. Wir können selbst nicht sagen, warum wir uns so darüber freuen, daß wir fahren. Obwohl das Ziel der Reise ungewiß ist, freuen wir uns.
Rózia verteilt ein kleines Stückchen Brot, zwei Bissen für jede. Einige Frauen drehen schon wieder durch.
»Wir sind nur rausgekommen, um im Waggon zu verrecken, zu erfrieren, ohne Wasser, ohne Essen.«

»Ruhe! Alle frieren, alle haben Hunger.«
Die Zeit spielt einem Streiche. Wir haben längst die Orientierung verloren. Wie lange fahren wir schon? Einen Tag und eine Nacht, zwei Tage und zwei Nächte? Wenn im Wagen Zwielicht herrscht, heißt das, es ist Tag; dann ist es wieder ganz dunkel. Der Zug steht öfter als er fährt.
Jetzt stehen wir wieder. Eine seltsame Stimme:
»Ist da jemand?«
»Ja, wir«, schreien fast alle gleichzeitig. »Warum stehen wir?«
»Sie wollen euch nach Auschwitz zurückleiten.« Raserei im Waggon. »Nein, nur das nicht! Dann sollen sie uns gleich hier töten!«
Die Stunden ziehen sich hin.
»Mama, ich ziehe den Pullover aus, trag ihn doch wenigstens ein Weilchen.« Ich weiß schon im voraus, daß sie sich nicht darauf einlassen wird.
»Nein, Kind, wenn wir Rücken an Rücken stehen, wird uns wärmer.«
Wir hörten Leute tschechisch reden.
»Hallo!« rufen wir. »Helft uns, gebt uns was zu essen, ein bißchen Wasser!«
»Es geht nicht.«
Wieder ist es still geworden. Man hört die schweren Schritte der Wachposten. Die Frauen beraten sich, aber wahrscheinlich nur, um überhaupt zu reden. Sie beraten sich, wie man es anstellen könnte, einen Winkel des Waggons zur Verrichtung der Notdurft abzutrennen, wozu es natürlich zu spät ist, weil alles längst völlig verdreckt ist; und überhaupt, wie soll man durch hundert Frauen hindurch in den besagten Winkel gelangen?
Der Zug setzt sich in Bewegung. Wieder Zwielicht. Fahren wir zurück oder nicht? Es ist sehr kalt. Frau Löw und Ilse verbieten uns zu schlafen; wer einschläft, muß unverzüglich geweckt werden. Natka Feigenbaum, die sonst immer so still ist, wiederholt unentwegt wie närrisch:
»Wenn uns Schindler nicht rettet, ist er selbst umgekommen.«
Einige sagen:

»Laß uns mit deinem Schindler in Frieden, Natka. Der hat von den Juden genommen, was er konnte, und ist damit verschwunden.«
Mama schweigt. Die Wunde, die nicht gereinigt ist, und das geronnene Blut machen ihr sehr zu schaffen. Ich weiß es, auch wenn sie sich nicht beklagt. Ich möchte ihr so gerne helfen. Wieder einmal fühle ich mich schuldig, weil es meinetwegen passiert ist.
Erneut Gebete. Wanda, Ilse und Frau Löw, die bislang so ruhig waren, brüllen: »Hört mit dem Gejammer auf!«
Auch sie haben ihre Selbstbeherrschung verloren.
Schließlich wird es ruhig im Waggon. Der Zug steht. In der Nähe hört man andere Züge fahren.
»Gleich machen sie die Tür auf, und dann werden sie uns erschießen«, sage ich zu Rózia.
»Halt die Klappe!« Über ihren scharfen Ton bin ich erstaunt. Gleich darauf nimmt sie meine Hand. »Entschuldige!«
Ich erwidere nichts, längst weiß auch ich, daß sich hinter Arroganz und Wut häufig Angst und strapazierte Nerven verbergen.
Was wird mit uns geschehen? Es wäre vielleicht besser, in einem fahrenden Zug zu sterben, denn irgendwie beruhigt das Fahren. Es ist grauenvoll.
Wieder rattern die Waggons über Bahngleise. Der Zug fährt schnell. Ich muß Mama aus ihrer Erstarrung befreien.
»Tut es weh, Mama?«
»Ich weiß es nicht. Ich denke nicht daran. Wenn etwas weh tut, spürt man, daß man noch lebt. Wir sind stark, wir halten noch ein bißchen aus.«
»Vielleicht sollte ich mir den Kopf massieren, damit meine Haare wieder wachsen, was meinst du, Mama?«
»Besser nicht, deine Hände sind schmutzig, der Teufel schläft nicht. Nicht, daß du dir irgendeine Krankheit holst. Die Haare wachsen von selbst, und du wirst sehen, was für schöne Haare das sein werden!«
»Blonde«, sage ich.

Sie lächelte nicht, aber ich habe erreicht, was ich wollte.
»Du bist ein gutes Kind«, sagt sie. »Du willst mich unbedingt von meinen eigenen Gedanken ablenken.«
»Nur ein bißchen, Mama. Unsere Grübeleien bringen uns ja doch nicht weiter.«
»Du hast recht.«

## *Brünnlitz*

Kreischen, Pfeifen, Rucken. Wir waren sicher, daß dies unser letzter Halt sein würde. Keiner hatte es gesagt, doch wir waren sicher. Wir hörten, wie man sich überwiegend auf tschechisch unterhielt; kein Hundegebell, allein das erfüllte uns mit Zuversicht. Jemand sagte etwas auf deutsch, allerdings ruhig, ohne zu brüllen. Und plötzlich war der Waggon offen. *»Raus!«* Also doch, das bekannte Wort. SS-Männer mit Karabinern tauchten auf. Wir waren ganz steif, uns tat alles weh, doch wir sprangen sofort aus dem Waggon, eine half der anderen. Janeczka wurde hinausgehoben. Nichts passierte, niemand prügelte, keine Kolbenschläge. Erstaunen mischte sich mit Schrecken: Ging es vor dem Ende so sanft zu? Dreihundert Frauen stellten sich auf, auch aus den anderen Waggons wurden einige herausgehoben. Ein Auto fuhr vor. Zwei Männer stiegen aus, einer war ziemlich groß, in SS-Uniform, der andere sehr kräftig, in einer anderen Uniform, mit dem Anflug eines Lächelns. Ein Flüstern ging durch die Reihen: Der Große, Kräftige ist Oskar Schindler.
Natka, die gemeinsam mit Rózia die schwankende Janeczka hält, stammelt, als habe sie den Verstand verloren:
»Auf die Knie vor ihm, auf die Knie.«
Janeczka hat noch die Kraft zu flüstern:
»Mama, hör auf, er ist nicht allein! Du mußt dich zusammenreißen.«
Wir werden gezählt, offenbar ist unterwegs keine gestorben. Die SS-Männer weichen zurück, einer murmelt vor sich hin:
»Oh Gott, wie die Frauen stinken!«
Instinktiv registriere ich alles.
»Er hat nicht, wie üblich ›die Schweine‹ gesagt, er hat uns ›Frauen‹ genannt, hast du gehört, Mama?«

»Ja, ich habe es gehört, du hast richtig verstanden.«
»Das ist bestimmt ein gutes Zeichen.«
»Das wird sich zeigen, meine Tochter.«
Bei Tageslicht sieht Mamas Gesicht schrecklich aus. Verkrustetes Blut, eine Gesichtshälfte aufgeschürft, das eine Auge fast nicht zu sehen. Schindler, der die Reihe abschreitet, sieht sie an. Wie seltsam dieser Hüne dabei aussieht, sein Gesicht spiegelt zugleich Entsetzen, Mitleid und Güte. Das dauert einen kurzen Augenblick, neben ihm stolziert mit hocherhobenem Kopf ein SS-Mann.
Die ersten setzen sich bereits in Bewegung. Wir marschieren über das Gelände der kleinen Bahnstation und gelangen auf einen Weg mit schmalen Bordsteinen. Die Häuser sind nicht groß. Wie durch einen Nebel sehe ich in Gedanken Rabka vor mir, den Kinderkurort bei Krakau. Die Ortschaft, die sich unterwegs vor mir ausbreitet, ähnelt Rabka. Nirgendwo eine lebende Seele, das Nest wirkt wie ausgestorben, nur manchmal bewegt sich eine Gardine am Fenster, doch läßt sich niemand blicken.
Unvermutet macht der Weg eine scharfe Biegung nach links. Das Lagertor steht offen, Wachposten zählen die stinkende Menschenschar. Auf einem kleinen, länglichen Platz machen wir Halt. Auf der einen Seite ein langes, graues, einstöckiges Gebäude, eine Art Magazin mit mehreren Eingängen, auf der gegenüberliegenden Seite ein großes, zweistöckiges Gebäude mit einer Terrasse, die mit Maschendraht unterteilt ist. Beidseitig führen Eisentreppen auf den Balkon. Unten befindet sich eine breite Tür. Dort führt man uns hinein.
Mein Herz pocht und nicht nur meines. Wir haben erwartet, gleich beim Eingang unsere Männer zu sehen, die vor uns abtransportiert wurden und folglich längst hier sein müßten. Wir betreten eine riesige Fabrikhalle, die in zwei Hälften geteilt ist. Ich bemerke eine Menge Maschinen. Einige sind so groß, daß sie beinahe bis zur Decke reichen. Plötzlich sehen wir etwas Merkwürdiges: Auf der anderen Seite des Zauns stehen Kopf an Kopf viele Menschen.

»Mama!« Ich schreie fast. »Mama, dort stehen die Männer!«
»Ja, ich sehe sie.« Sie zittert am ganzen Körper, als habe sie Schüttelfrost.
Innerhalb weniger Sekunden bricht Lärm aus. Aus der Männergruppe ertönt eine sehr kräftige Stimme:
»Ruhe!« Der Mann versucht, das wortreiche, wilde Durcheinander zu überschreien: »Ruhe! Wir rufen jetzt Vor- und Nachnamen auf.«
Es wird still. Frauen werden zu ihren Männern gerufen, Mütter zu ihren Söhnen, man schreit, winkt, schwenkt die Arme. Ich kann niemanden erkennen, einer sieht aus wie der andere, angestrengt starre ich in die Menge.
»Mama, ich kann Papa nicht sehen und auch Adam nicht!«
»Hab Geduld. Warte. Sie sind ganz bestimmt hier, sie müssen hier sein...«
Wir warten.
»Stella, melde dich!«
Da ist Papa! Ich bringe keinen Ton heraus.
»Wo ist Stella?!« ruft Papa.
Mama schiebt mich vor. Ich weiß jetzt, daß sie da sind, ich kann bloß nichts sehen, weil ich Tränen in den Augen habe.
»Stella, antworte doch! Ich kann nicht mit diesem Gesicht«, flüstert Mama.
»Wir sind da! Papa! Adam! Wir sind da!« vermag ich endlich zu schreien.
Papa hat sein Gesicht bedeckt; auch er weint. Es ist eine Begrüßung, die kein Ende nimmt. Die einen weinen vor Glück, die anderen vor Verzweiflung.

Suppenkessel werden hereingetragen; bei den Kesseln stehen ein paar Männer, die das Essen ausgeben. Ein Gedränge entsteht, jeder will helfen, jeder will seine Angehörigen sehen, anfassen. Dennoch gelingt es, die Ordnung aufrecht zu erhalten. Von den Kesseln steigt ein herrlicher Duft auf, die Suppe ist heiß und köstlich.
Man brachte uns nach oben. Eine große Halle, keine Pritschen,

keine Matrazen, Stroh auf dem Boden und zusammengelegte Decken an den Seiten. Bis zu diesem Augenblick hatte uns noch niemand angeschrien, niemand hatte uns geschlagen. Ein wahres Märchen. Ich fragte mich allerdings, wie wir hier alle unterkommen sollten, doch war das jetzt nebensächlich.
Am Eingang stand Oskar Schindler, dessen riesenhafte Gestalt die ganze Tür ausfüllte. Im Saal herrschte absolute Stille, doch war es nicht die Stille der Angst; auch die Stille hat ihre Nuancen. Er hielt eine Rede. Seine Stimme trug weit, war aber sehr sanft.
»Ich weiß, ihr seid durch die Hölle gegangen, bevor ihr hier angelangt seid, euer Aussehen sagt alles. Ihr werdet hier vorläufig vielen Unannehmlichkeiten ausgesetzt sein, aber ihr seid ja tapfere Frauen. Es bestand keine große Hoffnung, daß es gelingen würde, euch hierher zu holen. Doch das ist Vergangenheit. Ich zähle auf eure Disziplin, euren Ordnungssinn, ich denke, daß das Schlimmste überwunden ist. Die Pritschen müßten eigentlich in ein paar Tagen da sein. Jetzt müßt ihr euch einrichten und untereinander Ordnung schaffen. Die Ärztinnen sollen sich beim Oberarzt melden. Wählt euch Blockälteste. Doktor Hilfstein und Pemper werden euch zeigen, wo ihr euch waschen könnt. Kranke und solche, die verarztet werden müssen, gehen gleich mit den Ärztinnen mit.«
Schindler ging. Noch immer herrschte Stille.
Mietek Pemper und Mietek Penner kamen. Wir umarmten uns, Penner lachte vergnügt.
»Ach, Tusia«, sagte er, »ich mußte Zygmunt Tag und Nacht versichern, daß ihr noch am Leben seid. Ich wäre beinahe durchgedreht.«

Wie sich herausstellte, hatten im Waschraum nicht mehr als zehn Frauen Platz. Bis spätnachts standen wir an, friedlich und ordentlich, um uns zu waschen. Ilse und Frau Löw übernahmen die Krankenstube, die sich in unmittelbarer Nachbarschaft der Fabrikhalle befand. Der Platz dort war beschränkt, es gab kaum mehr als zehn Liegestätten. Schon hatten sie weiße Kittel an,

und obwohl sie müde waren, leuchteten ihre Gesichter vor Freude. Es war schon spät. Ilse stürzte herein.
»Tusia, Janeczka, Stella, kommt mit zur Krankenstube!«
Es war sauber wie in einem richtigen Krankenhaus. Doktor Hilfstein befaßte sich als erstes mit Mamas Gesicht.
»Da haben sie dir ja was verpaßt!« schnaubte er. Ich konnte nicht sehen, was er tat, ich hörte nur das leise Klirren der Instrumente. Unentwegt murmelte er vor sich hin.
»Es sollte eigentlich nichts zurückbleiben. Du bist so schön. Ich erinnere mich daran, dich bei einem Ball gesehen zu haben, ihr wart mit Grünbergs da, man hatte sich ja um dich gerissen. So! Reservier' mir einen Walzer für den nächsten Ball.«
Ich wurde von Ilse versorgt. Frau Löw legte Janeczka auf eine Pritsche. Hilfstein eilte herbei und küßte uns so stürmisch, als wäre er achtzehn. Mit ernster Miene untersuchte er Janeczka gründlich. Ilse umarmte mich und sagte, daß meine Wunde sehr gut heile. Jetzt erst fand ich den Mut, Mama anzusehen. Sie sah schon besser aus. Zwar war ihr Gesicht fast gänzlich zugeklebt und mit irgendetwas bestäubt, doch sah es nun nicht mehr wie eine gespenstische Maske aus.
Hilfstein gefiel mir außerordentlich, vielleicht ging ich deshalb, ohne lange zu überlegen, auf ihn zu und sagte:
»Herr Doktor, ich habe eine große Bitte.«
Alle sahen mich an. Der Doktor, immer noch bester Laune, versprach, mir jeden Wunsch zu erfüllen. Ich holte tief Luft.
»Bitte, würden Sie erlauben... würden Sie meinem Papa, Adam und Herrn Feigenbaum erlauben, für einen ganz kleinen Augenblick herzukommen?«
Er stand da, guckte und brach dann in schallendes Gelächter aus.
»Na, mein Fräulein, dann denk mal nach, ob das auch wirklich alles ist. Ganz schön dreist, die junge Dame. Dieses eine Mal muß ich mein Versprechen halten. Aber kein Wort darüber.«
Ilse und Frau Löw brachten das Abendbrot. Weißbrot mit Marmelade und heißen Tee, nicht richtigen Tee, sondern Kräuter-

tee, aber wunderbar. Und die Männer kamen, kamen auf Zehenspitzen herein. Feigenbaum weinte wie ein Kind, küßte seine Frau und Janeczka.
»Du wirst wieder gesund, Janeczka«, sagte er. »Sie haben erzählt, ihr seid tot, vergast. Schindler ist persönlich nach Auschwitz gefahren, aber sie wollten euch nicht herausgeben.«
Papa und Adam standen wie Salzsäulen da, sie standen da und starrten uns an. Adam liefen die Tränen übers Gesicht.
»Weine doch nicht«, schrie ich und fing ebenfalls an zu heulen, als ob mir jetzt erst all das Unrecht bewußt geworden wäre. Und mein großer Bruder sagte: »Ich habe für dich einen Löffel gemacht.«
Papa und Mama umarmten sich lange.
»Wir leben, wir sind zusammen«, sagte Papa.
»Und du, Schwester«, fragte mein Adam immer wieder.
»Siehst du, am Ende tauschen wir die Rollen. Du hast so schönes Haar und ich bin kahl«, plapperte ich drauflos und bestaunte dabei meinen stattlichen Bruder, der nun sogar Papa überragte.
»Was ist denn das für ein Geruch? Wonach riechst du?«
»Wahrscheinlich nach Scheiße.«
»Stella, wie redest du denn?« Papa war entsetzt.
»Siehst du, Papa«, sagte Adam, »sie hat sich nicht verändert.«

Jeder wollte von sich berichten. Adam fand in mir eine gute Zuhörerin. Er erzählte, wie sie die Fabrik einrichteten. Eine Fabrik für Geschützteile.
»Müssen wir Munition herstellen, die unsere eigenen Leute tötet«, fragte ich empört.
»Schindler hat gesagt, daß keine einzige dieser Patronen jemanden töten wird. Aber arbeiten müssen wir, der Rest ist seine Sache.« Adam sagte das so stolz, als habe er es sich zusammen mit Schindler ausgedacht.
Mama unterhielt sich mit Papa, erzählte ihm etwas, wobei er immer wieder besorgt zu mir herüberblickte. Hilfstein gab zu verstehen, daß mit dem Besuch Schluß sein müsse. Papa trat auf mich zu, umarmte mich und fuhr über meine Glatze.

»Haben die dich nochmal rasiert, Stella?«
»Nein, aber meine Haare sind beleidigt und wollen nicht mehr wachsen.« Ich lachte, dabei war mir ganz elend.
Mama machte Papa Zeichen, um ihm zu bedeuten, daß er nicht über dieses heikle Thema sprechen sollte, doch es nützte nichts. Eigensinnig streichelte Papa meine Glatze und sagte mit zärtlicher Stimme: »Du bist sowieso die Allerhübscheste, Stella. Auch ohne Haare.«
Hilfstein hörte auf, taktvoll hin und her zu trippeln und sagte energisch: »Jetzt reicht es mit der Liebe, die Frauen sind halbtot, sie müssen schlafen.«
Sie gingen rückwärts hinaus, als wollten sie uns bis zum allerletzten Augenblick sehen.
Seit unendlich langer Zeit, seit vielen Jahren war ich nicht mehr in so seligen, friedlichen Schlaf gesunken, den keine Angst, kein Gebrüll, keine Rattenjagd störte. Ilse hatte meine Sträflingskleidung an sich genommen, um sie irgendwie auszuwaschen. Sie hatte vor, mich so lange in der Krankenstube zu behalten, bis die Wunde trocken war.
Doktor Hilfstein klärte uns darüber auf, daß man sich vor Leipold, dem Lagerkommandanten, in acht nehmen müsse; man dürfe ihm auf keinen Fall vertrauen. Schindler unternehme zwar alles, um ihn bei Laune zu halten, aufpassen müsse man dennoch.

Am anderen Tag erwachte ich aus einem todesähnlichen Schlaf. Bestimmt war es schon nach elf. In Gedanken ordnete ich die ungewöhnlichen Ereignisse der letzten Stunden, berührte mich, berührte meine Pritsche, um mich zu vergewissern, daß ich nicht träumte. Mir fiel ein, daß hier auch Janeczka sein müsse.
»Bist du da, Janeczka?« rief ich und blieb faul liegen. »Warum haben sie mich nicht hinausgeworfen? Es muß doch schon spät sein!«
»Macht doch nichts«, sagte Janeczka mit ihrer leisen, sanften Stimme. »Deine Sachen sind noch naß, und überhaupt bist du vielleicht noch krank.«

»Ach, woher denn! Ich bin doch gesund.« Und schon war ich auf den Beinen.
»Was haben wir über dich gelacht! Sie haben dir Brot unter die Nase gehalten, du hast mit der Nase gezuckt wie ein Karnickel, hast geschmatzt wie ein Ferkel, aber aufgewacht bist du nicht. Die Ärztinnen und Doktor Hilfstein haben gelacht und gesagt, daß du ein schwerer Fall bist.«
Zu meiner Freude war auch Janeczka lebhafter als sonst, und jetzt brach sie schon wieder in fröhliches Lachen aus.
»Worüber lachst du?«
»Ach, weißt du, sie wollten dir einen dummen Streich spielen, aber Ilse hat es nicht erlaubt.«
»Was für einen Streich?«
Sie zierte sich ein bißchen.
»Sag schon!«
»Sie wollten schreien: ›Aufstehen, ihr faulen Huren!‹«, sagte die zartbesaitete Janeczka und wurde rot.
»Ist meine Mama schon bei der Arbeit?«
»Ja, sie weisen den Frauen bereits ihre Arbeitsplätze zu.«
Ich aß mein Frühstück, trockenes Brot, aber weiß und köstlich, und trank danach kalten Kräutertee. Nicht vorstellbar, daß die ersehnte Freiheit herrlicher sein würde.
»Ich beneide dich, Stella. Ich würde auch lieber arbeiten«, bemerkte Janeczka betrübt. »Ich kann nicht aufstehen. Sie sagen, ich muß vorläufig in der Krankenstube bleiben. Ich weiß, daß es nicht gut um mich steht.«
»Janeczka! Du erholst dich, und dann wirst du wieder aufstehen können; mir tut manchmal auch der Rücken weh, von damals, als Bajla mich so geprügelt hat.«
»Aber ich tauge zu nichts mehr, ich habe so große Schmerzen, ich kann gar nicht sagen, wie entsetzlich sie sind.«
Janeczka war so niedergeschlagen, daß auch ich traurig wurde.
»Wenn Schindler soviel kann, dann schafft er es bestimmt auch, daß man dich in ein richtiges Krankenhaus bringt.«
Die Ärztinnen kamen herein und wechselten meinen Verband. Lachend sagten sie, daß die tschechische Luft offenbar Wunder

wirke, so prächtig verheile das Bein. Mama wurde ebenfalls verbunden.

»Ab morgen bist du einer Arbeit zugeteilt, Stella. Ich weiß nicht, wie du zurecht kommen wirst, du mußt an einer Drehbank arbeiten.«

Mama erriet meine Gedanken.

»Keine Angst, das lernst du.«

Als sie mich streicheln wollte, bemerkte ich ihre verbundenen Finger.

»Was ist das, Mama? Ist das heute passiert?«

»Nein, in Auschwitz, als du aus der Seuchenabteilung gerettet werden solltest. Rózia und ich mußten Bronia suchen. Nachts krochen wir zwischen den Baracken herum, um uns zu ihr durchzuschlagen. Es gab ziemlich tiefe Gräben, wir rutschten hinein und kamen dann einfach nicht mehr heraus. Also habe ich Rillen in die gefrorenen Wände gekratzt, um Halt beim Klettern zu finden. Dabei habe ich mir die Finger verletzt, und die arme Rózia hat heute noch einen wunden Rücken. Ich versuchte nämlich, den Stacheldraht hochzudrücken, damit sie hindurchkriechen konnte, hatte aber nicht genug Kraft, um ihn festzuhalten, er schnellte auf Rózias Rücken, die Stacheln drangen durch ihre Jacke hindurch. Ich habe sie mit Gewalt unter dem Stacheldrahtzaun durchzwängen müssen.«

»Hast du denn nicht daran gedacht, daß der Zaun unter Strom stehen könnte, Mama?«

»Nein, keinen Moment, wahrscheinlich wäre mir das damals sogar recht gewesen.«

»Du hast also nicht geglaubt, daß es gelingen würde, mich von dort herauszubekommen?«

»Nein, ich habe nicht daran geglaubt.« Mama wechselte das Thema.

Zum Glück kamen die Ärztinnen herein. Sie brachten Schachteln mit Medikamenten, die Schindlers Frau für unser kleines Spital gesammelt hatte. Ich war erstaunt: Schindler hatte eine Frau? Sie war, wie man erzählte, eine nette, ruhige, zierliche Blondine.

Ich erfuhr, daß ein Teil der Männer außerhalb des Lagers zur Arbeit gehen würde, um Straßen und Wälder zu säubern. Schindler fürchtete, Leipold könnte zu der Ansicht gelangen, in der Halle trieben sich zuviele Leute herum, und tatsächlich gab es nicht genügend Arbeitsplätze für alle. Mama, die mir das erzählte, fügte noch hinzu, daß Leipold, dieser Drückeberger, jung und gesund sei und eigentlich an die Front gehöre; er könne hier zufrieden sein.

Die Fabrikhalle sah aus wie ein riesiger Zauberkasten. In einer Reihe standen die Ungeheuer: Maschinen, die mit einem einzigen Schlag aus einem großen Stahlblech kleine Rohre, sogenannte Buchsen, stanzten.

»Diese Buchse wirst du schleifen«, erklärte mir geduldig unser Meister. Mama stand daneben und achtete darauf, daß ich seinen Erklärungen folgte.

»Und was passiert mit dieser Buchse«, fragte ich ihn.

»Man packt sie in Kisten, die zu einer anderen Fabrik gebracht werden, und dort werden sie mit Sprengstoff gefüllt.«

Eingehend betrachtete ich die Maschine. Ich fürchtete mich vor diesem Teufelswerk. Mama arbeitete nebenan im Packraum. Wir bekamen unsere Suppe in der Fabrikhalle. Mietek Penner erschien und steckte uns eine gebratene Rübe zu. Etwas Herrliches, so eine gebratene Rübe! Mama gab er eine Zigarette. Er arbeitete außerhalb des Lagers, wo er immer irgendetwas beschaffen konnte. Männer gesellten sich zu mir.

»Komm schon, Kleine, jetzt fangen wir mit dem Unterricht an. Das Wichtigste ist, daß du mit Fingerspitzengefühl vorgehst, damit das Stanzmesser nicht heiß wird.«

Sie zeigten mir, wie man die Maschine in Gang setzt, was nicht weiter schwierig war. Bei der ersten Buchse passierte es natürlich: Das Stanzmesser lief heiß. Nach einer Stunde war ich völlig erschöpft und mutlos.

»Könnte ich nicht irgendetwas anderes machen?«

»Ausgeschlossen, du mußt dich als Fachkraft ausweisen, falls Kontrollen kommen. Du darfst nicht riskieren, daß man dich nach Birkenau zurückschickt, weil du unfähig bist.«

Ich machte mich schleunigst an die Arbeit. Das Abendbrot wurde schon ausgeteilt, und ich stand immer noch an der Maschine.
Ich erfuhr, daß sowohl Dolek Horowitz und sein Sohn Rys als auch Doktor Gross und sein Sohn noch in Auschwitz waren. Jetzt erst verstand ich, warum Niusias Mutter, Doleks Frau, so niedergeschlagen war.
Ich hoffte bereits, ich sei die Angst losgeworden, die mich oft in einen fast epileptischen Zustand versetzt hatte, ich glaubte, der Alptraum sei für immer überwunden, doch der Krieg war noch nicht zu Ende. Wir gingen nach oben in den Schlafsaal. An die dreihundert Frauen mußten sich auf einer nicht gerade großen Fläche einrichten und lagen dicht gedrängt wie die Heringe nebeneinander. Nach dem bequemen Bett im Krankenhaus erlebte ich eine abscheuliche Nacht. Auf ein Kommando hin drehte sich die ganze Reihe von einer Seite auf die andere. Es kam zu einem Chaos, als eine Frau plötzlich Bauchschmerzen bekam und es nicht mehr rechtzeitig schaffte, aus dem Gedränge herauszukommen. In der folgenden Nacht wiederholte sich der Vorfall. Wie sich herausstellte, litt die Frau an Typhus.
Die Ärztinnen bekamen das Problem schnell in den Griff. Es wurde beschlossen, die Tatsache, daß jemand Typhus hatte, zu verheimlichen. Natürlich wurde Schindler benachrichtigt, der den Entschluß guthieß, den Kommandanten Leipold nicht zu informieren. Er besorgte die notwendigen Medikamente, die Kranke wurde vorübergehend im Spital isoliert, zu einer Epidemie kam es glücklicherweise nicht.

Wir arbeiteten in zwei Schichten, tagsüber und nachts. Die Frauen verbrachten die meiste freie Zeit damit, eklige Pullover zu stricken. Die Wolle war höchst unangenehm anzufassen, dick, widerspenstig, fast hölzern, man rieb sich die Finger daran wund. Alle strickten, also mußte auch ich es lernen. Mama und ich wechselten uns ab. Es waren zwar kratzige Kleidungsstücke, die da entstanden, doch sie schützten vor Kälte; in der

Fabrikhalle war es durchaus nicht warm. Besonders benötigten jene die Pullover, die außerhalb des Lagers unter freiem Himmel arbeiteten.
Endlich erhielten wir Strohsäcke und einstöckige schmale Pritschen. Auf einer Pritsche mußten zwei Personen schlafen. Wir legten uns so hin, daß die Füße der einen Person neben den Kopf der anderen zu liegen kamen. Das klappte, wenn die beiden, die zusammen auf der Pritsche lagen, sich gut kannten, es kam aber auch zu unangenehmen Szenen.

Leipold ist aktiv geworden. Er hat uns einen zivilen Vorarbeiter namens Müller geschickt. Aufgrund einer Verwundung an der italienischen Front soll ein Teil seines Schädels aus Platin sein. Vorsichtig mustere ich ihn und frage mich, ob er uns quälen wird. Das Stückchen Platin muß ihm das Hirn verrückt haben. Vom ersten Tag an rennt er wie ein Irrer mit seiner Peitsche durch die Fabrik. Offenbar hat er an der Front nur ein einziges Wort gelernt. Pausenlos brüllte er: »Avanti!« Und so nennt ihn bald jeder ›Avanti‹. Manchmal frage ich mich, woher dieser Verrückte all die Kraft und Energie nimmt, tagelang so herumzurennen. Da man ihn andauernd ›Avanti‹ schreien hört, weiß man wenigstens immer, wo er sich gerade befindet. Aber man arbeitet unter größerem Druck.
Einige Tage später trafen die Aufseherinnen aus Holland ein. Zwar beruhigte uns Schindler, sie seien ungefährlich, doch allein das Wissen, daß sie da waren und durch die Halle gingen, wirkte niederschmetternd.
In der Fabrik begannen Kommissionen aufzutauchen, die stets von Schindler und Leipold begleitet wurden. Nach solchen Besuchen drang bis spät in die Nacht der Lärm von Trinkgelagen aus Schindlers Wohnung. Am verblüffendsten war, daß Schindler, so oft er in die Fabrikhalle kam, nie betrunken war, obwohl man bei diesen Saufereien seine Stimme am lautesten hörte.
Manchmal brachten die Männer, die nach draußen gingen, ein paar gekochte Kartoffeln mit, die sie von Tschechen bekom-

men hatten. Anfangs hatten sie Angst vor den Wachen, aber die taten wohl so, als würden sie nichts sehen.
Die Arbeit bereitet mir Mühe. Immer wieder läuft das Messer heiß. Am Tag bin ich aufmerksamer, nachts habe ich größere Schwierigkeiten. Ich fürchte mich vor Avanti und seinem Gebrüll, instinktiv spüre ich, daß er es auf mich abgesehen hat. Und tatsächlich. Unversehens schlägt er mir mit der Peitsche auf die Hände. Ich erschrecke so, daß ich mit offenem Mund dastehe. Er wiederum scheint über meine Reaktion verblüfft. Die Maschine läuft weiter, bis sie zu qualmen beginnt. Er hält sie an.
*»Auschwitz«,* grölt er, fuchtelt mit den Händen und deutet Rauch und einen Schornstein an. Dann brüllt er: *»Sabotage!«* Und ich stehe da und nicke. Als er etwas leiser wird, stottere ich, dreist vor Angst: *»Meister prima zeigen, ich lernen.«* Der Idiot kapierte, sein Gesicht hellte sich auf. Er nahm die Mütze ab, krempelte die Ärmel hoch. So begann meine Lehre bei Avanti. Von nun an stand er jedesmal an der Maschine, wenn ich Tagschicht hatte, und erledigte fast meine ganze Arbeit. Nachts saß ich auf Kisten hinter ihm und stand nur von Zeit zu Zeit auf, um laut meiner Begeisterung Ausdruck zu geben, was ihn mächtig freute. Einmal gab er mir sogar ein Wurstbrot, und ein anderes Mal sagte er:
*»Nicht Auschwitz.«*
Ich wußte nun, daß ich vor ihm sicher war und keine Prügel mehr zu fürchten brauchte.
Eines Tages besichtigten wieder irgendwelche hohen Funktionäre die Fabrik. Ein Deutscher blieb bei meiner Maschine stehen. Von der Glatze bis zu den Fersen überlief mich eine Gänsehaut. Ich war mir darüber im klaren, daß ich ohne Haare noch jünger aussah als vierzehn. Vermutlich blieben auch alle anderen stehen, und plötzlich hörte ich Avanti sagen, er stelle ihnen hiermit eine der besten Dreherinnen vor. Er zog eine bearbeitete Buchse aus der Kiste und zeigte, wie fabelhaft sie gefertigt war. Niemals werde ich erfahren, ob er diese Buchse für mein oder für sein Werk hielt. Endlich gingen sie. Avanti

glaubte wohl an meine Fertigkeiten, denn er kehrte gleich darauf zurück, klopfte mir auf die Schulter und sagte:
*»Prima Arbeit, dobrze!«*
Die Leute in der Halle waren froh darüber, daß Avanti stundenlang an meiner Maschine stand. Dadurch hatten sie etwas Ruhe vor ihm. Wenngleich er ziemlich oft mit der Peitsche zuschlug, quälte er doch niemanden, aber seine Hiebe saßen. Nur Mama freute sich nicht über seine Fürsorglichkeit:
»Sie müssen dir eine andere Arbeit geben, man weiß ja nicht, was dem Idioten mit dem geflickten Schädel sonst noch alles einfällt.«
Tatsächlich nahm mich Wiluś Kranz nach hinten in die Packerei. Avantis Wut war groß. Er brüllte, man habe ihm seine beste Fachkraft weggenommen, er werde sich bei Leipold beschweren. Sie kamen zu dem Entschluß, daß es nicht angebracht sei, den Kommandanten auf ein Mädchen aufmerksam zu machen, das wie eine hoch aufgeschossene Zehnjährige aussah. Am nächsten Tag nahm ich meinen Platz an der Maschine wieder ein. Avanti eilte zufrieden herbei, sagte ein paarmal *»dobrze, dobrze«* und legte mir ein Leberwurstbrot auf die Maschine.
Reginka Horowitz und Zunka Gross wagten sich mit der Bitte zu Schindler, er möge doch versuchen, auch ihre Männer und Söhne nach Brünnlitz zu holen. Schindler gab zur Antwort, er habe schon alles Mögliche unternommen, doch drohe man ihm mit der Liquidierung des gesamten Lagers. Er beschwichtigte sie, daß ihre Angehörigen bestimmt überleben würden, da der Krieg bald zu Ende sei. Seine Beteuerungen nützten nichts, die beiden Frauen, besonders aber Reginka, wurden nur noch verzweifelter. Die kleine, zierliche Frau war bloß noch ein Schatten ihrer selbst.
Das Ende mochte zwar nahe sein, doch die Deutschen hörten nicht auf, Menschen zu vernichten.

Die Portionen wurden immer kleiner. Sogar Schindler hatte Schwierigkeiten, Lebensmittelzuteilungen für seine Häftlinge zu bekommen.Immer wieder schrieb er Briefe, in denen es hieß,

daß wir für die Rüstungswirtschaft des Dritten Reiches dringend gebraucht würden. Aber zu essen gab es nichts. Mietek Penner wechselte seine Arbeitsstelle. Er ging jetzt mit einer Gruppe zum Straßenreinigen. Das war ein großes Opfer. Es herrschte grimmige Kälte. Immer wieder gelang es ihm, etwas ins Lager zu schmuggeln, meist Getreide aus der nahen Mühle. Der Besitzer tat, als sehe er nicht, wie die Häftlinge kleine Säcke mit Korn füllten. Es war eher Kleie. Man zerrieb sie in einer Ecke zwischen Ziegelsteinen, gab irgendwelche Holzabfälle dazu, mischte das Ganze mit Wasser und buk heimlich Fladen daraus. Es waren merkwürdige Fladen, ihr einziger Vorzug war, daß man sie lange kauen mußte und sie nur schwer hinunterschlucken konnte. Sie schmeckten nach Sägespähnen.
Hin und wieder ging Frau Schindler in Begleitung der Aufseherinnen und zwei Doggen durch die Fabrikhalle. Als ich die Hunde zum ersten Mal sah, stockte mir der Atem. Bald aber merkte ich, daß sie nicht wie die blutrünstigen Bestien aus Płaszów waren. Gleichgültig und ruhig gingen sie an der Seite ihrer Herrin. Schindlers Frau machte einen sehr ernsten Eindruck auf mich. Klein und zierlich, mit schräg gehaltenem Kopf und einem traurigen Gesicht. Ilse und Frau Löw erzählten, daß Frau Schindler ein guter Mensch sei.
Mein Bein und Mamas Gesicht sind fast verheilt, bei Mama sind noch ein paar Narben zu sehen, doch die Ärztinnen behaupten, daß sie mit der Zeit völlig verschwinden werden.
Allen Frauen sind die Haare nachgewachsen, jedenfalls hat keine eine Glatze. Auf meinem Kopf wächst noch kein Haar. Das war unwichtig, als ich nicht wußte, ob ich die nächste Minute erleben würde, jetzt aber bedrückt es mich.

Neujahr 1945 rückt näher, die Frauen haben für Schindler ein originelles Blumenbukett aus Stahl-Streifen gefertigt, die beim Bearbeiten der Hülsen abgefallen sind; es ist unbeschreiblich hübsch. Ich glaube, daß sogar die frömmsten Juden statt zu Gott jetzt zu Schindler beten. Da Schindler sehr raffiniert ist, beschäftigt er nicht Jüdinnen, sondern zwei Tschechinnen als

Dienstmädchen. So gut es geht, gibt er vor, die Leute, die er beschäftigt, als Fachkräfte zu benötigen.
Die Zechgelage, die er immer wieder veranstaltet, haben ihn dazu veranlaßt, Musikinstrumente für die Brüder Rosner zu beschaffen. Die Brüder Rosner sind die Brüder von Reginka Horowitz. Durch sie wissen wir jetzt mehr über das, was während dieser Gelage gesprochen wird.
Wir haben zum Beispiel erfahren, daß bei der letzten Sauferei, als Schindler seine Gäste fast im Alkohol ertränkte, einer von ihnen, der sehr besoffen war, gesagt hat: »Ossi, es wird Zeit, daß du das Lager liquidieren läßt.« Worauf Schindler geantwortet haben soll: »Nein, sollen die jüdischen Schweine ruhig für das Wohl des Reiches schuften, ich hol' aus denen noch die letzten Eingeweide heraus.« Einer der ›Goldfasane‹ soll dann aufgestanden sein und voller Bewunderung gesagt haben, Schindler sei ein Patriot, an dem man sich ein Beispiel nehmen könne. Er versprach auch, sich um eine Stelle oder Auszeichnung für einen so großartigen Volksgenossen zu bemühen. Darauf umarmten sich die Besoffenen und klopften einander auf die Schultern.
Die Aufseherinnen verhielten sich ziemlich anständig, oft lud Schindlers Frau sie zum Tee ein, obschon keine von uns die geringsten Zweifel hatte, daß ihr das eher unangenehm war. Schindler und seine Frau erleichterten uns das Leben so gut sie konnten. Einmal hatte Avanti einen schlechten Tag und verprügelte einen Häftling. Daraufhin ging Schindler mit freundlicher Miene durch die Halle auf Avanti zu und bot ihm einen Schnaps an. Avanti lehnte jedoch ab, wobei er auf seinen Kopf zeigte, offenbar vertrug er keinen Alkohol. Plötzlich brüllte Schindler:
*»Das ist ein Befehl!«*
Avanti nahm Haltung an, kippte ein Glas hinunter, begab sich danach in sein kleines Büro und schlief ein paar Stunden.

Am frühen Neujahrsmorgen, noch bevor die Aufseherinnen und Avanti eintrafen – so war es mit Pemper verabredet –, bat

man Schindler und seine Frau in die Fabrikhalle. Wir überreichten ihnen den ›stählernen Blumenstrauß‹ und sangen leise auf polnisch ›Hundert Jahre soll er leben‹. Schindler bedankte sich, er konnte seine Rührung nicht verbergen. Er sagte:
»Solange ich lebe, werdet auch ihr leben. Der Krieg ist bald zu Ende, versuchen wir durchzuhalten, wir dürfen uns von Schwierigkeiten nicht unterkriegen lassen, besonders nicht von den Verpflegungsproblemen. Der Weg hierher war schwer, sowohl für euch als auch für mich; euch am Leben zu erhalten, ist nicht leicht. Vertraut mir, auch wenn niemand weiß, welche Kämpfe wir noch führen müssen.«
Die Menschen weinten und bedankten sich bei ihm. Seine Stimme zitterte. Rasch entfernte er sich mit seinem ausgefallenen Blumenstrauß. Während er dem Ausgang zuging, sagte er, wir brauchten nicht zu arbeiten und könnten in unsere Unterkünfte gehen, er habe das mit dem Kommandanten bereits abgesprochen.

Wir gingen hinauf. Seit Jahren an ein Leben ohne Hetze und ohne Arbeit nicht mehr gewöhnt, saßen wir da und schwiegen. Ich versuchte, mir den Tag unserer Befreiung auszumalen. So wie ich mir einst den Krieg nicht hatte vorstellen können, konnte ich mir jetzt nicht vorstellen, wie wohl die Freiheit aussehen wird. Ein Tor wird sich auftun, wir werden einfach durch dieses Tor hindurchgehen, keiner wird uns anbrüllen, keine Peiniger werden mehr auf uns warten, ich werde nicht in Reih und Glied gehen… Nein, das konnte ich mir überhaupt nicht vorstellen.
»Mama! Ich werde doch unmöglich aussehen, wenn ich ein Kleid trage und diese Glatze habe.«
»Ach, Stella. Die Phantasie geht wieder einmal mit dir durch. Noch ist der Krieg nicht aus. Bis dahin wachsen dir schöne Haare.« Doch in ihrem Blick lag nicht die geringste Überzeugung.
Bei meinen Grübeleien über ein Leben in Freiheit kam nichts heraus, also begann ich darüber nachzudenken, was Schindler

am Morgen gesagt hatte. Unmißverständlich waren seine Worte gewesen, daß keiner wisse, welchen Beschwernissen wir noch ausgesetzt sein würden. Na gut, die Front verschob sich unablässig, wie man immer wieder hörte. Sie würden sich unserer entledigen, uns erschießen wollen. Konnte Schindler uns dann noch helfen? Er war ja auch bloß ein Mensch. Zwar kämpfte er verbissen um eine Handvoll elender Juden, und es war ihm bislang vieles gelungen, aber eines Tages konnte auch einmal etwas schiefgehen.

Halinka, das ›Kindele‹, setzte sich zu mir. Seit langem machte sie große Pläne und erzählte jetzt erneut voller Begeisterung, daß Zew sie mit nach Amerika nehmen würde. Ich hörte ihr gar nicht richtig zu, sondern blickte nur neidisch auf ihr schönes Haar. Lohnte es sich, den Krieg zu überleben, wenn man kahlköpfig war? Da ich an nichts glaubte, konnte ich ja nicht einmal Nonne werden.

Wir gingen zur Krankenstube, und die Freude dort war riesig. Beide Ärztinnen umarmten mich, und ich mußte sofort mein Bein zeigen. Ich ging auf Janeczka zu und küßte sie wortlos. Ich fürchtete, weinen zu müssen. Janeczka hatte sich sehr verändert, war gelbhäutig und ausgemergelt. Ich überwand mich und sagte: »Du siehst sehr viel besser aus, Janeczka.«

»Schön, daß du gekommen bist, Stella.« Sie tat, als habe sie meine Bemerkung über ihr Aussehen nicht gehört.

Ich redete drauf los, was das Zeug hielt, nur um sie aufzuheitern; das gelang mir, als ich ihr von meiner Zusammenarbeit mit Avanti erzählte. Frau Feigenbaum war gerührt, als ihre Janeczka lachte. Schließlich aber waren alle meine Spaßreserven erschöpft.

»Schau dir meinen Kopf an, Ilse«, sagte ich.

»Du siehst reizend aus.« Ilse gab sich betont fröhlich. »Schau nicht so grimmig, du weißt doch, was das Wichtigste ist.«

»Ja, Ilse. Ein lebender Kopf auf einem lebendigen Hals.«

Doktor Hilfstein kam. Auch er umarmte mich und sagte lachend, daß man das neue Jahr begrüßen müsse. Er brachte

heißen Kräutertee, der eigentlich nur für die Kranken war. Ein richtiges Fest!
So feierten wir den Beginn des Jahres 1945. Im Vergleich zu den vergangenen Jahren, in denen man uns an Feiertagen stets zusätzlich schikaniert hatte, war das ein angenehmer Tag.

Die Arbeit ging ihren normalen Gang. Die Kälte setzte uns hart zu, ich fror selbst an der Maschine. Avanti rannte nicht mehr wie ein Wilder herum. In seinem Büro stand ein kleiner Ofen, und oft hielten sich dort auch die Aufseherinnen auf.
Schindler mußte die für ihn typische Diplomatie anwenden, wenn er von Leipold etwas erkämpfen wollte. Dieser hatte eines Tages den Befehl gegeben, daß Appelle vor der Fabrik stattzufinden hätten. Noch ehe uns die Aufseherinnen befahlen hinauszugehen, war Schindler bereits in der Halle. Energisch erhob er Einspruch, sagte, daß er keine zu Eis erstarrten Gliederpuppen, sondern arbeitstüchtige Leute haben müsse, das sei es, was der Führer von ihm erwarte. Bei diesen Worten nahm Leipold Haltung an und blickte voller Bewunderung auf Schindler. Wir wußten genau, worum Schindler kämpfte. »Ein großartiger Schauspieler«, sagten die Leute.
Die immer häufiger stattfindenden Inspektionen und Kontrollen beunruhigten uns. Wenn sie durch die Fabrikhalle schritten, war Schindler stets der lauteste, als wollte er uns zu verstehen geben: Ruhig, ich bin da. Eines Tages sagten die Männer, sie hätten Amon Göth in Schindlers Wohnung gehen sehen; sie waren sich dessen ganz sicher. Wir gerieten in Panik. Was tat Amon Göth hier? Einige hatten sich bereits ihre eigene Meinung gebildet: Er war gekommen, weil sie uns liquidieren wollten. Wir beratschlagten die ganze Nacht. Man muß mit den Männern die Flucht aus dem Lager planen, meinten die einen, während die anderen sagten, dergleichen könne nicht gelingen, denn wo sollten sich tausendzweihundert Menschen verstekken? Wo?
Frühmorgens kam Mietek Penner. Es fiel ihm sofort auf, welche Furcht uns erfaßt hatte. Er erzählte, Amon Göth sei gleich nach

unserem Abtransport aus dem Lager wegen Veruntreuung jüdischer Wertsachen angeklagt worden; er sei als Kommandant in Płaszów abgesetzt worden und müsse sich wohl demnächst vor Gericht verantworten. Göth sei nur kurz bei Schindler gewesen und längst wieder abgereist. Mama und ich freuten uns: Wenn Göth nicht mehr in Płaszów war, dann würden Onkel Grünberg, meine Tante und Ziuta ganz bestimmt den Krieg überleben. Vielleicht waren sie sogar schon frei?

Schindler hatte große Schwierigkeiten, uns alle zu ernähren. Um Nahrungsmittel aufzutreiben, fuhr er mit einem Lastwagen in die umliegenden Dörfer. Jedesmal, wenn er wegfuhr, wurden wir unruhig. Wir fürchteten, der Lagerkommandant könnte sich währenddessen dazu entschließen, uns zu liquidieren. Einmal war Leipold während Schindlers Abwesenheit in die Fabrikhalle gestürzt und hatte völlig grundlos einen Häftling geschlagen und ihn vor die Fabrik geführt, wo er bei größter Kälte eine halbe Stunde lang hatte stillstehen müssen. Die Aufseherinnen ließen uns nur zu festgelegten Zeiten zur Toilette, was sie nicht wagten, wenn Schindler da war.

Eine Abordnung ging zu Schindler: Mietek Pemper, Mietek Penner und Doktor Hilfstein, der wahrheitsgemäß berichtete, daß er den Häftling, der geprügelt worden war, hatte verarzten müssen. Von da an verhielt sich Leipold ruhig. Wenn Schindler wegfuhr, kam seine Frau häufig in die Fabrik und bat die Aufseherinnen zum Tee.

Ende Januar war es noch immer sehr kalt. Schon am frühen Morgen herrschte Aufregung in der Fabrik. Von Wiluś Kranz, der stets überall und nirgends war, erfuhren wir den Grund. Man hatte Schindler davon in Kenntnis gesetzt, daß an der Station in der Nähe von Brünnlitz, seit ein paar Tagen auf einem Nebengleis zugefrorene, verplombte Waggons standen, aus denen menschliche Laute drangen. Am Abend erfuhren wir dann, Schindler habe einem guten Dutzend Häftlingen warme Kleidung gegeben und sie mit Lötlampen, Äxten und Decken ausgerüstet. Mit diesem Gerät bestiegen sie einen Lastwagen.

Auch ein Arzt fuhr mit zur Bahnstation. Man wußte nicht, was Leipold um diese Zeit tat. Penner jedenfalls behauptete, Schindler habe ihn zu Bekannten geschickt, wo viel getrunken wurde. Dort sollte sich eine Frau bis zum Morgen eingehend mit ihm beschäftigen. Leipold war jedenfalls in dieser Nacht nicht auf dem Lagergelände.
Gegen Morgen brachten sie etwa sechzig Männer, die in einem unbeschreiblichen Zustand waren, nach Brünnlitz. Diese menschlichen Wracks stanken nach Kot und Urin, waren fast erfroren, dem Tode nahe. Viele der Menschen in den Waggons waren bereits gestorben, aber die Leichen hatte man nicht herausschaffen können, weil sie an ihren Exkrementen festgefroren waren. Schindler ordnete an, den kleinen Lagerraum leerzuräumen, der ans Spital grenzte. Dort brachte man die Überlebenden unter. Frau Schindler holte ihren ›eisernen‹ Grießvorrat, den sie für äußerste Notfälle zurückbehalten hatte. Der Kampf um das Leben dieser bedauernswerten Menschen begann. Man wählte einige noch leidlich kräftige Männer aus der Fabrikbelegschaft aus und ernannte sie zu Hilfspflegern. Im Laufe einer Woche starben viele. Wir freuten uns jedoch, daß es gelungen war, wenigstens eine Handvoll Menschen vor dem Tod zu bewahren. Natürlich vergrößerten sich dadurch die ohnehin schon ernsthaften Verpflegungsschwierigkeiten. Und Leipolds Wut war grenzenlos. Selbst Schindler wirkte nervös.

Gleichzeitig drangen Gerüchte zu uns, nach denen Krakau bereits befreit war. Wir waren hin- und hergerissen, zum einen bedauerten wir, daß wir nicht mit Onkel Grünberg zusammengeblieben waren, zum anderen fragten wir uns besorgt, wer dort die Befreiung erlebt haben mochte. Schließlich baten wir Pemper, sich zu erkundigen, ob Schindler etwas über das Schicksal des Aufräumkommandos im Lager Płaszów wisse. Nach ein paar Tagen berichtete er, Schindler habe keine zuverlässigen Informationen, nehme jedoch an, daß Grünberg (er kannte den Onkel) und seine Familie lebten. Sie seien möglicherweise im letzten Augenblick mit unbekanntem Ziel aus Płaszów abtrans-

portiert worden. Diese Nachricht munterte uns ein wenig auf. Vielleicht waren sie jetzt in einem Lager und erlebten das Ende des Krieges dort.
Wieder einmal hat Schindler Leipold überlistet. Er hat ein Schreiben an die zuständigen Behörden gerichtet, in dem er ihnen mitteilte, daß es ihm gelungen sei, sechzig Fachkräfte aufzutreiben, mit deren Hilfe er die in diesem Augenblick so notwendige Produktion fast verdoppeln könne, falls er die Erlaubnis zu ihrer Beschäftigung in seiner Fabrik erhalte. Nach ein paar Tagen kam die schriftliche Zusage. Ilse erzählt, daß sie einigen dieser ›Produktiven‹ abgefrorene Gliedmaßen hatte amputieren müssen.
Mietek Pemper berichtet, Schindler gehe in seinem Büro auf und ab und führe Selbstgespräche, was eigentlich gar nicht sein Stil sei. Er murmle vor sich hin, daß er mit Leipold irgendetwas machen müsse. Wir stellen endlose Vermutungen an. Was kann er denn tun? Erschießen kann er ihn nicht, er ist immerhin der Kommandant des Lagers. Vielleicht einen Unfall inszenieren? Wohl eher nicht, denn dann beginnen die Kontrollen, Nachforschungen, Untersuchungen.

Im Februar rief Schindler eine Art Versammlung ein. Bei dieser Gelegenheit sagte er, wir müßten das Essen auf ein Minimum beschränken, die uns zugeteilten Rationen seien so knapp bemessen, daß man kaum fünfhundert Personen damit ernähren könne, und wir seien rund tausendzweihundert. Im übrigen sagte er, daß seine Abstecher mit dem Lastwagen immer weniger einbrächten. Die Lebensmittelvorräte seien erschöpft und Absprachen mit den wohlhabenderen Bauern in der Umgebung wenig sinnvoll, weil diese schon den Partisanen helfen würden. Und so begann eine furchtbare Hungerszeit. Eine neue Krankheit breitete sich aus – der Skorbut. Vielen Häftlingen fielen, manchmal innerhalb kurzer Zeit, sämtliche Zähne aus, als wären sie nicht im Kiefer festgewachsen. Die zahnlosen Mundhöhlen machten wohl nicht nur auf mich einen gespenstischen Eindruck. Jetzt betastete ich mehrmals täglich nicht nur mei-

nen Kopf, was bei mir schon zu einer Manie geworden war, sondern auch meine Zähne.
Das Gefühl der Niedergeschlagenheit wuchs. Ständig und überall hieß es: »Er hat uns zwar aus den Gaskammern geholt, doch dafür müssen wir jetzt verhungern.«
Das ging nicht gegen Schindler. Es war der Groll gegen dieses Leben.
Unentwegt versuchten die Aufseherinnen, unsere Kontakte mit den Männern einzuschränken, und Avanti tat es ihnen gleich. Doch stets fanden die Männer Vorwände, um zu uns herüberzukommen, mal mußten sie volle Kisten holen, dann wieder Stahl bringen. Alle paar Tage erhielten wir ein Stück Brot. Mama und ich legten stets etwas zur Seite. Adam verfiel zusehends. Seine Augen lagen tief in den Höhlen, das Gesicht war fahl und abgezehrt.
Es gab Fälle von Hungerödemen. Längst kannte ich die ersten Anzeichen dieser Krankheit. Immer wenn wir Papa oder Adam sahen, musterte ich sie aufmerksam. Ins Spital durfte man jetzt nur mit einer Sondergenehmigung von Doktor Hilfstein oder Doktor Biberstein, was bedeutete, daß es schlecht stand. So schlecht, daß mich, als ich Janeczka besuchen wollte, sogar Ilse ungeduldig abwies und ich mich schleunigst zurückzog.

Frühmorgens, gleich nach Arbeitsbeginn, kam Papa. Er schob einen Karren mit allerlei Abfällen und Gerümpel. Sein Gesicht strahlte geheimnisvoll. Er machte mir ein Zeichen, ich solle die Maschine ausschalten.
»Was ist denn los?«
Er nahm mich in die Arme.
»Alles, alles Gute, mein geliebtes Töchterchen... du sollst heranwachsen zu einer prächtigen... gesunden... und glücklichen...«, die Stimme versagte ihm.
Auch Mama kam zu mir.
»Ich hätte beinahe vergessen, daß meine Tochter heute Geburtstag hat! Mein liebes, im Lagerelend großgewordenes Kind...«
Sie nahm mich in ihre Arme.

Ich war gerührt. Auch ich hatte gar nicht daran gedacht, daß ich an diesem Tag fünfzehn geworden war.
»Ich habe was für dich«, sagte Papa.
Ich konnte es kaum fassen! Papa hatte vier wunderschöne Äpfel aus der Tasche gezogen, Äpfel, die klein wie Walnüsse waren. Behutsam nahm ich sie entgegen. Richtige rote, duftende Äpfel.
»Seit wievielen Jahren habe ich keine Äpfel mehr gesehen! Ich habe ganz vergessen, daß es Äpfel gibt! Und wie sie duften!«
Abends nach der Arbeit sagte ich, an den Äpfeln riechend, zu Mama:
»Janeczka ist sehr krank. Sie kann nicht mehr sitzen.«
»Ja, sie hat sehr viel Pech. Frau Löw meint, sie hat Knochen-Tbc, die Wirbelsäule ist beschädigt. Es steht schlecht um Janeczka.«
»Papa wäre doch bestimmt einverstanden... Ich gebe Janeczka die Äpfel!«

Das kleine Spital war mit Patienten überfüllt. Janeczka bemühte sich um ein Lächeln zur Begrüßung, doch auf ihrem Gesicht zeigte sich nur eine schmerzverzerrte Grimasse. Als ich ihr die Äpfel aufs Bettuch legte und sagte, daß die für sie seien, war sie starr vor Staunen. Genau wie am Morgen ich, befühlte sie sie und roch an ihnen, schließlich aber schob sie sie weg.
»Ich kann diese Äpfel nicht annehmen. Woher hast du sie?«
Ich mußte zugeben, daß ich sie von Papa zum Geburtstag bekommen hatte; ich log, daß ich Angst um meine Zähne hätte.
»Ich lebe nicht mehr lange, nein, nicht mehr lange...«
»Nun nimm schon«, sagte ich und tat, als hätte ich nichts gehört.
»Wenn du sie nicht nimmst, muß ich weinen.«
Doktor Hilfstein rettete die Situation.
»Du mußt sie unbedingt annehmen, Janeczka«, sagte er. »Wenn sie an ihrem Geburtstag weint, weint sie das ganze Jahr. Kannst du dir ein so großes Mädchen als heulendes Elend vorstellen?«

Die Woche, in der wir Nachtschicht hatten, war angebrochen. Eine wichtige große Maschine gab ihren Geist auf. Man weck-

te Schindler. Er kam in die Halle, warf einen Blick auf die Maschine, auf unsere erschrockenen Gesichter und fing an zu lachen. *»Scheiße!«* sagte er dann, und noch einmal auf polnisch: *»Gówno.«* Er winkte ab und ging.
Avanti stand die ganze Zeit dabei. Mir war angst und bange. Mit seinem halben Kopf dachte Avanti lange nach. Würde er gleich mit der Peitsche zuschlagen? Sein Gesichtsausdruck war äußerst merkwürdig. Jetzt schaute er uns wieder an, er schaute, als sähe er uns zum ersten Mal.
*»Hitler kaputt«*, sagte er und verschwand in seinem Büro.
Zwischenfälle dieser Art weckten Hoffnung in uns. Lebensfreude erfüllte uns, auch wenn wir vor Hunger kaum die Füße heben konnten. Unser gesunder Menschenverstand jedoch verbot uns, vor Freude zu tanzen.

Auf eigene Faust fuhr Schindler nunmehr mit einigen von unseren Leuten mit einem Lastwagen weg, um Lebensmittel zu erbeuten. Er kannte die Gegend gut, wußte, wo ein Restaurant oder Gasthaus war, wußte, welche Häuser die Deutschen bereits verlassen hatten. Sie nahmen, was sie vorfanden, doch viel war es leider nicht. Einmal trieben sie Quargel auf. Einige bemängelten die Würmer, aber alle aßen sie. Ein anderes Mal brachten sie Heringe mit, die nur sparsam ausgegeben wurden, dennoch reichten sie nicht lange. Als die Männer wieder einmal zurückkamen, stellte sich heraus, daß sich in den Fässern, die sie hertransportiert hatten, nur Senf befand.
Die ›Goldfasane‹ veranstalteten richtiggehende Wallfahrten zu Schindler. Jedesmal machte er sie betrunken, und wir fragten uns, woher er diese Alkoholvorräte hatte. Ganz offensichtlich war das alles von vornherein eingeplant. Einmal wurden ihm einige Säcke mit Kartoffeln zugewiesen. Das war sowohl für uns als auch für Schindler von großer Bedeutung.
Es gab Nächte, in denen Schindler mit unseren Männern direkt vor der Fabrikhalle vorfuhr. Seine Frau lud dann immer die Aufseherinnen zu sich ein, und wir mußten für eine halbe Stunde nach oben in unsere Unterkunft gehen. Währenddessen

ging unten irgend etwas vor, und zwar sehr leise. Sie trugen Gegenstände hinein.
Ich platzte schier vor Neugier; bestimmt betraf diese Angelegenheit auch uns Frauen. Ich versuchte, mich umzuhorchen. Viele Männer trugen bereits Lederstiefel, sie waren sozusagen befördert worden, denn Lederstiefel wurden überwiegend von jenen getragen, die mit Schindler die nächtlichen Fahrten unternahmen. Mietek Penner war einer von ihnen.
Längst hatte ich herausgefunden, daß es sich bei den nächtlichen Transporten um Waffen handelte. Das ließ mir keine Ruhe. Immer wieder sah ich mich in der Halle um, wo sie versteckt sein könnten. Wieder und wieder löcherte ich Mietek mit Fragen, und einmal sagte er mir:
»Die Waffen sind für den Fall, daß die Deutschen das Lager liquidieren wollen. Schindler steht mit der hiesigen Partisanenabteilung in Kontakt. Sie wird uns unterstützen. Er traut Leipold nicht über den Weg, er meint, daß er irgend etwas im Schilde führt. Aber denk daran: Das ist geheim!« Und schon hatte sich Mietek zu seiner Arbeit begeben, die tatsächlich nur noch ein Vorwand für die Existenz des Lagers war.

Nachts, wenn ich auf meiner Pritsche inmitten von dreihundert schlafenden Frauen lag, schien es mir manchmal, als hörte ich aus der Ferne ein dumpfes, aus der Erde aufsteigendes Dröhnen. Die Front war schon ziemlich nah. Oder bildete ich mir das nur ein? Wieder fragte ich mich, ob sie es noch rechtzeitig schaffen würden, uns lebend vorzufinden?
Es war nicht gerade warm, aber man spürte doch, daß der Winter zu Ende ging. Als Papa wieder einmal zu uns kam, wirkte er sehr bedrückt – er hatte sich nie verstellen können. Ein neues großes Problem war aufgetaucht: Adams Körper begann anzuschwellen. Wir waren absolut hilflos. Meinem hübschen Bruder Adam schwollen die Beine und die Füße an, die nun nicht mehr in die Holzschuhe paßten, und die Augen sah man kaum noch zwischen der grüngelblichen Haut.
Mama blickte ihren Sohn an, als sehe sie eine Erscheinung.

»Mama, was auch immer wir zu essen bekommen, uns reicht doch eine Portion, die andere geben wir Adam. Wir können ja schwindeln und sagen, daß die Frauen mehr kriegen«, schlug ich vor.
»Red keinen Unsinn, das glaubt er nie und nimmer, und überhaupt, willst du, kaum dem Tod entronnen, ebenfalls krank werden?«
»Ich brauche nicht soviel wie Adam, schließlich bin ich kleiner und jünger als er.«
»Mein liebes Kind«, sagte sie und umarmte mich.
Sie war wohl sehr mutlos, denn nur selten leistete sie sich solche Gefühlsausbrüche. Meine arme, erschöpfte Mama!
Wie besprochen, gaben wir Adam die Hälfte unseres Essens ab, egal, was es war. Wir bekamen ihn jetzt häufiger zu Gesicht. Er sah furchtbar aus, doch sein Zustand verschlechterte sich nicht, was immerhin tröstlich war, und vorläufig hatte er keine Probleme mit den Zähnen. Es wurde ihm eine ganz leichte Arbeit zugeteilt.

Wir alle beschlossen, Schindler zum Geburtstag am 28. April einen ›eisernen Brief‹ zu schenken, doch hatte ich keine Ahnung, was das sein sollte. Geduldig erklärte es mir Mama. Es handelte sich dabei um die Garantie für seine Sicherheit nach der Befreiung. Der Brief sollte ein Beweis dafür sein, daß er kein Mörder gewesen war, daß er uns vielmehr gerettet hat. Er sollte in drei Sprachen abgefaßt werden: auf Hebräisch, Englisch und Russisch. Alle Häftlinge würden ihn unterschreiben.
»Ich weiß gar nicht, ob ich noch schreiben kann, ich habe bestimmt vergessen, wie das geht.«
»Ich bitte Pemper um einen Bleistift, dann üben wir.«
Es war schwieriger, als die Handgriffe an der Drehbank zu erlernen. Meine Hand zitterte, jeder Buchstabe strebte in eine andere Richtung, aber ich freute mich, den Brief selbst unterschreiben zu können.
Mietek Pemper kam mit einem riesigen Bogen Papier, der so lang war wie ein Handtuch. Jeder setzte seine Unterschrift da-

runter, auch ich, was mich fast glücklich machte. Alles wurde genau vereinbart. Morgen um fünf Uhr früh, bevor die Aufseherinnen kamen, sollten wir in der Fabrikhalle sein. Aus Kisten war ein Podium für das Geburtstagskind und seine Ehefrau errichtet worden.
Als alle versammelt waren, gingen Pemper und Penner zur Wohnung der Schindlers und baten sie, in die Fabrikhalle zu kommen. Schindler stellte sich mit seiner Frau auf das Podest. Der Brief wurde vorgelesen, in dem es unter anderem hieß, alle im folgenden aufgeführten Häftlinge ersuchten darum, daß Oskar Schindler und seiner Frau, wo auch immer sie sich aufhielten, alle erdenkliche Hilfe und die ihnen gebührende Ehre oder eine ehrenvolle Aufnahme zuteil werden müsse.
Frau Schindler verbarg ihre Rührung nicht, sie hatte Tränen in den Augen und auch bei ihm fehlte nicht viel. Alles ging rasch vonstatten. Leise sangen wir ›Hundert Jahre soll er leben‹. Schindler bedankte sich und sagte, daß wir auch weiterhin sehr wachsam sein müßten, weil noch viel passieren könnte.
Er spendierte uns ein paar Flaschen aus seinem scheinbar unerschöpflichen Alkoholvorrat. Auch ich bekam einen Schluck zu trinken. Wir tranken auf ›unsere Freiheit‹!
Wir hatten begonnen, an diese Freiheit zu glauben. Ich lag da und dachte darüber nach, wie sie aussehen würde. Plötzlich dachte ich an Mira. Mein Herz flatterte. Ob sie wohl noch lebte? Auschwitz war befreit, sie hatte vielleicht überlebt. Ich hatte mich nicht einmal von ihr verabschiedet.

Der März ging zu Ende. Wir aßen mittags unsere Wassersuppe. In der Fabrikhalle entstand großer Aufruhr. Mehr als ein Dutzend grauenvoll zugerichteter Häftlinge waren von SS-Männern und einem ›V‹-Kapo ins Lager gebracht worden. Einen Augenblick lang sahen wir die Männer, die sich kaum auf den Beinen halten konnten und auf dem Weg in die Krankenstube waren. Alles weitere erfuhren wir abends. Zwischen Schindler und Leipold war es zu einer ernsthaften Auseinandersetzung gekommen. Der Kommandant hatte verlangt, daß

SS-Männer diese Leute in einem benachbarten Wäldchen erschießen sollten, worauf Schindler gedroht hatte, in diesem Fall dafür zu sorgen, daß man die ›Drückeberger‹ an die Front schickte. Da er vermutlich nicht ganz nüchtern war, erklärte sich der Kommandant bereit, die Häftlinge vorläufig aufzunehmen, da er ohnehin bald mit uns Schluß machen würde.
Von diesem Tag an sah Schindler sehr bedrückt aus. Er war gezwungen, ausgerechnet jenen Mann, der die mißhandelten Menschen in unsere Krankenstube gebracht hatte, als Kapo zu beschäftigen. Nur zwei der Häftlinge überlebten. Von ihnen erfuhren wir Entsetzliches. Sie erzählten, der Vorarbeiter namens Willi habe sie aus einem nicht weit von uns gelegenen Lager geführt. Er habe eigenhändig mehr als neunzig Männer mit einer Stahlgerte umgebracht. Die Wachen hätten an diesem Gemetzel nicht teilgenommen, da und dort hätten sie jene, die nach den grauenhaften Mißhandlungen noch lebten, mit einem Schuß aus dem Karabiner getötet.
Avanti lebte auf, nachdem Willi ihm nun half. Er rannte mit der Peitsche herum und brüllte lauter denn je. Schon an Willis erstem Arbeitstag kam es zu einer Mißhandlung eines Häftlings. Willi brachte ihm eine schwere Kopfverletzung bei, erlaubte uns aber nicht, den armen Mann in die Krankenstube zu bringen, sondern ließ ihn so lange Kniebeugen machen, bis er ohnmächtig zusammenbrach. Schindler war an diesem Tag nicht da. Wir gerieten in Panik. Pemper ging zu Frau Schindler, die ihm jedoch sagte, daß sie sich nicht einmischen dürfe.
Am anderen Tag kehrte Schindler zurück, und wir atmeten auf. Pemper, der in unmittelbarer Nachbarschaft des Schindlerschen Büros arbeitete, horchte. Schindler rief Willi zu sich, sagte ihm, daß diese Fabrik hier Munition herstelle, auf die die heldenhaft kämpfenden deutschen Soldaten warteten, und daß er arbeitsfähige Leute benötige, keine Krüppel. Sollte es noch einmal einen solchen Zwischenfall wie gestern abend geben, sähe er sich gezwungen, ihn vor Gericht zu bringen – wegen Sabotage und Arbeitsbehinderung.
Eines Tages stellte Schindler fest, daß Leipold das Fabrikge-

lände immer wieder mit einigen SS-Männern verließ. Er machte einen der Männer betrunken und entlockte ihm, daß Leipold im nahen Wald Gräben ausheben ließ. Es war nun klar, daß er beschlossen hatte, uns zu liquidieren.
Schindler entfernte sich nun nicht mehr vom Lager. Ständig sah man ihn in Leipolds Gesellschaft, beide in herzlichem Einvernehmen.
Mietek Penner und Mietek Pemper versicherten uns immer wieder, daß Schindler Leipold ganz bestimmt überlisten würde. Doch keiner wußte wie. Selbst Schindler wußte es wahrscheinlich nicht. Der ›rechtmäßige‹ Herr über Leben und Tod war Leipold. Schindler ließ uns durch Mietek Pemper wissen, wir sollten uns bereithalten, er sagte uns, wo die Waffen versteckt waren. Er habe die Partisanenabteilung benachrichtigt, das Lager würde beobachtet. Sollte man uns abführen wollen, müßten wir kämpfen, die Partisanen würden uns beistehen. Die Front sei fast auf der Höhe von Brünn.
Mir sagte das überhaupt nichts. Wo war Brünn, wo die Front? Ich wußte nur eines: daß es grausam wäre, jetzt noch zu sterben, und vor meinem inneren Auge tauchte Adam auf, der sich kaum bewegen konnte, ich sah die Leute im Spital liegen, ich sah Janeczka.
Schindler befahl, Ruhe zu bewahren und so zu tun, als sei nichts geschehen. Doch die Männer gerieten in Panik. Einige wollten die Waffen hervorholen und sie zwischen den Paketen lagern, um sie griffbereit zu haben. Andere jedoch hielten dies für zu gefährlich, da Avanti oder Willi jederzeit auf die Waffen stossen könnten. Es hieß warten. Und jeder hoffte, daß Schindler doch noch eine Lösung einfallen würde. Da dieser in den letzten Tagen nicht weggefahren war, spitzte sich unsere Verpflegungslage dramatisch zu. Schindler empfahl ein paar Leuten, sich in der Dämmerung durch den Drahtverhau zur nächsten Mühle durchzuschlagen, wo er schon oftmals Getreide oder Mehl aufgetrieben hatte und deren Besitzer Bescheid wußte. Die Ausbeute bestand aus ein paar Säcken mit Rüben und ein wenig Mehl. Das war besser als nichts.

Essen, wenn man das so nennen kann, bekamen wir einmal täglich. Nachdem wir einige Tage gehungert hatten, erhielten wir eine sämige Masse aus Mehl. Sie schmeckte gut, war heiß und ziemlich sättigend. Die Rübensuppe wurde in winzigen Mengen zugeteilt und in keiner schwammen mehr als fünf Gemüsewürfelchen. Dennoch halbierten Mama und ich auch diese Portion. Die Leute verfielen immer mehr. Adams Zustand hatte sich weder verschlechtert noch verbessert.
Das dumpfe Grollen des Krieges drang jetzt immer vernehmlicher bis nach Brünnlitz. Das gab uns Mut und Kraft. Niemand wußte genau, wo und wie weit die Front weg war. Die Männer sagten, die Russen seien näher als die Amerikaner. Tag und Nacht sah man auf der Straße hinter der Fabrik Kolonnen von Panzerwagen, Lastautos mit Soldaten, Geschütze.
Den Frühling spürte man jetzt überall, selbst in der Fabrikhalle. Die Aufseherinnen kontrollierten uns nicht mehr, sie saßen in Gesellschaft der SS-Leute, die uns ebenfalls keine Beachtung mehr schenkten, lieber vor der Fabrik in der Sonne. Nur Leipold und der unvermeidliche Willi paßten auf. Im entscheidenden Augenblick aber tauchte, von irgendeinem Instinkt geleitet, stets Schindler auf. Freundschaftlich legte er seine Arme um die Schultern der beiden und verschwand mit ihnen in seiner Wohnung, aus der bald darauf ihr Grölen und Singen drang. Avanti saß wieder übellaunig in seinem Büro; vielleicht war er ja gar nicht der Idiot, für den man ihn hielt.
Ilse bat mich, zu ihr ins Spital zu kommen. Ich fragte mich, was der Grund sein mochte. Hatte Janeczka darum gebeten? Ich ging hin und setzte mich zu ihr. Mit Mühe schlug sie die Augen auf.
»Janeczka, es dauert nicht mehr lange«, sagte ich. »Halt noch ein bißchen aus«. Aber ich wußte, daß das fast unmöglich war. Deutlich sah ich wieder die Griechinnen aus der Seuchenbaracke in Birkenau vor mir. Gesichter ohne Ausdruck, Augen ohne Leben.
Wieder einmal bat mich Frau Doktor Löw, die gestreiften Kleider auszuziehen. Sie und Ilse horchten mich lange ab und

wechselten einige unverständliche Worte miteinander. Sie reichten mir das Thermometer und stellten leicht erhöhte Temperatur fest. Ich trank abgekochtes Wasser mit ein paar Krümelchen Zucker. Die Kräuter waren aufgebraucht. Ich bekam ein paar Vitamintabletten. Die Stimmung der beiden Ärztinnen war gedrückt, folglich verließ ich sie bald wieder.
Mama fragte sofort: »Was haben sie gesagt?«
»Nichts«, log ich, »ich bin gesund wie ein Pferd.«

Eines Abends fuhr ein Auto mit mehreren Deutschen aus der Umgebung vor. Es gab ein Gelage, das bis zum nächsten Morgen dauerte. Die Frauen von der Nachtschicht erzählten, Schindler sei mehrmals in die Fabrikhalle gekommen, habe sich in eine Ecke gestellt und sehr gelacht; sie vermuteten, daß auch er nicht nüchtern gewesen war.
Einige Tage darauf wurden wir Zeugen, wie die SS-Männer in einen Lastwagen stiegen, Schindler Leipold verabschiedete und alle wegfuhren. Das war Ende April. Später kehrte er mit einigen SS-Leuten zurück. Es waren ältere Männer, die irgendwie verschreckt wirkten und die ihre Karabiner unter den Arm geklemmt hatten, als würde es sich dabei um überflüssiges Gepäck handeln. Zwei wurden am Tor aufgestellt, die übrigen in Leipolds Wohnung untergebracht.
Was war das bloß, was ging hier vor? Nach einer Stunde kam Schindler in die Fabrikhalle. Er setzte sich und konnte nicht mehr aufhören zu lachen. Unbändig lachte er und sagte, daß der noch nicht geboren wäre, der ihn überlisten könnte. Er lachte wie verrückt.
Enge Mitarbeiter Schindlers erzählten, was vorgefallen war. Wir hätten die Geschichte am liebsten immer wieder gehört: Als das große Saufgelage begann, hatte Schindler längst einen Brief vorbereitet, in dem Leipold und seine SS-Männer darum baten, ›als Patrioten, die unverbrüchlich an den Sieg des Dritten Reiches und seines Führers Adolf Hitler glaubten, an die vorderste Front geschickt zu werden‹. Als Leipold völlig betrunken war, überreichte ihm Schindler dieses Schreiben und sagte,

er brauche seine Unterschrift zur Liquidierung der Fabrik. Leipold weinte fast vor Freude und unterschrieb, ohne auch nur einen Blick auf das Papier zu werfen. Durch einen Vertrauten Schindlers wurde der Brief sofort an die Heeresleitung abgeschickt. Jetzt also kämpfte unser einstiger Kommandant heldenhaft bei Mährisch-Ostrau an der Front. Schindler hatte zum Schluß hinzugefügt: »... und wird mit höchsten Ehren beigesetzt.«
Schindler ließ Willi in den Keller sperren, und unsere Leute davor Wache halten. Man war uneins darüber, ob man schon jetzt mit ihm abrechnen sollte, doch die Mehrzahl beschloß, auf das Eintreffen der Befreiungsarmeen zu warten. Schindler hatte Avanti geraten, sich aus dem Staub zu machen, weil es im Lager gefährlich werden könnte.
Die neuen SS-Männer gingen mit ziemlich gleichgültigen Mienen herum. Schindler hatte ihnen verboten, deutsche Autos ins Lager zu lassen, da es sich bei den Insassen um verkleidete Partisanen handeln könnte. Sie standen vor ihm stramm, als wäre er Hitler persönlich. Er hatte alle Maschinen ausschalten lassen und befohlen, sich so zu verhalten, als wäre das Lager leer. So saßen wir nun seit vielen Tagen herum. Hin und wieder schaute Schindler vorbei, strahlte und war voller Hoffnung, daß alles gut ausgehen würde.
Er war wieder losgefahren, um Essen aufzutreiben. Selbst die Hunde seiner Frau waren abgemagert, Frau Schindler hatte längst alle ihre Vorräte hergegeben. Etwas Zwieback war noch da, aber der reichte nicht einmal für die Kranken. In der Küche durfte aus den aufbewahrten Quargeln keine Suppe gekocht werden, da man fürchtete, der Rauch könnte Unerwünschte anlocken. Wir aßen Stücke von diesem hart und faserig gewordenen Käse. Wenn nicht in den allernächsten Tagen die Befreier auftauchten, würden wir vor Hunger sterben.

Die Erde dröhnt, hin und wieder fliegen Flugzeuge über uns hinweg. Nervös gehen die SS-Männer auf und ab, versuchen uns in Gespräche zu verwickeln, erklären, daß sie niemandem etwas zuleide getan haben, daß sie erst vor kurzem eingezogen wurden und nicht mehr im wehrpflichtigen Alter seien. Es herrscht Stille. Zum ersten Mal seit undenklichen Zeiten höre ich, wie die Vögel singen und sich am Frühling freuen. Wir haben erfahren, daß eine Gruppe den Auftrag hat, Schindler und dessen Frau den Alliierten zu übergeben, um sie vor einer Ungerechtigkeit zu bewahren. Ich habe Angst vor Schindlers Abreise, fürchte, daß etwas Schlimmes passiert, wenn er uns verläßt.

»Ich begreife überhaupt nicht, warum er weg muß«, sage ich zu Mama.

»Er stammt aus dieser Gegend, seine Landsleute haben möglicherweise keine Lust, sich anzuhören, daß er nur Gutes getan hat. Sie werden sich nur daran erinnern, daß er Parteimitglied war«, erklärt sie.

»Den wievielten haben wir eigentlich?«

»Ich glaube, es ist der 6. oder 7. Mai.« Auch Mama hatte jegliches Zeitgefühl verloren.

Abends kommt Ilse zu uns. Sie unterhält sich mit Mama, Rózia und Wanda. Immer, wenn ich mich ihnen nähere, verstummen sie. Schließlich sagt Ilse zu mir:

»Stella, heute nacht ist Janeczka gestorben.«

»In der Nacht gestorben? Konnte sie nicht auf die Freiheit warten? Konnte man denn gar nichts für sie tun, damit sie wenigstens für einen kleinen Augenblick die Freiheit hätte sehen können?« Es war mir nicht möglich zu verstehen, wie jemand alleine, ohne fremdes Zutun, ohne erschossen oder ermordet zu werden, sterben konnte. Wie versteinert stand ich da. Ich sah Janeczka vor mir, wie sie an den Äpfeln roch. Ilse nahm mich in ihre Arme.

»Vielleicht wäre ihr das Sterben in der Freiheit schwerer gefallen«, sagte sie.

Mein Magen verkrampfte sich, ich verspürte Brechreiz. Wanda gab mir einen kleinen Schluck Schnaps zu trinken.

»Wenn ich doch nur einen einzigen Deutschen umbringen könnte!« schrie ich.

»Stella, reiß dich zusammen!« rief Ilse aus. »Mit Haß wirst du deinen Schmerz nicht lindern.«
Vermutlich brach aus mir jetzt die Bitterkeit all dieser Jahre heraus. Ich sah die Morde, die Erhängten, die Toten, die alten Leute, die Kinder vor mir. Die Erinnerung an das Ghetto kehrte zurück, an den Tag, als man den Säuglingen die Köpfe an der Mauer zertrümmerte. Das sollte ich vergessen? Ich tat mir selbst leid. Mein ganzes Leben lang würde ich die Erhängten und die von Ratten angefressenen Leichen vor Augen haben.
»Wo ist Janeczka?« Nun war ich völlig ruhig.
»Ihr Vater und ihr Bruder zimmern einen Sarg für sie.«

In der folgenden Nacht lud man Schindlers Gepäck auf einen Lastwagen. Zehn unserer Männer begleiteten ihn Richtung Westen. Wenn es ihnen nur gelang, ihn heil zu den richtigen Leuten zu bringen!
Es war wohl am 7. Mai. Morgens stellten wir fest, daß das Tor nicht bewacht und die SS-Männer verschwunden waren. Offensichtlich waren sie nach Schindlers Abreise zu dem Schluß gekommen, daß es auch für sie Zeit war . Ihre Karabiner lehnten an einem Türpfosten. Auf der Straße fuhren in aller Eile noch immer deutsche Autos voller Soldaten vorbei. Wie Ungeziefer hätten sie uns ausgetilgt, wenn sie von ihrer Route abgekommen und auf unser Lager gestoßen wären.
In der Dämmerung kamen unsere Männer zurück. Unzusammenhängend berichteten sie, daß sie ohne den von Schindler gezeichneten Plan so schnell nicht zu uns zurückgefunden hätten. Dann erfuhren wir das Wichtigste: Sie hatten Schindler einem Offizier, der Jude war, übergeben und ihm unser Schreiben ausgehändigt. Er hatte einen heiligen Eid geschworen, daß Schindler, seiner Frau und selbst den Hunden kein Haar gekrümmt würde.

Am anderen Morgen, einem schönen, sonnigen Tag, sahen wir vor dem Tor – wie in einem Märchen – einen russischen Offizier auf einem weißen Pferd. Das Tor wurde geöffnet und weitere berittene Soldaten folgten ihm. Russische Autos und Geschütze fuhren heran.

Oftmals in all den schrecklichen Jahren hatte ich mir die Freiheit vorzustellen versucht. Und jetzt stand ich da und fühlte gar nichts. Ich dachte nur: Das ist nun die Freiheit, und keiner kriecht über den Boden, keiner springt in die Höhe und tobt, keiner ist verrückt vor Freude? Mama umklammerte meine Hand, wie damals in Auschwitz.

»Vielleicht stimmt etwas nicht mit uns«, sagte ich.

»Wieso?«

»Sieht die Freude, daß wir leben, so aus?«

»Die kommt noch, mein Kind, die kommt noch«, sagte sie, »wir sind müde.«

»Gehen wir hinaus, vor dieses Tor?«

»Ja.«

»Wann? Jetzt gleich? Ich fürchte mich, durchs Tor zu gehen.«

»Das vergeht, das vergeht«, sagte sie immer wieder.

Auf dem kleinen Platz wurde ein Feldtisch aufgestellt, an dem der Offizier Platz nahm. Man führte unseren einzigen Gefangenen, den ›V-‹ Kapo Willi, zu ihm, dann brachte man ihn wieder zurück. Rechtsanwalt Schlang, unser Mithäftling, setzte sich zu dem Offizier.

Papa erschien, auch Adam, dessen Körper noch immer geschwollen war, und auch sie waren seltsam niedergeschlagen.

»Was tun die da«, fragte ich.

»Sie verfassen die Anklageschrift gegen Willi und fällen das Urteil.«

»Warum machen sie es nicht so, wie die es mit uns gemacht haben? Wozu das Theater?«

»Stella«, sagte Papa ernst, »wir müssen uns von den Verbrechern unterscheiden. Du mußt lernen, daß es Gesetze gibt…«

»Gar nichts muß ich«, schrie ich hysterisch, »nie mehr werde ich irgendetwas müssen!«

Ein paar Meter von unserem Platz entfernt, gegenüber der Fabrik, gab es Lagerräume, deren Türen offenstanden. Ich ging hinein. Kisten mit unseren sorgfältig verpackten Buchsen sta-

pelten sich bis hinauf unter die Decke. Ich ging weiter: ein Faß! Ich hob den Deckel: Senf. Ich nahm einen Finger voll. Schmeckte gut! Ich setzte mich rittlings auf das Faß und tauchte die Finger hinein. Es brannte ein bißchen, aber es war herrlich. Stimmen an der Tür. Ich blieb auf meinem Faß sitzen und wollte gerade sagen, wie herrlich der Senf schmeckt, als Mama und Wanda gleichzeitig losschrien:
»Was machst du bloß...! Du kriegst die Ruhr, Typhus!«
»Mir passiert nichts.«

Wir gingen hinaus. Eine Feldküche fuhr vor. Wir stellten uns mit unseren Schüsseln an. Ein köstlicher Duft wehte von den Kesseln zu uns. Ein junger Soldat, der gewiß nicht älter als neunzehn war, verteilte die Suppe. Unsere Leute, die an Gehorsam gewöhnt waren, standen trotz ihres Hungers äußerst diszipliniert um die erste Suppe ›in der Freiheit‹ an.
»Was geht denn in der Halle vor«, fragte ich, während ich auf meine Portion wartete.
»Sie werden das Urteil an Willi vollstrecken.«
»Wer?«
»Die, die er einst hierher brachte.«
Ich bekam meine Portion Graupen und ging in die Halle. Gerade wurde das Urteil verlesen. Ich blickte mich nach dem Galgen um, sah aber keinen. Willi stand auf einem Brett, das man über zwei Kisten gelegt hatte. Ich blickte nach oben, es hing eine Drahtschlinge herunter. Zwei Männer traten auf Willi zu, legten ihm die Schlinge um den Hals und zogen das Brett unter ihm weg. Der Draht schnitt in seine Gurgel, Blut spritzte. Er lebte wohl noch, denn seine Beine zuckten.
Ohne etwas dabei zu empfinden, stand ich da und aß meine Suppe, während der Senf noch in meinen Eingeweiden brannte. Sie hatten mir geraten, nicht gierig zu schlingen, also aß ich gemächlich. Die Augen des Erhängten waren aus ihren Höhlen getreten. Jemand zerrte an mir, etwas Suppe schwappte über. Mama stand neben mir, starrte mich an, ihr Kinn zitterte.
»Raus hier! Raus hier, aber sofort!« Sie schob mich hinaus.

»Du ißt deine Suppe und schaust seelenruhig zu, wie man jemanden aufhängt!«
»Ich bin doch auch bei den Appellen gestanden und habe gesehen, wie sie Menschen erhängt haben. Da mußte ich zusehen.«
»Das ist nicht dasselbe!«
Rózia trat zu uns.
»Was ist geschehen?«
Ich antwortete für Mama: »Nichts, Mama ist wütend, weil ich zugesehen habe, wie sie Willi aufgehängt haben.«
»Sie stand da und aß ihre Suppe«, begann Mama nunmehr ruhig. »Ich bin über sie erschrocken.«
»Sei nicht hysterisch, Tusia, sie ist durch die Hölle gegangen!« sagte Rózia und ließ Mama und mich stehen.
Ich bummelte über den Platz. Immer mehr Tschechen tauchten auf. Schüchtern kamen sie ins Lager, manche brachten etwas mit. Einige Lagerinsassen umringten sie sofort, nahmen, was man ihnen gab. Ich ging nicht hin, ich wollte nichts. Ich träumte von einem angenehmen, stillen Ort, wo ich mich einschließen konnte und lange niemanden zu sehen und zu hören brauchte. Ich hörte, wie ein Offizier eine zweiwöchige Quarantäne ankündigte, obwohl niemand Typhus hatte. Ich war beinahe erleichtert, daß ich nicht zum Tor hinausgehen mußte, das ich unentwegt anstarrte und das für mich zu einer unüberwindlichen Barriere geworden war.
Mama fragte mich, ob ich zu Janeczkas Beerdigung ginge.
»Ihre Eltern wollen, daß sie hier beerdigt wird, später überführen sie sie dorthin, wo sie sich niederlassen.«
»Nein, ich gehe nicht hin.«
»Du hast sie doch lieb gehabt?«
»Ja, aber ich gehe nicht hin.«
Ich schlenderte zur Rückseite der Fabrik, wo es am ruhigsten war. Ich sah, wie sie den Sarg mit Janeczka hinaustrugen. Sie hielten ihn schief, weil Lutek, Janeczkas Bruder, sehr groß und ihr Vater ziemlich klein war. Janeczkas Mutter, die offenbar von einer Tschechin ein schwarzes Tuch erhalten hatte, ging

mit bedecktem Gesicht. Die gestreifte Häftlingskleidung zusammen mit dem Tuch sah schrecklich aus. Ein paar unserer Leute begleiteten sie, auch einige russische Soldaten. Jemand sang wehklagend ein Lied auf hebräisch, was mich aus irgendeinem Grund in Wut versetzte.

Die Frauen waren zurückgekehrt. Ich konnte und wollte Frau Feigenbaum nicht in die Augen sehen – sie war so winzig, alt und gebeugt.
»Komm mit«, sagte Matylda Löw in einem Ton, der keinen Widerspruch duldete. »Ich will dich untersuchen.«
»Ich gehe nirgendwohin, laßt mich in Frieden!«
»Komm mit, Stella, komm.« Nun war auch Ilse da. »Wir untersuchen dich, das tut nicht weh. Vergiß nicht, von allen unseren Kindern sind uns nur zwei geblieben, du und Niusia.«
»Untersucht doch Niusia!«
»Haben wir schon getan.«
Meine arme Mama stand abseits.
»Ich gehe mit, Mama«, sagte ich schnell.
Wir betraten das Spital, gingen aber nicht dorthin, wo Janeczka gelegen hatte, sondern in das kleine Zimmer der Ärztinnen. Ich zog meine Kleider aus.
»Ein Glück, daß es zu Ende ist. Deine Knochen stehen ja schon vor. Jetzt kämst du nicht mehr heil durch die Selektion«, versuchten sie zu scherzen.
Abwechselnd horchten und klopften die beiden mich ab. Dann das Thermometer. Sie warfen einen Blick darauf. Noch einmal, vielleicht hatten sie es nicht richtig geschüttelt.
»Habe ich Fieber oder habe ich keins?« Ich verlor die Geduld.
»Erhöhte Temperatur.«
»Also was ist es? Typhus, Ruhr oder der Senf?«
»Es kommt uns so vor, als ob in der linken Lungenspitze ein Geräusch ist. Sobald du zu Hause bist, mußt du dich durchleuchten lassen.«
»Zu Hause?« wiederholte ich. »Wie weit ist es bis dahin?«
»Näher, als du denkst, und nicht nur räumlich.«

Neue Gedanken schossen mir durch den Kopf, als ich das Spital verließ. Zu Hause. In einem normalen Haus wohnen. Ob wir diese hübsche Wohnung wohl noch hatten? Wie durch einen Nebelschleier sah ich sie vor mir. Vielleicht wartete Mania? Es würde gemütlich sein, und ich würde vergessen müssen. Vergessen. Malinka Rottersmann, Marek, den in Płaszów erschossenen ›jüdischen‹ Hund... Vergessen... Dort in Krakau? Niemals! Ein Leben lang würden sie mich alle begleiten. Besser nicht dorthin zurückkehren. Aber wie hätte ich es sagen können? Papa konnte es gar nicht erwarten, Krakau wiederzusehen, ein Leben ohne Krakau konnte er sich nicht vorstellen. Er hatte zu mir gesagt, daß kein Lehrer, kein Professor mir soviel über Krakau beibringen könne, wie er.

Wir bekamen genügend zu essen, dennoch erkrankten einige Menschen an Durchfall. Zu meiner Verwunderung hatte ich keinen besonders großen Appetit. Monate-, jahrelang hatte ich gedacht, essen zu müssen, bis mir der Bauch platzte, wenn ich frei wäre. Nun war es anders. Ich hatte geglaubt, verrückt zu werden vor Freude. Auch das war nicht so. Die Freude war mir abhanden gekommen. Ich wußte selbst nicht, welche Freude. Adam hatte mir einen Zweig mit voll entwickelten, grünen Blättchen vom Begräbnis mitgebracht. Er hatte sich gefreut, als er ihn mir überreichte, und ich? Ich wurde wütend und sagte, er habe den Zweig getötet. Es war ihm unangenehm, ich sah es. Ich hätte es gern wieder gutgemacht, ihn umarmt, mich bedankt, aber ich konnte mich nicht dazu überwinden. Und dabei habe ich ihn so lieb.

Wir springen von unseren Pritschen. Wir rennen die Eisentreppe hinunter auf den Hof. Wir hören Schüsse und das Läuten von Glocken. Die Soldaten, die zu unserem Schutz zurückgeblieben sind, jubeln, tanzen, schießen in die Luft.
»Der Krieg ist aus! Deutschland hat kapituliert!«
Rosner spielt Harmonika.
*»Hitler kaputt!«*

Etwas Großartiges und Ergreifendes ist geschehen.
»Noch ist Polen nicht verloren!« singen die Häftlinge, und sie weinen. Auch ich bin gerührt. Ich schaue mich nach Papa um, sie singen von Polen. Jetzt sehe ich ihn: Er steht stramm und ist sichtlich erschüttert. Ich gehe auf ihn zu.
»Papa!«
»Heute bin ich der glücklichste Mensch der Welt, verstehst du, meine Kleine? Der allerglücklichste. Ich habe meine Familie, ich habe mein Polen, mehr brauche ich nicht! Ich kann den Rest meines Lebens in Lumpen gehen und werde dennoch glücklich sein, bis ans Ende meiner Tage!«
Ich könnte ihm sagen, daß ich dort, in Krakau, nicht glücklich sein werde, daß ich mich verändert habe. Etwas weint in mir, ich fühle Trauer und Bitterkeit. Aber ich tue so, als wäre auch ich überaus glücklich.
Die Leute tanzten und sangen, ich schlich durchs Lager, traf eine strahlende Halinka, die Arm in Arm mit Zew ging. Ich mußte an Bubi denken, der auch gesagt hatte: »Nach dem Krieg nehme ich dich mit nach Amerika. Ich finde dich, Stella, ich finde dich überall…« War er noch am Leben? Wo war sein Amerika? Jetzt würde Halinka zusammen mit Zew nach Amerika fahren. Sie blieben bei mir stehen.
»Hast du eine Zigarette«, fragte ich Zew.
Er bot mir eine an und sagte lachend:
»Besser, du gehst in eine Ecke mit deiner Zigarette.«
»Warum?«
»Ohne Haare siehst du aus wie eine Zehnjährige.«
Ich wollte immer ein Tuch tragen, aber alle hatten auf mich eingeredet, ich solle den Kopf der frischen Luft aussetzen.
Adam erschien. Ich wollte so gerne mit jemandem reden.
»Möchtest du denn am liebsten jetzt schon in Krakau sein, wie Papa? Ich nicht!«
»Ich verstehe dich nicht«, sagte Adam erstaunt. »Dort waren wir doch zu Hause. Dort werden wir wieder zu Hause sein. Dort sind unsere Straßen, dort ist unsere Familie, dort sind die Grünbergs.«

»Ja, aber ich fürchte, daß ich dort ständig an die Vergangenheit denken muß. Ich habe Angst, daß ich nicht mehr normal werden kann.«
»In jedem von uns wird etwas zurückbleiben, aber du bist normal, Stella, und Probleme hattest du immer.« Er lachte. Nein, er verstand nicht, was mich bedrückte. Ich wechselte das Thema.
»Hast du viel von dem vergessen, was du in der Schule gelernt hast?«
»Bestimmt, aber das hole ich nach.«
»Nun ja, du warst ja schon im Gymnasium, aber ich muß wieder von vorn anfangen.«
»Plag dich nicht mit solchen Gedanken. Du schaffst es schon.«
»Und was ist jetzt dein größter Traum«, fragte ich ihn.
»Wenn wir wieder in Krakau sind, will ich mir ein knuspriges, warmes Zweipfundbrot kaufen, längs durchschneiden und dick mit Butter beschmieren. Wenn ich das esse, kann ich mir vorstellen, daß das Leben noch einmal vorn vorne beginnt.« Er streichelte mich und ging.
Mein Bruder war mit wenig zufrieden.

Morgens stürmte Halinka herein, sie war in Tränen aufgelöst. Sie rannte auf meine Pritsche zu und schluchzte:
»Sie haben Zew entführt.«
»Warum sollte irgendjemand Zew entführen?«
»Sein Vater«, schluchzte sie.
»Das glaubst du doch selbst nicht, daß Zew sich von seinem Vater entführen läßt. Sie sind ihrer Wege gegangen. Ganz einfach weggefahren.«
Noch lange behauptete sie, daß ihr Zew so etwas nie tun würde. Aber, er hatte es getan. Ich hatte Mitleid mit ihr. Aber gewiß würde sie sich bald von neuem verlieben.

Ich bat Ilse um einen kleinen Spiegel. Sie brachte mir einen, den man aufstellen konnte. Ich suchte mir eine einsame Stelle hinter der Fabrik, hielt ängstlich den Spiegel vor mein Gesicht

und starrte hinein. Das war doch nicht ich! Noch ein Blick. Ilse hatte mich gewarnt. Warum war ich bloß nicht gestorben? Das Gesicht war winzig, es bestand fast nur aus Augen. Riesigen Augen, umrahmt von dichten, tiefschwarzen Brauen, ein weißer, kahler, kugelrunder Schädel – mehr nicht. Ich schleuderte den Spiegel zu Boden.
Plötzlich tauchte Halinka neben mir auf.
»Die Rosners machen Musik, auf dem Platz soll getanzt werden. Ein hübscher Rotarmist will mit mir tanzen!«
»Dann tanz doch.«
»Kommst du nicht mit?«
»Fährst du mit ihm nach Rußland?«
»Wer weiß«, erwiderte sie strahlend und eilte davon.
Auf dem Platz amüsierte man sich in der Tat. Es wurde getanzt, die Soldaten vollführten akrobatische Kunststücke, schlugen die Hacken zusammen, gingen in die Knie, sprangen in die Luft – wie im Zirkus. Einer der russischen Soldaten lief auf mich zu, faßte mich bei der Hand und zog mich zu den Tanzenden. Ich befreite mich, aber er ließ sich dadurch nicht entmutigen und suchte nach einer anderen Partnerin.
Meine Familie war vollzählig. Sie sah den Tanzenden zu.
»Wo hast du denn gesteckt«, fragte mich Mama, die froh darüber war, daß nun alle um sie herum versammelt waren.
»Ich bin herumgegangen. Tun dir die Füße weh, Adam? Warum tanzt du nicht?«
Er lachte: »Ich warte, bis ich meine Schwester zum ersten Ball ausführen kann.«
»Nein«, sagte Papa, »der erste Walzer gehört mir.«

Einige hatten das Lager ohne Erlaubnis verlassen. Wir warteten auf eine Fahrgelegenheit Richtung Krakau. Die Eltern behaupteten, wir seien zu geschwächt, um ins Ungewisse fahren zu können.
Man stellte einen Tisch auf. Mit ernsten Gesichtern nahmen die Leute vom Lagerkomitee neben dem örtlichen Bürgermeister Platz. Die Formulare lagen bereit, Vor- und Nachnamen, Ge-

burtsdaten und Reiseziele wurden eingetragen.
Wir standen Schlange. Mama fragte:
»Zygmunt, sollen wir wirklich nach Polen zurückkehren?«
»Vielleicht finden wir dort noch jemanden von unserer Familie. Meine Schwester, Zygmunt, Ziuta.«
»Na gut.«
Papa sprach leise weiter: »Mein Vater, mein Großvater, mein Urgroßvater, alle waren Polen, ich bin in Krakau geboren...«
»Ich bitte dich, hör auf«, bat ihn Mama.
Soweit ich mich erinnern konnte, hatte Mama stets das letzte Wort; nur dann nicht, wenn es um Polen ging.

Schließlich erhielt ich ein Dokument und hörte damit auf, eine Nummer zu sein. Kaum hatte man mir das Papier ausgehändigt, riß ich die Nummer von meiner Häftlingskleidung. Dieser Fetzen Papier war für mich der Wendepunkt. Plötzlich ergriff mich eine Freude, die an Wahnsinn grenzte, und die ich nicht empfunden hatte, als man uns mitteilte, der Krieg sei zu Ende. Ich fing an zu buchstabieren. Jeder Buchstabe, den ich ohne fremde Hilfe entzifferte, machte mein Glück vollkommener. Doch ich traute meinen Fähigkeiten nicht, und so nahm ich Adam beiseite.
»Lies mir das vor, laut und deutlich!«
»Hast du es nicht gelesen«, fragte er erstaunt.
»Doch, aber ich will es auch hören. Hier steht mein voller Name!«
Adam las es mir laut vor:
»Nationalrat Brünnlitz. Bescheinigung. Die unterzeichnende Behörde bestätigt, daß die Besitzerin vorliegender Bescheinigung, Müller Stella, geboren 5. 2. 1930 in Krakau, ehemaliger politischer Häftling des Konzentrationslagers in Gross-Rosen, Tochterlager in Brünnlitz, zur Fahrt von Brünnlitz nach Krakau, ihrem Wohnort, berechtigt ist. Wir ersuchen sämtliche Behörden um Unterstützung. Brünnlitz, 15. Mai 1945.«

# *Epilog*

Der heißersehnte Tag kam. Man teilte uns mit, in den Waggons hätten lediglich hundert Personen Platz. Wir begaben uns mit der ersten Gruppe zur Bahnstation. Als Reiseproviant hatte man uns etwas Zucker und ein halbes Brot mitgegeben. Wir machten uns gemeinsam mit Ilse, Frau Löw, Mietek Penner und seiner Familie, mit Rózia und vielen anderen auf den Weg. Zum letzten Mal ging ich in einer Kolonne. Nie wieder, dachte ich, und ich lachte. Die Tschechen versteckten sich nicht mehr vor uns, gaben uns freundliches Geleit, und etliche reichten uns etwas zu essen. Wir gelangten zum Bahnhof, an dem wir vor vielen Monaten unter ganz anderen Bedingungen, als elende, verängstigte, menschliche Wracks angekommen waren.

Der Anblick der geöffneten Kohlewagen machte meine Freude sofort zunichte. Papa bemerkte das. Ich war überzeugt gewesen, wir würden mit einem richtigen Zug fahren. Er erriet meine Gedanken.

»Das ist doch egal, Stella, jeder Kilometer bringt uns Krakau näher.«

Schon befanden wir uns in den schmutzigen Waggons. Da sagte Ilse zu Frau Löw:

»Wie dumm von uns. Wir haben die Decken vergessen; die Nächte können kühl werden.«

Aber alle waren gut gelaunt, Decken hin oder her, wir hatten schließlich schon ganz andere Temperaturen ertragen.

Der Zug setzte sich in Bewegung. In den schmutzigen Waggons sahen wir nicht viel besser aus als damals, als wir in entgegengesetzter Richtung gefahren waren. Doch auch das war unwichtig. Längst war es dunkel. Wir trafen in Brünn ein. Unendlich viele Menschen, die aussahen wie wir, Rote-Kreuz-Stände.

Wir erhielten heißen Tee in Bechern, aufgeschnittenes Brot lag in Körben. Endlos lange warteten wir auf den nächsten Zug. Es wurde berichtet, die Deutschen hätten zahlreiche Tunnels und Brücken gesprengt. Man warnte uns, wir würden zwei Stationen zu Fuß zurücklegen müssen, um den nächsten Zug besteigen zu können. So war es auch. Wir wanderten inmitten einer immer größer werdenen Menge elender, abgezehrter Häftlinge. Wir schleppten uns viele Kilometer, um einen eingestürzten Tunnel oder eine gesprengte Brücke zu umgehen. An den Bahnstationen bekamen wir heißen Tee und ein Stück Brot, etwas anderes hatten sie nicht. Die Nächte waren kalt.

Unsere Gruppe blieb zusammen. Wir waren nicht gerade begeistert, bis auf Papa natürlich, der immer wieder sagte: »Irgendwie werden wir es schaffen.« Wenn man davon sprach, daß doch eigentlich keiner von uns wisse, was ihn erwarte und wo er unterkommen würde, sagte Papa: »Irgendwie werden wir es schon schaffen.«
»Wie konnte ich nur so dumm sein, auf dich zu hören! Wir hätten wie die anderen nach Schweden fahren sollen. Dort gibt es eine gut organisierte Hilfe für ehemalige Häftlinge. Und wenn du noch einmal sagst, ›irgendwie werden wir's schon schaffen‹, spring ich aus dem Zug.« Mama war wütend.
Rózia lachte und sagte:
»Warte lieber noch ein bißchen, bevor du springst, bald müssen wir sowieso wieder laufen.«
Ich weiß nicht, wie lange unsere Reise dauerte. Eines Nachts, der Morgen graute bereits, schrie jemand:
»Aussteigen! Staatsgrenze! Ihr seid in Polen!«
Tatsächlich – eine weiß-rote Fahne. Papa warf sich auf die Erde, wühlte mit den Fingern darin und küßte sie. Nie zuvor hatte ich ihn in einem solchen Freudentaumel gesehen. So groß war seine Liebe zum Vaterland.
Mama holte Papa in die Wirklichkeit zurück.
»Es reicht, Zygmunt, du wirst noch genug Zeit haben, dich zu

freuen. Geh lieber in das Gebäude da« – es war eine kleine Grenzstation, wahrscheinlich Zebrzydowice – »und bitte die Leute um etwas Warmes zu trinken. Stella und Adam sind durchgefroren.«
Papa ging auf das Haus zu. Ihm folgte noch jemand. Sie hämmerten lange gegen die Tür. Eine Frau mit unordentlichem Haar öffnete die Tür.
»Wieso lassen sie einen nicht mal nachts schlafen?«
Höflich bat man die Leute um etwas Warmes zu trinken.
»Ihr seid wohl verrückt?«
»Wir kommen aus dem Lager und sind schon lange unterwegs. Wir haben Durst.«
»Na und? Lager, Lager. Hat unsereiner deshalb kein Recht zu schlafen?« Der Ofen sei nicht geheizt.
»Wir machen selbst Feuer.«
»Auch das noch! Ich lasse niemanden herein!« Sie knallte die Tür zu.
»Da hast du dein Polen«, sagte Mama. »Deine polnische Erde.«
»Sei still«, entgegnete Papa traurig. »Eine herzlose Verrückte ist noch nicht Polen!«
Schließlich kam ein Eisenbahner vorbei und deutete auf einen Waggon. Bald würde eine Lokomotive angehängt, dann könnten wir fahren. Aber er wußte nicht wann.

Endlich ging es weiter. Wir mußten mehrmals umsteigen, warten und warten, es gab zu essen, nun aber gegen Bezahlung. Wir mußten uns mit Wasser und mit dem Zucker zufrieden geben, den uns die Russen gegeben hatten; aber wir fuhren nach Hause. Eines Nachts hörten wir dann:
»Kraków-Płaszów!«
Ich hatte ein seltsames Gefühl; um heftiger zu reagieren, war ich zu müde. Ich fragte mich, wie es sein würde, wenn ich das Ghetto betrat, das nun nicht mehr eingezäunt war. Jedes Haus, jede Straße würde mich an Menschen, an meine Freundinnen erinnern, von denen ich wußte, daß sie tot waren. Und wenn ich vor dem Kinderheim stehe, wo sie die Kinder aus dem

Fenster geworfen haben? Ob auf dem Pflaster noch Spuren der Blutlache zu sehen sind, die sich um das kleine Mädchen bildete, als es sich nach seiner Puppe gebückt hat? Mama hatte recht: Wir hätten nicht zurückkehren dürfen.

Bis zum Morgen lagen wir mit anderen ebenso heruntergekommenen, schmutzigen Menschen im Wartesaal. Alle hatten sich auf den Betonboden gelegt, einige hatten Bündel bei sich, andere nicht. Mama verabredete sich mit den Frauen, sie wollten sich in zwei Tagen wieder treffen. Im Wartesaal hingen Hinweise, wo man sich melden sollte und wo man nach Vermißten suchen konnte. Zeit zum Abschied. Ein bißchen traurig war mir schon zumute. Ich wäre gern mit allen zusammen weggefahren. Falls meine Großmutter und meine Tanten da waren, würden wir erst einmal zusammenbleiben. Jetzt entschieden wieder die Erwachsenen, wie früher war ich der Grünschnabel, den niemand um seine Meinung fragte. Wir stiegen in die Straßenbahn Nummer drei, um nach Azory zu fahren, wo meine Großmutter und Mamas Schwestern Hanka und Maryla wohnten. Es war Pfingsten. Die Leute in der Straßenbahn starrten uns an. Wir waren unsagbar schmutzig. Die anderen waren adrett, frisch und sauber gekleidet.
Der Schaffner trat auf Papa zu.
»Lösen Sie bitte die Fahrscheine.«
Papa erstarrte.
»Mein Herr, ich habe seit vier Jahren kein Geld mehr gesehen, wir kommen gerade aus dem Lager«, stammelte er verlegen.
»Das kenne ich. Aus dem Lager«, sagte der Schaffner höhnisch, »und an der nächsten Ecke wird gesoffen!«
Ich war sprachlos. Papa liefen die Tränen über das schmutzige, unrasierte Gesicht. Ein Mann war aufgesprungen. Ich registrierte jede Einzelheit seiner eleganten Kleidung. Er trug einen grauen Anzug und ein hübsches himmelblaues Hemd. Blaß im Gesicht ging er auf den Schaffner zu.
»Du Schwein.« Er packe ihn beim Revers. »Was fällt dir ein!« Der Mann zitterte am ganzen Leib. »Schau dir diese Menschen

doch an. Hast du denn aus dem Krieg nichts gelernt?« Bald hatte er sich wieder in der Gewalt und sagte zu uns: »Mit Ihrer Erlaubnis werde ich zahlen.«
Papa sah furchtbar aus. Er, der seine Empfindungen nie hatte verbergen können, schien jeden Augenblick zusammenzubrechen. Sein Gesicht verriet, was in ihm vorging.

Wir fuhren durch die Starowiślna-Straße, alles kam mir irgendwie, aber eben nur irgendwie bekannt vor. Von weit weg hörte ich die Stimme des Mannes im grauen Anzug:
»Wir sind in der Nähe der Post. Würden Sie mir die Freude machen und den Weg in einer Droschke fortsetzen?«
Die Eltern zögerten einen Moment. Ich sprang aus der Straßenbahn. Das erkannte ich. Die Planty-Anlagen! Tollkühne Rollerfahrten, ständig aufgeschlagene Knie. Die Post. Darüber Buchstaben, ich konnte noch nicht lesen. Mania hatte mir erzählt, das sei die Glühlampenreklame von ›Tungsram‹. Von da an schrie ich jedesmal, wenn wir am Postamt vorbeikamen, ›sram‹. Mama tadelte mich streng, und ich antwortete, ich würde ja bloß lesen, aber ich wußte, daß es ein häßliches Wort war. Ich kann kaum älter als sechs gewesen sein, denn das war noch vor dem Umzug in die Szymanowski-Straße.
Papas Stimme riß mich aus meinen Erinnerungen:
»Komm, der Herr ist so liebenswürdig, wir fahren mit der Droschke.«
Es war eng. Der Mann setzte sich mit dem Gesicht zu uns neben den Kutscher. Er schämte sich nicht unseretwegen, obwohl wir schmutzig und völlig zerlumpt waren. Als spürte er, wie eingeschüchtert wir waren, lächelte er uns zu. Nach einiger Zeit sagte er:
»Ich war beim Aufstand in Warschau dabei, habe meine Familie verloren.«
Keiner sagte etwas. Mit Birkengrün geschmückte Fahrzeuge voller fröhlicher Menschen fuhren an uns vorbei.
»Wir fahren über den Hauptmarkt«, sagte er zum Kutscher. Ich sah besser nicht zu Papa, in dessen Augen Tränen standen.

Die Droschke hielt vor einem Schild, auf dem ›Restauracja‹ stand. Der Mann stieg aus. Gleich darauf kam er mit einem großen Paket wieder zurück. Wieder lächelte er schüchtern. »Ich habe noch nicht gefrühstückt«, sagte er. »Leisten Sie mir doch Gesellschaft.«
Und er packte herrlich knusprige Wurstbrötchen aus. In seinen Taschen steckten Fläschchen mit Orangensaft. Den Geschmack werde ich niemals vergessen, und auch kein Brötchen wird je wieder so schmecken.
Benommen nahm ich jede Straße, durch die wir fuhren, zur Kenntnis. Ich zappelte auf meinem Sitz hin und her, um mich zu vergewissern, daß es kein Traum war. Monoton klapperten die Hufe des Pferdes übers Pflaster, die Augen fielen mir vor Müdigkeit zu, immer angestrengter mußte ich sie aufreißen, aber es wäre schade gewesen, einfach einzuschlafen.
Plötzlich rief ich so laut, daß alle zusammenzuckten:
»Der Park! Der Krakauer Park! Die Szymanowski-Straße! Hier wohnen wir.«
Der Mann ließ anhalten und schien etwas verwirrt.
»Sollen wir in diese Straße hineinfahren?«
»Nein, nein«, sagte Mama. »Ich habe keine Ahnung, was aus unserer Wohnung geworden ist. Zuerst muß ich wissen, wie es meiner Mutter geht.«
Wir setzten die Fahrt Richtung Azory fort. Ich war nicht mehr neugierig, denn diese Gegend kannte ich nicht. Ich schloß die Augen, ließ mich sanft von der Droschke schaukeln und von der Sonne wärmen.
Ich hörte, wie sich der Mann nach mir erkundigte:
»Wie alt ist denn Ihr Töchterchen? Sie ist doch noch ein Kind. Wie hat sie das bloß durchgestanden?«
»Sie ist fünfzehn, aber sie sieht sehr kindlich aus«, antwortete Mama. »Es geht ihr nicht besonders gut. Mit elf war sie bereits im Ghetto.«
Wir waren da. Mama stöhnte auf:
»Oh nein! Hier haben sie doch gewohnt!«
Ein Teil des kleinen Hauses war zerstört. Mama setzte sich auf

ein Mäuerchen. Sie weinte nicht, aber in ihren Augen stand die Angst.
»Was jetzt? Was weiter? Was jetzt?« wiederholte sie immer wieder.
Aus der Villa nebenan trat eine mollige Frau in einem plissierten Kleid und mit einer großen Schleife über dem Busen. Sie blieb stehen und sah zu uns herüber. Der Mann im grauen Anzug fragte sie:
»Ist mit den Herrschaften, die hier wohnten, etwas passiert?« Er wies auf das beschädigte Haus.
»Nein! Sie sind weggezogen, sie hatten wirklich Glück!«
Mama rannte zu der Frau.
»Wo sind sie? Haben sie eine Adresse hinterlassen?«
»Ja, ich habe eine Adresse«, zwitscherte sie. »Haben Sie möglicherweise Neuigkeiten von ihrer Familie? Sie sollen ja alle umgekommen sein. Sie waren so fromm, so gütig, sie haben immer zu unserer heiligen Jungfrau für die Seelen ihrer Lieben gebetet.«
»Zu früh!« sagte ich aufgebracht. »Zu früh. Wir sind da!«
Die Frau betrachtete uns lange.
»Tatsächlich, das ist doch... Frau Tusia? Ich erinnere mich. Sie waren immer so elegant, wenn Sie zu Besuch kamen.« Sie zupfte sich ihre Schleife zurecht. »Ich würde Sie hereinbitten...«. Sie sah auf unsere Lumpen und trat von einem Fuß auf den anderen.
»Bitte, die Adresse!« Mama hatte sich wieder gefaßt.
»Was wir nicht alles durchgemacht haben, als die Bombe auf das Haus fiel. Sie können sich das gar nicht vorstellen. Wir haben Hunderte ›Gegrüßet seist du‹ gebetet, und das hat uns gerettet. Und die Herrschaften kommen aus einem Kriegsgefangenenlager?«
»Nein! Aus einem Judenlager!« sagte ich.
»Ach?«
»Bitte geben Sie uns die Adresse«, sagte der Mann höflich. »Sie sind sehr erschöpft.«
Die Frau im Plisseekleid flatterte ins Haus. Wir schwiegen. Sie

kam zurück und reichte uns den Zettel: »Kolbergstraße 12.« Mama zögerte einen Augenblick.
»Wissen Sie nicht, ob sich eine meiner Schwestern um unsere Wohnung gekümmert hat?«
»Nein, mit Sicherheit nicht, es soll ja eine sehr große Wohnung gewesen sein. Na, und sie glaubten ja…«
»Daß wir tot sind«, vollendete Mama den Satz.
Wir fuhren los.
»Ich würde lieber nicht in die Kolbergstraße fahren«, sagte ich nach einer längeren Pause.
»Dann steig aus!« sagte Mama. Sie war sehr nervös.
»Aber wohin?«
»Eben«, sagte sie schroff.
Papa blickte traurig drein. Wenn er jetzt bloß nicht sein ›Irgendwie werden wir es schon schaffen‹ von sich gab!
Mama wandte sich an den schweigenden, nachdenklichen Mann im grauen Anzug:
»Wir nutzen Sie wirklich über Gebühr aus, aber vielleicht können wir uns eines Tages revanchieren.«
»Bitte, glauben Sie mir, es ist mir wirklich sehr angenehm. Ich hatte mich vor diesen Feiertagen gefürchtet.«
Da war es schon. Eine nette, stille Straße, ein hübsches Haus. Ich hatte keine Lust hineinzugehen. Das Treppenhaus kam mir schrecklich dunkel vor. Als alle schon im Haus waren, folgte ich ihnen. Mama klingelte. Wir warteten. Wir standen in einer Reihe hintereinander, Mama vorne. Die Tür ging auf. Im Türrahmen stand eine winzige alte Dame mit schneeweißem Haar.
»Zu wem möchten Sie?«
»Mama! Mama, wir sind es!«
Stille.
»Hanka! Marylka! Meine Kinder sind zurück. Meine Enkel. Sie leben! Großmama weinte. »Sie sind zurückgekehrt!«
Papa drehte sich um, um den Herrn hereinzubitten. Er war nicht mehr da.
»Er ist weg. Und wir haben uns nicht einmal bedankt«, sagte Papa.

*Stella Müller lebte mit ihren Eltern und ihrem Bruder Adam nach dem Krieg in Krakau. Zygmunt Müller starb dort 1982, Berta Müller 1985, Adam 1990.*
*Onkel Grünberg blieb bis zur Auflösung des Lagers in Płaszów und wurde dann nach Auschwitz deportiert; er wurde im April 1945 von einem Kapo erschlagen.*
*Tante Grünberg starb im Januar 1945 auf dem Transport von Auschwitz nach Ravensbrück.*
*Ziuta Grünberg lebt heute in Ramat Gan/Israel.*
*Die drei Brüder von Stellas Mutter – Onkel Adolf, Onkel Ignac und Onkel Juzek – haben nicht überlebt.*
*Die Familie Rottersmann wurde, zusammen mit Simche Spira, in Płaszów erschossen.*
*Bubi gelang die Flucht aus dem Transport von Ungarn nach Auschwitz. Er ging nach dem Krieg in die USA.*
*Oskar Schindler lebte nach dem Krieg in Argentinien und kehrte 1957 nach Deutschland zurück. Er starb am 9. 10. 1974 in Hildesheim und wurde seinem Wunsch gemäß auf dem katholischen Friedhof von Jerusalem/Israel begraben. Emilie Schindler lebt in Argentinien.*
*Amon Göth wurde am 13. 9. 1946 in Krakau hingerichtet.*

# *Zeittafel*

| | |
|---|---|
| 09.11.1938 | »Reichskristallnacht«: Erstes staatlich organisiertes Pogrom gegen Juden in Deutschland |
| 01.09.1939 | Deutscher Überfall auf Polen; Beginn des Zweiten Weltkriegs |
| 06.09.1939 | *Deutsche Truppen besetzen Krakau* |
| 26.10.1939 | *Krakau wird Hauptstadt des Generalgouvernements für die besetzten polnischen Gebiete* |
| 23.11.1939 | Einführung des »Judensterns« im ganzen Generalgouvernement |
| Ende 1939 | *Eintreffen von Oskar Schindler in Krakau. Ab 1940 Treuhänder der Emailwarenfabrik in Krakau-Zablocie; dann Kauf dieser Firma.* |
| 30.04.1940 | Errichtung des Ghettos in Łódż |
| Mai 1940 | *Beschränkung der ursprünglich rund 60.000 jüdischen Einwohner Krakaus auf rund 15.000; »Freiwillige« Umsiedlung von etwa 40.000 Juden in verschiedene andere Orte des Generalgouvernements* |
| 10.05.1940 | Deutscher Überfall auf Holland, Belgien und Luxemburg; Angriff auf Frankreich |
| Juni 1940 | Errichtung des Lagers Auschwitz |
| 16.10.1940 | Errichtung des Warschauer Ghettos |
| 20.03.1941 | *Errichtung des Krakauer Ghettos; Auf einer Fläche von 600 mal 400 Metern leben 18.000 Juden* |
| 22.06.1941 | Deutscher Angriff auf die Sowjetunion (»Barbarossa-Plan«) |
| 23.09.1941 | Erste Versuchsvergasungen in Auschwitz |

| | |
|---|---|
| 28./29.09. 1941 | 34.000 Juden werden beim Massaker in Kiew (Babij Jar) getötet |
| 14.10.1941 | Beginn der allgemeinen Deportationen der Juden aus Deutschland |
| 11.12.1941 | Kriegseintritt der USA |
| 20.01.1942 | »Wannsee-Konferenz« in Berlin: Beschluß über die »Endlösung der Judenfrage« in Europa |
| Ende Januar 1942 | Beginn der Deportationen von Juden aus Deutschland nach Theresienstadt |
| 19.03.1942 | *Aktion gegen jüdische Intellektuelle in Krakau: etwa 50 Prominente werden nach Auschwitz deportiert und ermordet* |
| 01.06.1942 | *Abriegelung des Krakauer Ghettos; 1. Aussiedlung von etwa 6.000 Juden in das Vernichtungslager Bełżec. Erschießung von 300 Juden im Ghetto* |
| 08.06.1942 | *2. Vernichtungsaussiedlung aus dem Krakauer Ghetto. Halbierung des Ghettos; es leben nun dort noch etwa 12.000 Juden* |
| Sommer 1942 | *Baubeginn des Zwangsarbeitslagers Płaszów* |
| 23.06.1942 | Erste Selektionen für die Gaskammern in Auschwitz |
| 22.07.1942 | Beginn der »Deportationen« von insgesamt ca. 400.000 Juden aus dem Warschauer Ghetto in Vernichtungslager |
| Herbst 1942 | *Beginn der Verlegungen aus dem Ghetto Krakau in das Zwangsarbeitslager Płaszów* |
| 27./28.10. 1942 | *3. Vernichtungsaktion im Krakauer Ghetto: 7.000 Juden werden nach Bełżec und Auschwitz deportiert, 600 sofort erschossen (Auflösung des Krankenhauses und des Waisenhauses in der Jósefińska-Straße); Erneute Verkleinerung des Ghettos und Aufteilung in Teil A und Teil B* |

| | |
|---|---|
| 07.11.1942 | Landung der Alliierten in Nordafrika |
| 22.11.1942 | Beginn der sowjetischen Gegenoffensive |
| 2.02.1943 | Kapitulation der deutschen Truppen in Stalingrad |
| 11.02.1943 | *Amon Göth wird von Lublin nach Krakau versetzt* |
| 13.03.1943 | *Ende des Krakauer Ghettos: Umsiedlung der arbeitsfähigen Juden aus dem Ghetto A in das Zwangsarbeitslager Płaszów* |
| 14.03.1943 | *Etwa 2300 Juden werden aus dem Krakauer Ghetto B nach Auschwitz deportiert und ermordet; etwa 700 sterben bei dem Massaker im Ghetto* |
| 19.04.1943 | Beginn des Aufstands im Warschauer Ghetto |
| 09.05.1943 | Kapitulation der deutschen Truppen in Nordafrika |
| 11.06.1943 | Befehl Himmlers zur Liquidierung aller polnischen Ghettos |
| Sommer 1943 | *Verlegung des letzten »Aufräumkommandos« aus dem Ghetto Krakau in das Zwangsarbeitslager Płaszów* |
| 06.09.1943 | Rückzug der deutschen Truppen aus Kiew |
| 10.01.1944 | *Umwandlung des Zwangsarbeitslagers Płaszów in ein Konzentrationslager* |
| 07.05.1944 | *»Gesundheitsappell« im KZ Plaszow: Erfassung der nicht arbeitsfähigen Lagerinsassen (Kinder, Alte, Kranke)* |
| 14.05.1944 | *Deportation von 1.500 Kindern, Alten und Kranken aus Płaszów zur Vernichtung nach Auschwitz* |
| 06.06.1944 | Landung der Alliierten in der Normandie |
| 08.07.1944 | Deportation von über 400.000 Juden aus Ungarn nach Auschwitz |
| Sommer 1944 | *Höchststand der Lagerinsassen des KZ Płaszów: etwa 25.000 Menschen* |
| 24.07.1944 | Sowjetische Truppen erreichen das KZ Majdanek-Lublin |

| | |
|---|---|
| 13.09.1944 | *Verhaftung von Amon Göth in Wien durch das SS- und Polizeigericht wegen Devisen-Vergehen (sein Nachfolger in Płaszów: Arnold Büscher)* |
| 15.10.1944 | *Transport der Männer aus dem KZ Płaszów in das KZ Gross-Rosen* |
| 22.10.1944 | *Transport der Frauen aus dem KZ Płaszów in das KZ Auschwitz* |
| 22.10.1944 | *Ankunft der 700 Männer aus dem KZ Gross Rosen in Brünnlitz* |
| 2. Novemberhälfte | *Ankunft der 300 Frauen aus dem KZ Auschwitz in Brünnlitz* |
| 14.01.1945 | *Letzte Deportationen aus dem KZ Płaszów nach Auschwitz. In Płaszów wurden insgesamt etwa 8.000 Menschen ermordet* |
| 26.01.1945 | Auschwitz wird durch sowjetische Truppen befreit |
| 08.05.1945 | Kapitulation Deutschlands |
| 08.05.1945 | *Befreiung der Lagerinsassen in Brünnlitz durch sowjetische Truppen* |

# Bücher gegen das Vergessen

## Bücher zum Dritten Reich

Martin Broszat
**Der Staat Hitlers**
dtv 4009

Hans Buchheim / Martin Broszat / Hans-Adolf Jacobsen / Helmut Krausnick
**Anatomie des NS-Staates**
dtv 30145

**Dimension des Völkermords**
Die Zahl der jüdischen Opfer des Nationalsozialismus
Hrsg. von Wolfgang Benz
dtv 4690

**Enzyklopädie des Nationalsozialismus**
Hrsg. v. Wolfgang Benz, Hermann Graml und Hermann Weiß
dtv 33007

Norbert Frei
**Der Führerstaat**
Nationalsozialistische Herrschaft 1933-1945
dtv 4517

Hermann Graml
**Reichskristallnacht**
Antisemitismus und Judenverfolgung im Dritten Reich
dtv 4519

Lothar Gruchmann
**Totaler Krieg**
Vom Blitzkrieg zur bedingungslosen Kapitulation
dtv 4521

Joe J. Heydecker
**Das Warschauer Ghetto**
Foto-Dokumente aus dem Jahr 1941
dtv 30724

Rudolf Höß
**Kommandant in Auschwitz**
Autobiographische Aufzeichnungen
dtv 30127

Michael H. Kater
**Gewagtes Spiel**
Jazz im Nationalsozialismus
dtv 30666

**Die Rückseite des Hakenkreuzes**
Absonderliches aus den Akten des Dritten Reiches
Hrsg. von Beatrice und Helmut Heiber
dtv 2967

**Das Urteil von Nürnberg 1946**
Mit einem Vorwort von Jörg Friedrich
dtv 2902

**Dimension des Völkermords**
**Die Zahl der jüdischen Opfer des Nationalsozialismus**
Herausgegeben von Wolfgang Benz
dtv 4690

Die in diesem Band versammelten Beiträge ausgewiesener Experten bieten neben exakten Zahlen ein detailliertes Gesamtbild der Voraussetzungen, Formen und Phasen der nationalsozialistischen Judenverfolgung.

»... eine der gründlichsten Untersuchungen des ganzen Vorgangs überhaupt.« (Eberhard Jäckel)

»Wenn man dieses Buch nicht nur als Kompendium und Nachschlagewerk benutzt, sondern als Gesamtdarstellung liest, wird sichtbar, welche riesenhaften Ausmaße dieses Verbrechen besaß, wie viele Tausende und Zehntausende von Menschen in seine Vorbereitung und Durchführung einbezogen waren, welchen organisatorischen und politischen Aufwandes es bedurfte, um die jüdische Bevölkerung noch in dem entlegensten Dorf in Frankreich, der Ukraine oder Norwegen und noch auf der kleinsten griechischen Insel zu ›erfassen‹, zu deportieren und schließlich zu ermorden.« (Ulrich Herbert)

# Ruth Klüger im dtv

»Jeder Tag ist wie ein Tor, das sich hinter mir schließt
und mich ausstößt.«
*Ruth Klüger*

**weiter leben**
Ein Jugend · dtv 12261
dtv großdruck 25106

»Mir ist keine vergleichbare Biographie bekannt, in der mit solcher kritischen Offenheit und mit einer dichterisch zu nennenden Subtilität auch die Nuancen extremer Gefühle vergegenwärtigt werden.« (Paul Michael Lützeler in der ›Neuen Zürcher Zeitung‹)

**Frauen lesen anders**
Essays · dtv 12276

Frauen lesen anders als Männer, weil sie anders leben. Daher kann der weibliche Blick, in der Literatur wie im Leben, manches entdecken, woran der männliche vorübersieht. Ruth Klüger beweist dies in elf ebenso ungewöhnlichen wie klugen Essays. Deutsche Literatur in anderer Beleuchtung.

**Katastrophen**
Essays · dtv 12364

»Ein sehr empfehlenswertes Buch, es sollte, muß aber nicht, im Anschluß an ›weiter leben‹ gelesen werden, und es spricht nicht nur zu den Fachwissenschaftlern, sondern zu allen, die, und vollkommen zu Recht, von der Literatur Aufschluß über die Katastrophen der Gegenwart erhoffen.«
(Burkhard Spinnen in der ›Frankfurter Allgemeinen Zeitung‹)

»Ruth Klüger stellt ganz einfach andere Fragen an Texte, eine Methode, die zu ebenso plausiblen wie spannenden Antworten führt, manchmal auch zu süffisant amüsanten.«
(Barbara von Becker in der ›Süddeutschen Zeitung‹)

**Coco Schumann**
**Der Ghetto-Swinger**
Eine Jazzlegende erzählt
Aufgezeichnet von
Max Christian Graeff und Michaela Haas
dtv premium 24107

»Ich bin Musiker. Ein Musiker, der im KZ gesessen hat,
kein KZler, der Musik macht. Ich habe viel zu sagen.
Die Richtung ist klar: Back to the roots, in jene Welt,
in der meine Seele zu Hause ist, in den Swing.
Wer den Swing in sich hat kann nicht mehr
im Gleichschritt marschieren.«

Coco Schumann, 1924 in Berlin geboren, entdeckt mit dreizehn Swing und Jazz für sich. Bis 1943 gelingt es ihm, dem »Halbjuden«, dank einer gehörigen Portion Chuzpe und seiner zahlreichen öffentlichen Auftritte der Deportation durch die Nationalsozialisten zu entgehen. Bis auch für ihn der Vorhang fällt. Seine Reise durch die Lager beginnt. Aber auch dort ist und bleibt er Musiker. In der Scheinwelt Theresienstadt wird er Mitglied einer der hochkarätigsten Jazz-Combos des Dritten Reichs, der »Ghetto-Swingers«. In Auschwitz spielt er zur Unterhaltung der Lagerältesten und der SS um sein Leben, in Dachau begleitet er mit letzter Kraft den Abgesang auf das Regime. Danach treibt es den Entwurzelten durch die Welt, die ihm einzig verbliebene Heimat ist der Jazz und der Swing. Heute lebt Coco Schumann wieder in Berlin.

»Er hat sein Leben auf Kassetten gesprochen und dieses liebenswerte, sehr dichte Buch verlegen lassen. Über sich, die Stadt, ihren Rhythmus und ihre Musik.« (Der Tagesspiegel)

dtv

Arno Lustiger

**Zum Kampf auf Leben und Tod!**

Vom Widerstand der Juden 1933-1945

dtv 30097

Die erste umfassende Darstellung des von Juden in ganz Europa geleisteten Widerstandes gegen den nationalsozialistischen Terror. Damit wird das weit verbreitete Bild von der Passivität der Opfer gründlich revidiert. In den zwölf Kapiteln des Buches werden Gruppen und Einzelkämpfer in Deutschland, in Polen, in den Vernichtungslagern, im Baltikum und in der Sowjetunion, in Süd- und Südosteuropa, in Frankreich, Holland und Belgien geschildert. Aus den zahlreichen Zeugenberichten, Kurzbiographien und Dokumenten wird die Vielfalt des jüdischen Widerstandes beeindruckend deutlich.

»Lustigers Buch kommt das unzweifelhafte Verdienst zu, den tatsächlichen Umfang des verzweifelten, meist aussichtslosen Widerstands europäischer Juden gegen ihre Auslöschung dokumentiert und darüber hinaus zahlreiche Gruppen und Einzelkämpfer der Namenlosigkeit entrissen zu haben.«
(Eva-Elisabeth Fischer, Süddeutsche Zeitung)

»Zu sagen, es wäre ein wichtiges Buch, ein gelungener Versuch, Versäumnisse hauptamtlicher Forscher nachzuholen, wäre zwar richtig, aber eine freche Untertreibung. Es ist eine gigantische Fleißarbeit von höchstem Gebrauchswert.«
(Henryk M. Broder, Die Woche)

dtv